黑龙江省哲学社会科学研究规划项目(批准号:20YYD218)

ESP 理论指导的
大学外语教学研究

王抒飞　王　淼　刘佳杨　著

哈尔滨工程大学出版社
Harbin Engineering University Press

内容简介

本书针对大学英语的本源、大学英语教学定位的发展、大学英语教学出现的问题,提出了 ESP 教学理论。本书探究了 ESP 理论的方法演变和特点,对照了国内外 ESP 理论的发展和在教学中的应用,总结了 ESP 理论与我国大学英语教学相结合以解决大学英语教学问题的办法,也可以将此理论应用于其他语种教学和对外汉语教学。

本书适合于外语教学工作相关人员阅读。

图书在版编目(CIP)数据

ESP 理论指导的大学外语教学研究/王抒飞,王淼,
刘佳杨著. —哈尔滨:哈尔滨工程大学出版社,2022.7
ISBN 978-7-5661-3606-0

Ⅰ.①E…　Ⅱ.①王…②王…③刘…　Ⅲ.①英语-
教学研究-高等学校　Ⅳ.①H319.3

中国版本图书馆 CIP 数据核字(2022)第 119873 号

ESP **理论指导的大学外语教学研究**
ESP LILUN ZHIDAO DE DAXUE WAIYU JIAOXUE YANJIU

选题策划　刘凯元
责任编辑　李　暖　张　昕
封面设计　李海波

出版发行　哈尔滨工程大学出版社
社　　址　哈尔滨市南岗区南通大街 145 号
邮政编码　150001
发行电话　0451-82519328
传　　真　0451-82519699
经　　销　新华书店
印　　刷　哈尔滨市石桥印务有限公司
开　　本　787 mm×1 092 mm　1/16
印　　张　11.75
字　　数　332 千字
版　　次　2022 年 7 月第 1 版
印　　次　2022 年 7 月第 1 次印刷
定　　价　65.00 元

http://www.hrbeupress.com
E-mail:heupress@ hrbeu.edu.cn

前　　言

ESP 自 20 世纪 60 年代产生到现在历时 60 多年,虽然时间不长,但由于它顺应历史和社会的发展潮流,以满足经济、社会和个人的发展需求为宗旨,因此获得了长足的发展。在短短半个多世纪的时间里,学者们通过不懈的努力从多维度进行探索和深入研究,ESP 理论体系日趋完善并在英语教学的实践中被广泛应用。在国际交流中,英语语言学习不再像过去一样,仅局限于语言学与文学的学习,而是具有很强的目的性和功用性。英语学习与政治、经济、军事、科技、医学等不同领域的专业内容密切结合,使学习的目的从单纯的语言学习、提升个人修养和社会地位,转向更为实用的以英语为媒介传递信息、进行科技成果的对外交流与合作。

21 世纪的第三个十年里,随着经济全球化的日益深化和高等教育国际化的开展,以及《国家中长期教育改革和发展规划纲要(2010—2020 年)》的颁布,国家对具有国际视野和国际竞争力的人才需求日益紧迫,高校各专业学科对大学生的英语能力产生了特殊需求,使大学英语又一次被推到了改革的"十字路口"。

本书在详尽阐述 ESP 的起源与发展和我国大学英语教学发展的基础上,剖析了我国大学英语教学存在的问题症结,并提出了以 ESP 理论为指导解决课程设计、教材编写、教师培训等一系列问题。本书还对大学英语教学,特别是大学多语种教学和对外汉语教学进行了探讨,并提出了改进措施。

本书分为六章:第一章概述了 ESP 的起源背景、定义、分类、特征和补充办法;第二章阐述了 ESP 的研究与发展;第三章针对我国的具体实践,就我国大学外语教学的课程设置与定位进行研究;第四章介绍了我国大学英语的现状和改革方向;第五章纵观世界高校和我国大学外语教学;第六章结合我国的实际,分别从教材和教师两个方面进行探讨。

本书由哈尔滨商业大学的王抒飞、王淼、刘佳杨共同撰写完成。具体分工如下:刘佳杨撰写第一章和第二章;王抒飞撰写第三章和第四章,并负责全书的统改、定稿;王淼撰写第五章和第六章。

特别感谢黑龙江省哲学社会科学研究规划项目和哈尔滨商业大学博士科研启动基金的资助。由于作者能力有限,书中不妥之处在所难免,恳请读者批评指正。

著　者

2022 年 5 月

目　　录

第一章　ESP 的概述

如果您接受过高等教育,可能已经注意到,当您听讲座、讨论话题、在社交媒体上与外国朋友交流时,您使用英语的频率会很高;如果您是在高校任职的教师,可能已经注意到,当您参加国际会议或撰写论文时,您会使用英语;同时,世界各地的医生在工作中使用英语的机会也在增多;例如,当他们阅读有关新药的说明书时、参加会议时、介绍工作时……在很多种情况下都需要使用英语。而在这些活动中,ESP 是绕不过的核心,ESP 可以提供语言支持,以便人们在学习或工作中成功地完成当前或未来的任务,而这些任务的共性就是都具有语言的成分。

ESP(English for specific purpose)即专门用途英语,是最成熟的英语语言教学(ELT)方法之一。通过 60 多年的研究和实践,ESP 已经成为学术环境和工作场所中所有语言教学方法中最有影响力的教学方法之一。ESP 是一种兼收并蓄的方法,它从其他理论中获取最有用、最成功、最有效的想法和实践,将它们组合成一个一致的整体。它包含来自交际语言教学(CLT)的元素,基于任务语言教学(TBLT)、项目的学习(PBL)和许多其他教学方法,也具有其优势与特点。它以学习者为中心,承诺与专业学科密切联系,并专注于在规划和教学方面协作。现在在许多国家中,ESP 专家是最受尊敬和追捧的职业之一,他们担任整个学术英语课程的协调员,并在正在制定国际战略的公司中发挥关键作用。

第一节　ESP 的起源背景

与大多数人类活动的发展一样,ESP 并不是一个计划的、连贯的运动,而是一个由许多趋同趋势发展而来的现象。这些趋势在世界范围内以各种方式运作并互相影响,最终发展成为现在的 ESP。

一、ESP 出现的主要原因

(一)英语成为世界范围的通用语言

按照当今世界语言的母语人数对世界语言进行排名,英语排名第三。粗略估算,目前大约有 3.75 亿人以英语为母语,数量远低于以汉语为母语的人数,西班牙语为 4.2 亿。然而,英语是迄今为止世界上使用最多的语言。我们不仅要考虑以英语为母语的人数,还要考虑那些将其用作第二语言或外语的人数。根据统计,全球以各种形式和水平学习、使用英语的人数将近 20 亿,其中 4/5 为非母语者。

英语发展成为全球通用语言的主要原因之一,是它与贸易和商业的紧密联系。英语与商业之间的联系可以追溯到 16 世纪,大航海时代使英国成为"日不落帝国",殖民主义渗透世界各地。第二次世界大战导致许多参与战斗的国家在经济和基础设施方面损失巨大,但第二次世界大战结束后,美国、加拿大的经济和基础设施基本未受影响;爱尔兰和英国的损失程度与欧洲大陆相比也小很多,因此,这些国家成为重建工作的核心,商业机会开始出现,包括向欧洲、非洲和亚洲出口技术和专长。这些都预示着一个在国际范围内科学技术和经济活动大规模的空前扩张的时代到来了。这种扩张创造了一个由技术和商业联合并主导的世界,科学技术突飞猛进,经济空前繁荣,国际交流合作日趋频繁,整个世界不断进步。知识已成为远比资本、劳动力、原材料、汇率等重要的经济因素,产业结构发生根本性的变革,服务行业地位凸显,特别是提供知识和信息服务成为社会就业的主流。智能服务产业加速发展的趋势对人的综合素质和语言修养提出了更高的要求,特别是对于从事商业贸易、提供知识与信息服务的人员来说,具有较高的收集、处理、反馈信息的语言传播能力与语言运用技巧尤为重要。美、英拥有领先世界的科学技术和强大的经济实力,使得英语作为世界通用语言,在国际政治、商务、科技、文化交流等方面发挥着越来越重要的作用,世界范围内出现了学习英语的热潮。尤其是在发展中国家,学习英语的人越来越多。

这些学习英语的群体,不是为了学习英语的乐趣和学好英语带来的声望,而是因为英语是通往技术和商业的关键。掌握一门外语通常被认为是全面教育的标志,很少有人真正质疑这样做的原因,可以说学习语言本身就是正当的,但是随着英语成为国际接受的语言,它创造了新一代的学习者。他们清楚地知道,他们为什么学习英语。想推销自己产品的销售员,必须阅读说明书的机械师,需要跟上其他领域发展的医生,学习课程中只有英文版教科书的各类学生,等等,这些人都需要学习英语,更重要的是他们知道为什么需要学习英语。值得注意的是,此时的英语学习已不再像过去那样局限于对语言学以及文学的学习,而是具有很强的目的性和功用性,英语学习要与政治、经济、军事、科技、医学等不同领域的专业内容密切结合。为了应对实际工作的交际需要,学习目的也从单纯地研究语言文学、提升个人修养和社会地位,转向更为实用的以英语为媒介传递信息、进行科技成果的对外交流合作以及提升专业知识水平,即由单一性向多样性发展起来,这种为专门目的服务的英语就是专门用途英语 ESP。

导致英语成为主导语言的另一个因素是计算机行业的发展。与第二次世界大战后出现的许多其他技术一样,计算机的创建和使用的大部分早期工作都是在美国进行的。这些发展导致了基于英语的新编程语言的创建,用英语编写的新通信标准,以及使用英语作为无线电通信、航空和后来的互联网的主要语言。据估计,目前世界上至少有80%的信息以英语存储,世界上大多数较大的计算机公司也都位于英语国家,包括微软、苹果、IBM、英特尔和谷歌。

今天,英语作为全球通用语言的地位在很大程度上是无可争议的。甚至早在20世纪90年代中期,英语被描述为是书籍、机场和空中交通管制、国际商务和学术会议、科学、技术、外交、体育、流行音乐和广告的主要语言。

(二)当今全球化经济中的 ESP

让我们分析一下英语在工业中的地位,作为评估 ESP 重要性的一种方式,英语已经成为一家公司在全球范围内取得成功的关键因素之一。Friedman(2005)认为"导致全球行业竞争环境趋于平衡的十个扁平化因素,包括个人电脑的崛起,通信协议的发展,互联网的增长,在线协作项目的能力,内包、外包和离岸业务的增长,以及搜索引擎、无线技术和移动设备"。英语在所有这些发展中起着核心作用,现在许多公司越来越重视员工能否理解这一全球通用语言并流利地使用它。因此,目前需要大量能够理解并在公司实施 ESP 的员工。

为了说明英语在工业中的重要性,我们只需要看一下在非英语国家中一些大公司的政策,如日本、韩国和中国的公司。在日本,汽车制造商东风日产(Nissan)自1999年以来一直使用英语作为公司的官方语言。在1999年之前的几年里,东风日产几乎破产,因此,为了增强公司实力,法国雷诺公司的执行副总裁卡洛斯·戈恩(Carlos Ghosn)被聘为东风日产首席运营官(COO)。戈恩上任后,迅速推出了英语政策,从此公司出现了戏剧性的转变。类似地,2010年,日本乐天公司的创始人兼首席执行官三木谷浩史(Hiroshi Mikitani)希望将该公司发展成为一家全球公司,因此在公司推出了仅限使用英语的政策。

在中国和韩国,招聘全球人才的趋势正在迅速加快。同样,海尔公司和中国石油天然气集团有限公司(CNPC)也在积极招聘海外员工,能熟练使用英语的员工是公司全球化使命宣言的一部分。同样,韩国最大的电子工业企业三星电子,在招聘页面上声明:英语是在公司工作所需的唯一语言,鼓励非韩国籍留学生申请职位。很多亚洲公司不仅招聘了更多说英语的员工,还越来越多地将员工派往海外,去工资和产品制造成本较低的子公司工作。这样一家公司的第二个主要地点就有可能是印度和越南。当然,不能指望越南和印度的本地工人懂日语、汉语或韩语。因此,英语就成为职场的通用语言。欧洲的情况要复杂得多,迄今为止,欧盟已经使用了24种官方语言,其中英语、法语和德语是"核心"语言。然而,在现实中,很多业务仅用英语开展,尤其是涉及非欧洲客户时。瑞典汽车制造商沃尔沃(Volvo)将英语作为高级管理人员的主要语言,而欧洲飞机制造商空中客车公司(Airbus)自1970年成立以来一直将英语作为工作场所的通用语言,这也反映了英语在欧洲的核心地位。在英语起核心作用的行业中,最好的例子也许就是呼叫中心行业。这个行业或许反映了Friedman(2005)提出的"外语学习"的所有积极方面和消极方面。在菲律宾和印度,呼叫中心行业自21世纪初以来以惊人的速度增长,这是因为互联网电话系统更便宜、无线网络更完善,西方公司更愿意将服务外包。针对互联网电话使用率增长速度之快,菲律宾呼叫中心协会主席本尼迪克特·埃尔南德斯(Benedict Hernandez)将其描述为"超增长"(Magkilat)。如果呼叫中心工作人员有足够好的英语技能,能够对从英国和美国等地来电中做出适当的回应,他们有望获得相对而言更高的工资。呼叫中心工作人员的需求也在这些国家中催生了一个新的行业——ESP培训中心。随着全球化和人口流动性的增长,另一个行业发生了巨大变化——旅游业。如今,非英语国家的英语游客数量稳步上升,这是因为机票更便宜,游客可通过互联网获得有关目的地的大量英语信息。为了应对这些变化,许多国家在旅游和酒店业新开设的ESP课程数量迅速增长。这些课程在职业学校和大学中开设,旨在培训潜在的导游、酒店员工和其他与该行业相关的人员。ESP在整个工作系统中扮演着非常重要的角色,许多国家和地区的社会和经济的发展已经使许多人在开始工作之前或之后寻求发展强大的ESP技能。在商务方面尤其如此,这为商务英语(EBP)带来了巨大的市场。

(三)当今全球化的学术界里的ESP

ESP运作的另一个领域是学术英语(EAP)。Friedman提出的十大"扁平化"趋势与工业领域的趋势类似,对世界各地的学术界产生了深远的影响,凸显了EAP的重要性。自21世纪初以来,世界各地的大学都不得不接受越来越少的本地学生和越来越多的海外学生。从海外留学生的全球市场份额来看,有两个特点显而易见。首先,传统上吸引海外学生最多的国家,即英国和美国,继续吸引大多数海外学生。事实上,前往英国和美国的学生人数正在增加。然而,这些学生不是以英语为母语的人。仅亚洲学生就占所有留学生的53%,

事实上,2014年海外学生大约占全球攻读市场营销和传播硕士学位的学生人数的69%,占攻读金融硕士学位的学生人数的82%。这些学生大部分来自亚洲。这意味着教育机构越来越需要以课前课程、写作中心指导、学术写作、演示课程、研究生论文等形式为这批学生提供语言教学。显然,这类课程、计划和其中的指导的开发都属于ESP专家的范畴。数据揭示的第二个特征是,英国和美国等热门目的地的留学生市场份额实际上正在下降。这意味着世界上其他非英语国家的留学生比例也在增加。例如,在欧洲大陆,2013年有6 500多个大学硕士课程采用英语授课(Brenn White和Faethe)。事实上,2000—2010年,在欧洲的国际学生人数增长了114%。这一增长的部分原因是Erasmus项目(伊拉斯谟计划:欧盟大学生流动性社区行动计划,是一项由欧盟资助用于组织学生交流的交换计划)的扩大,该项目的具体目标是增加欧洲邻国之间的学生流动性,但另一部分原因是前往欧洲大陆攻读英语硕士学位的研究生的非欧洲学生人数增加。Brenn White和Faethe的报告称,自2011年以来,欧洲大陆以英语提供的硕士学位数量增加了42%。在拉丁美洲和非洲,越来越多的大学也在引入英语课程和项目,但这里的目标是增加毕业生的就业机会。例如,在厄瓜多尔,基多圣弗朗西斯科大学的学生只要达到高级英语水平,就可以毕业。在东非国家卢旺达,大学教学传统上是用法语进行的,但该国在2008年改用英语,以便更好地与周边国家合作,其中大多数也是说英语的国家。在亚洲,中国香港正迅速成为区域英语教育的主要枢纽。国际教育和博览会咨询公司(ICEF)报告称,这是由以下两个因素造成的:首先是亚洲学生越来越渴望获得海外学位;第二个原因是政府通过增加奖学金、放宽签证规定和重新设计课程来吸引外国学生的举措。自2007以来,香港高校留学生人数稳步增长,但近年来这一趋势急剧加快。例如,2012—2013年,香港大学留学生人数比上一年增加了42%,香港理工大学留学生人数比上一年增加了55%。这一趋势可以通过2013的香港大学学生中38%是国际学生这一事实来证明。

从研究的角度来看,全球化也对学术界产生了影响。全球化最显著的影响之一,是以英语为基础的高影响力期刊和期刊文章的激增,尤其是在科学和技术领域。例如,1980—2000年,在高影响力期刊的科学引文索引扩展(SCI扩展)索引中列出的英文出版物的比例从约85%上升到近96%。2007年,高影响力期刊的社会科学引文索引(SSCI)中列出的与公共卫生相关的英文出版物数量约为96%。Scopus对高影响力期刊数据库保守地估计,英文期刊所占的比例为80%。无论统计结果是否准确,对非英语科学研究人员的影响都是显而易见的:如果他们希望吸引全球读者,那就需要用英语发表文章。

全球化带来的一个有趣的副产品是,期刊出版商推出了各种政策,以应对越来越多的非英语母语人士提交的稿件。例如,为了在电气与电子工程师学会(IEEE)发表论文,作者被建议在提交论文之前,让一位英语流利的同事检查他们的手稿。美国化学学会(ACS)和美国物理学会(APS)都采取了类似的政策。在实践中,这些政策迫使非母语研究人员求助于他们当地的ESP专家,或者将他们的手稿发送给编辑机构,这些机构由于材料的技术性质而收取高额费用。事实上,ACS甚至提供自己的编辑服务(付费)。科学和医学杂志《公共科学图书馆·综合》的政策甚至更加明确:潜在作者必须在提交稿件之前,让母语为英语的人或科学编辑服务机构对其稿件进行校对。鉴于上述趋势,非英语国家的学术机构不仅有责任为学生提供对其所选学科的深刻理解,而且还有责任帮助学生掌握这些知识所需的技能应用于涉及跨学科、跨国研究小组的新的和令人兴奋的研究领域,并最终将其成果发表在排名靠前的国际认可的期刊上。最后一点尤其重要,出版期刊的数量和认可度是决定大学全球排名的最重要的标准之一。

各院校还需要为越来越多的母语不是英语,甚至不是目标国家英语的国际学生提供同样质量的教育。此外,让问题进一步复杂化的是,这些机构面临着招聘英语教师和员工的挑战,这些教师和员工不仅需要了解如何帮助学生发展这些技能,还需要培训不同学科的非英语母语教师,以提供以英语为媒介的课程。

2014年7月4日,希格斯玻色子被发现并被向全世界宣布。希格斯玻色子是一种高能粒子,由彼得·希格斯等人在1964年预测,并形成了标准模型的核心理论,该理论解释了自然界中的电磁力、弱力和强力。为了探测粒子的存在,科学家们不得不建造一台机器,为宇宙形成后的最初几微秒重建环境。没有人能单独制造出这样的机器,因此它最终在欧洲核研究组织(CERN)通过21个欧洲成员国、7个观察国的合作,以及2 500多名科学家和工程师的合作下创造出来。有了这样一批研究人员,显然需要一种共同的交流语言,最终选择的语言是法语和英语。然而,欧洲核子研究中心的实际情况却大不相同。正如那里的一位研究人员所描述的:欧洲核子研究中心的所有科学家和工程师都只会用英语进行专业交流。在所有会议、研讨会中,以及所有科学论文发表的语言中都以英语为主要语言。

二、ESP 的起源过程

ESP 即专门用途英语(也叫特殊用途英语)。专业用途英语领域的知名学者 John Swells 认为 ESP 的确切起始时间其实很难确定。即使有人曾经提出过 ESP 始于某一年也仅仅限于个人见解,缺乏确凿的证据。Swales(应用语言学家)提及 ESP 理论研究的权威人士 Peter Strevens 曾经看到过四百多年前供国外旅游者使用的词组书。而 Kurt Optiz 则出示了供航海人员参阅的高度专业化的航海词典。该词典的历史比 Strevens 所见的词组书的历史还要久远。尽管很难考证 ESP 的确切起始年代,Swales(1985)还是在其著作中将 ESP 的起始时间定在了 1962 年,因为这一年英国利兹大学的 Barber 发表了现代科技文章的一些显著特点。Swales 认为,正是该文章的发表,标志着英语作为专门用途语言的时代已经到来。很显然,划分是以正规出版的 ESP 学术论文为依据的。随后,20 世纪 60 年代后期,出现了一些关于专门用途英语的著作。其中 Halliday 1964 年在与其他人合著的《语言科学与语言教学》(*The linguistic Science and the Language Teaching*)一书中提出了 ESP 的概念。

20 世纪 70 年代的石油危机加速了这种发展,初期的石油危机使得西方大量的资金、人员流入石油输出国,英语突然变成了一种能够对大企业和商业产生巨大影响的因素。由于时间和资金的限制,需要成本效率高、目标明确的课程,这就大大加速并扩大了 ESP 的发展。全球经济一体化和近年来通信技术,特别是网络技术的飞速发展和普及使得 ESP 成为国际重要科技与经贸学术会议、政治外交协商、政府书信往来、学术论文发表以及商业沟通的主要语言。有资料显示,当今英语世界的文字交流有 80% 是以专门用途英语为媒介的。另据联合国教科文组织的一项专项调查显示,世界上约有 2/3 的工程技术文献是英文论著,但世界上约 2/3 以上的工程技术人员不能流利地阅读英语资料。日本在 ESP 的推广使用等方面做得很出色,ESP 作为最基本的技术语言广为普及,索尼、日立等跨国公司的产品说明书、测试报告以及技术文献均采用了英语,80% 的员工能够讲英语、阅读英语资料,并用英文撰写文章。日益发展的科学技术和经济往来也极大地推动了 ESP 的发展。

20 世纪 80 年代,对 ESP 研究的人越来越多,出现了一大批论文和专著。Howatt(1984) 在《英语教学史》(*A History of English Language Teaching*)一书中谈到,商业英语教学是 19

世纪以来语言教学的一个特点,英语作为专门用途语言用于教授,这一点从许多商业手册中可以看出。Hutchinson 和 Waters 也认为 ESP 兴于第二次世界大战后各国政治以及经济发展的需要。

Strevens(1988)认为,"和学校里的通用英语不一样,专门用途英语课程的目的和内容是由学习者对英语学习的实际需求所决定的。"也就是说前者没有明确目的,仅仅是学习一门外语,而后者有根据学习者需求决定的教学目标和内容。因此他提出了 ESP 教学的四个特征:

①需求上,课程设置必须满足学习者的特定需求;

②内容上,与特定学科专业和职业相关;

③语言上,注重适合这些专业和职业的句法、词汇和语篇;

④与普通英语形成对照。

同时他还提出了两个可变特征:

①可以只限于某一种语言技能的培养,如阅读技能、口语交际技能等;

②可以根据任何一种教学法进行教学,如交际法等。

这些观点为实际开展 ESP 教学奠定了理论基础。

接着 Hutchinson 和 Waters 出版了重要著作,他们不仅对 ESP 进行更为准确的定义,而且用树形图详细描写了 ESP 分类。他们首先把英语教学(English language teaching)分成了第二语言教学和外语教学,把外语教学分为专门用途英语(English for specific purposes, ESP)和通用英语(general English, GE)两大类,ESP 又派生出科技英语(English for science and technology, EST)、经贸英语(English for business and economics, EBE)和社科英语(English for social science, ESS)三个分支,这三个分支又可以根据不同的目的派生出学术英语(English for academic purposes, EAP)和职业英语(English for occupational purposes, EOP)。EAP 课程通常包含学习技能部分。Hutchinson 和 Waters 的 ESP 分类关系如图 1-1 所示。

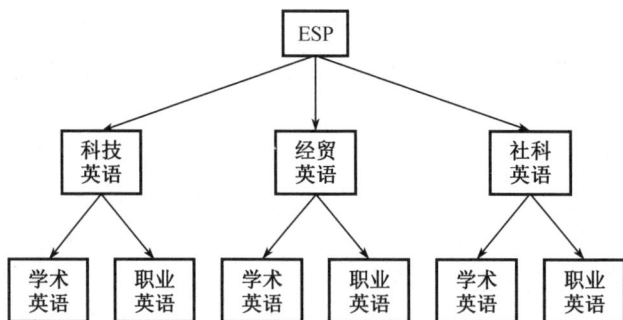

图 1-1　Hutchinson 和 Waters 的 ESP 分类

Jordan 根据 EAP 的特点,又将其细分为专门学术英语(English for specific academic purposes, ESAP)和通用学术英语(English for general academic purposes, EGAP)两种,前者是以某一学科领域为内容的英语教学(Dudley-Evans 和 St. John, 1998),如金融英语、软件英语、科技英语、工程英语、医学英语、生物英语等课程,注重这一学科的词汇、句法、篇章、体裁和交流技能的教学;后者主要训练学术口语交流能力和学术书面交流能力,如学术写作(包括规范引用和参考文献)、听讲座、记笔记、口头陈述和参加学术讨论等,偏向能动性。

但 Flowerdew 和 Peacock 将 EAP 分成以学术为目的和以职业为目的两大类,如图 1-2 所示。

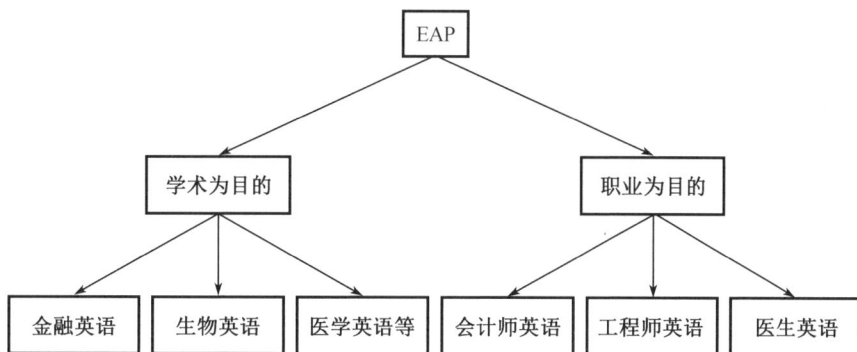

```
                        ┌─────┐
                        │ EAP │
                        └─────┘
              ┌────────────┴────────────┐
        ┌──────────┐              ┌──────────┐
        │ 学术为目的 │              │ 职业为目的 │
        └──────────┘              └──────────┘
      ┌─────┼─────┐            ┌─────┼─────┐
  ┌──────┐┌──────┐┌────────┐┌────────┐┌────────┐┌──────┐
  │金融英语││生物英语││医学英语等││会计师英语││工程师英语││医生英语│
  └──────┘└──────┘└────────┘└────────┘└────────┘└──────┘
```

图 1-2 Flowerdew 和 Peacock 的 EAP 分类

通用学术英语(也简称为学术英语)最早是英美大学"为国际留学生开设的预科性质的英语强化课程,目的是帮助学习者能以英语作为教学语言学习专业课程或从事研究活动",即为专业学习提供语言支持(Jordan;Dudley Evans 和 St. John;Flowerdew 和 Peacock)。由于学习专业课程需要用英语听懂课堂内容、记笔记、参加讨论、查找文献和写论文,因此学术英语的定位就在这些能力的培养上。如果说学术英语是"适合所有专业学生的具有共性的学术能力的教学",那么专门学术英语则是"适合具体专业特点的英语及其技能的教学"(Dudley-Evans 和 St. John)。两者比较,前者倾向能力,是共性的东西,那么后者注重某一学科的词汇、语篇、体裁,如修辞和元语篇及交流技能。按照 Dudley-Evans 和 St. John 的说法,学术英语教学完全可以由语言教师承担,而专门学术英语教学则最好是由语言教师和专业教师合作完成。Dudley-Evans 和 St. John 把 ESP 看作一个连续体,如图 1-3 所示。

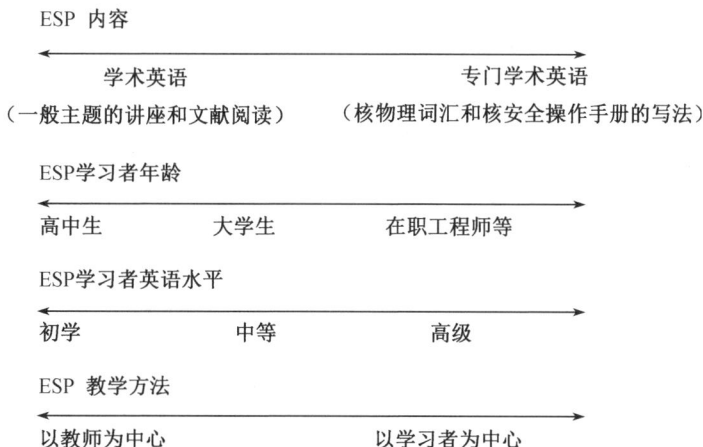

ESP 内容

```
◄──────────────────────────────────────────►
      学术英语                    专门学术英语
(一般主题的讲座和文献阅读)    (核物理词汇和核安全操作手册的写法)
```

ESP学习者年龄

```
◄──────────────────────────────────────────►
高中生        大学生          在职工程师等
```

ESP学习者英语水平

```
◄──────────────────────────────────────────►
初学          中等            高级
```

ESP 教学方法

```
◄──────────────────────────────────────────►
以教师为中心              以学习者为中心
```

图 1-3 Dudley-Evans 和 St. John 对 ESP 的理解

ESP 是语言学理论发展的产物,而专门用途英语就是语言的一种功能变体,是专供特定的社会文化群体使用的语言范围,随着自然科学以及人文科学的发展,特别是人类学、心理学的发展,语言学的理论研究进入了一个全新的发展阶段,社会语言学也应运而生。社会语言学的兴起肯定了语言的社会属性和交际属性,为专门用途英语的产生和发展提供了理论依据。20世纪60年代初,Barber、Halliday、Strevens、Allen、Widdowson、Candlin等对语言学进行了细致、深入的研究。不同于以往单纯的语言研究,他们重点研究不同专业英语与一般社交英语的不同,通过对商业英语、科技英语、医生与病人之间的对话等进行分析研究。结果表明,不同专业英语之间存在着一定的差别,进而为ESP的科学分类提供了理论依据。

第二节　ESP的定义与分类

一、ESP的定义

ESP是一种语言教学方法,针对学习者当前或未来的学术和职业需求,侧重于必要的语言、流派和技能去表达需求,并协助学习者通过使用一般或学科特定的教材和方法满足这些需求。

在这种定义中,一些单词和短语相对来说可能是新的。学术需求是指学校或其他主要目标是学习的环境中学习者的需求。为了说明这些可能是什么,我们只需要看看ESP教学中的一些情景:在日本的大学中,您可以找到ESP课程,帮助理科学生通过整理笔记和讨论学习如何收听和理解英语内容讲座。在美国的大学里,有许多ESP课程提供给海外学生,帮助他们进行学术写作。在世界各地,作为工商管理硕士(MBA)课程的一部分,ESP课程不断增多,这些课程可以帮助非英语母语人士提高他们的沟通能力。

另一方面,职业需求是指学习者的需求工作场所环境,如工厂、餐馆或医院。例如,在制造业中,许多公司组织特殊的强化ESP课程,以帮助销售人员提高他们的演讲技巧。在航空业中,飞行员接受专门的语言培训,避免可能导致的受伤或死亡事故。学习者还可以参加ESP课程,作为职业培训的一部分,例如在菲律宾和印度,呼叫中心的工作人员将接受指导,了解如何对困惑或愤怒的客户做出适当的反应。

通过对ESP定义阐述的回顾,分析各定义的优势与局限,使ESP的本质逐渐清晰,为全面、科学、准确地界定ESP奠定基础。早在1964年,Halliday在与Meintosh和Strevens合著出版的《语言科学与语言教学》一书中,就提出了ESP的概念:ESP是公务员英语、警察英语、法律官员英语、医生和护士英语、农业专家英语、工程师和钳工英语。由此可见,ESP并非预先设定好的一个概念,也不是毫无根据、凭空制造出来的假说,它是实实在在的,是历史发展的必然产物。

此后ESP的定义也在不断演变和充实。其中比较有影响和受到认可的主要有以下几种Strevens、Hutchinson、Waters、Robinson,以及Dudley-Evans和St. John的版本。

Strevens的定义曾被普遍引用,广义而言,ESP课程的目标和内容不全是由普通教育标准决定的,如英语不是学校的一门学科所决定的,而是由学习者的实用英语要求决定的,专门用途英语和学术英语是一种目的非常明确的语言教学,直接面向学习者的特殊需求,由学习者的语用功能或实际英语运用需要决定的。

Hutchinson和Waters把ESP的性质描述为ESP必须被视为一种方法,而不是一种产品;它是一种基于学习者需求的语言学习方法。ESP是一种语言教学方法,其中所有关于内容和方法的决定都基于学习者的学习原因。ESP是一种语言教学途径,其中所有有关学习内容、教学方式等决策都取决于学习者的动机,这是 ESP 以学习者为中心的特征的集中体现。其中特别强调了为什么该学习者要学习外语。Jordan 提出掌握"正规教育制度中为学习目的服务的英语交际技能"。

ESP 是一种教学途径,也是一种教学方针或教学理念。只有按照 ESP 教学途径开设的课程才是真正意义上的 ESP 课程。根据第二语言习得理论,动机和目的是影响外语学习的重要元素。内在动机来自学习者对某一学习内容或学习任务的浓厚兴趣;外在动机来自日常工作和生活的需求,第二语言习得理论认为内在动机更有利于外语学习,因为内在动机持续的时间较长。因此,基于内容学习的学习目的更明确,因而动机更强烈。换句话说,ESP 教学效率要大大高于为学习语言而学习语言的通用英语。

Strevens 在更为深入研究的基础上,进一步完善了 ESP 的定义。与通用英语相对,ESP 在语言技能学习上有局限性(例如:只注重阅读);ESP 可以不按照任何预定的教学法进行教学(也就是说,尽管交际法通常被认为是最适合 ESP 教学的,但 ESP 并不只局限于交际法)。

英国雷丁大学(University of Reading)应用语言学研究中心主任 Robinson 对 ESP 做了这样的论述:我经常认为 ESP 的一个特点,甚至是一个标准特征,就是课程应该涉及专业语言(尤其是术语)和内容……更重要的是学生所从事的活动。Munby 也对 ESP 做了类似的定义。

这些定义都指出了 ESP 与通用英语(English for general purpose,EGP)的根本区别。在传统的 EGP 教学中,学生学习英语的目的以及交际需要不太明确,或者说不易确定。之所以学英语是因为这是普通教育要求的一门课。懂英语是受过良好教育的标志之一,不太注重交际能力的培养。在 ESP 教学中,确定教学目标,选择内容和教学方法,首先要考虑学生学习英语的目的和原因,考虑学生的学习需要和交际需要,教学目标是培养学生的交际能力。同时,Robinson 认为 ESP 有两个最基本的判断标准和特征。两个判断标准是:

①ESP 是"以特定目标为导向的";

②ESP 课程必须建立在"需要分析"基础上。

两个特征是:

①ESP 明确了具体的学习期限并在此期限内实现学习目的;

②ESP 的课程对象为成年人,按照程度不同,分班后进行与工作或专业相关的学习。

比较而言,Robinson 的定义更加具体、明确,只不过并非每个班级的学习者都如他所说是处于同等程度的,通常班级里学员的程度参差不齐。Robinson 还指出:利用语言达到某种目的是整个工作过程的中心,而语言只是一个辅助的角色。所以语言本身的教学,并不是 ESP 的终结,而利用语言实现一个确定的目标才是 ESP 的真正目的。Robinson 的这段话是 ESP 理论的经典,是西方 ESP 教学领域的理论支柱。

ESP 被引用得最广泛的是 Strevens 提出的 ESP 由 3 个绝对特征(absolute characteristics)和 5 个可变特征(variable characteristics)组成,上述 ESP 的特征反映了他们的一些不同观点:ESP 并非与一定的学科相联系,而且 ESP 可以施教于各种不同的学习者,无论是中学语言程度的年轻人,还是其他年龄段的成人。Dudley-Evans 和 St. John 的定义是目前为止包容性最强、最为宽泛的,为 ESP 教学和研究拓展了空间,但该定义同时也使得 ESP 和 EGP 的界限更为模糊。

Blue 和 Archibald 指出 ESP"是基于需求分析之上的,目的就是尽可能精确地确定什么是学生需要通过英语媒介所要做到的事情。"Sinha 和 Sadorra 认为"EAP 是提供给学生的一种手段,用于满足他们使用英语达到专业课程学习的要求。在英语是课程学习内容,或在课程学习中是教学媒介的情况下,这些学生需要用英语成功地完成他们的学业、参与课堂讨论以及提高专业知识水平"。Hyland 和 Hamp-lyons 在 2002 年更明确地指出,"EAP 课程除了帮助学生应对用英语上的专业课程,还要培养学生在某一学术领域内的学术交流能力。"

ESP 领域语言在相当广泛的意义上被用来指 lexis 词汇(单词和多单词单位)、词法(词汇派生)、句法(句子语法)、语义学(词汇和语法意义)、语用学(词汇和语法使用)和音韵学(语音系统)。

另一方面,流派是指语言的口头或书面产品,例如,研究演示文稿、商业信函或处方。技能不仅指阅读、写作、听力和口语等传统能力,还指元认知技能,如计划、解决问题、评估和纠正。

最后,您可能对 ESP 使用一般或专业领域的材料和方法来满足学习者需求的想法感兴趣。这意味着在某些情况下,ESP 课堂中使用的材料和方法将与传统 GE 课堂中使用的材料和方法相同。例如,ESP 教师可能要求学习者将一个句子或一篇文章翻译成他们的母语,这是一种经典的语法翻译方法。

另一方面,ESP 教师通常会采用与传统英语课程完全不同的教学材料和方法。例如,在商务英语课堂上,学习者可能被要求对他们需要的语言进行案例研究,遵循与他们在专业课程中对成功公司进行案例研究相同的原则。同样,在 STEM(科学、技术、工程和数学)英语课上,可能鼓励学习者收集词频数据并使用计算机进行分析,其方式与在实验室中收集和分析温度或压力数据的方式类似。

纵观 ESP 的定义研究和发展,不难看出,ESP 是以语言学习理论为理论依据,以学生的特殊学习需求为出发点来设定教学目标、教学内容和教学方法,最终目标是培养学生在实际工作中运用英语进行交际的能力。ESP 教学的关键是明确学习者的特定需求与目的,依据学习者最迫切的需求设计课程,以激发语言学习者的内在动机为手段,提高语言学习的效率,并用实际语言达到学术交流的目的。

二、ESP 的分类

ESP 是一个广泛的领域,专注于解决学习者在各种学术和职业环境中的特定需求。专门研究 ESP 的期刊众多,包括很多历史久远、著名的期刊,如 *English for Specific Purposes*、*Asian ESP Journal*、*ESP Today*、*English for Specific Purposes World*(*ESP World*)。然而,毫不奇怪,许多关于 ESP 的讨论都集中在与 ESP 更狭隘的分支有关的问题上,这些分支有时甚至有自己的特殊首字母缩略词。

(一)David Carter 将 ESP 分为三种。

1.第一种是限制性语言,如只有特定的人(侍者)使用的语言为限制性语言;

2.第二种 ESP 是学术和职业英语;

3.第三种 ESP 是专题英语,Carter 强调只有此分类从目的转到了话题。此类 ESP 是为了未来英语发展的需要而存在的。例如。科学家需要使用英语读文献、参加会议或者在国际机构工作等。

(二)在英语教学树的图中,Hutchinson 和 Waters 把 ESP 分为三类。

1.科技英语(English for science and technology,EST);

2. 商贸英语(English for business and economics, EBE);

3. 社科英语(English for social science, ESS)。

英语可以分为 EST、EBE 和 ESS,其中每一个分支又可以分为学术英语和职业英语两个次分支。

如科技英语下的职业英语的使用者是技术员;然而科技英语下的学术英语可以使用于医学研究。Hutchinson 和 Waters 的"英语教学树"的英语教学简图如图 1-4 所示。

Hutchinson 和 Waters 以学科门类为主线划分的三分法的观点,提到在 EAP 和 EOP 之间没有明确的界限,人们可以同时工作和学习,在很多情况下,在学习环境中立即学习的语言也很可能在学生开始工作或回到工作中使用。这也许就能够解释 Carter 为什么把 EAP 和 EOP 放在 ESP 的同一类别中。然而学生者学习 ESP 不是因为他们对 ESP 本身感兴趣,而是因为他们需要用英语去完成任务。这个任务有可能是学习任务,也有可能是工作任务。全世界的学生大多数是以英语作为媒介学习科技英语或学术英语,很多人利用英语去开展工作。从这个角度上讲,在 ESP 内,还应有下级分支的存在:ESP 包括 EAP 和 EOP 两个分支;EAP 包括 EST 和 EAD 等;EOP 包括 EBP 和 ERP 等。

(三)Jordan 进行了更广泛的分类。

1997 年,Jordan 把 ESP 分为两个主要分支:EOP 和 EAP。EOP 为主要工作场所的语言;而第二种语言主要是学生专业方向学习时使用。而每一种分支又根据学习者的学习目的,进行更多细化的分类。

二分法比三分法更为简洁,它主要以学习者最终的语言使用目的和语言环境为主线,学生使用语言的情景会更加清晰。如图 1-5 所示。

(四)经历划分法

Robinson 的家族谱系阐明了 ESP 与 EOP 和 EAP 之间的属种关系,把 ESP 分为两大类,即职业英语和学术英语,并对他们各自即将经历的阶段进行描述,指明了 ESP 学习是一个循序渐进、由浅及深的过程。如图 1-6 所示。

(五)连续性划分法

传统的树形图自身难以克服的缺陷在于它既无法体现 ESP 教学不间断的实质,也不能反映语言教学中 ESP 与 EGP 重合的共核部分,更无法展示教学是由 EGP 转向 ESP 的循序渐进过程中的,Dudly-Evans 和 St. John 的图克服了传统树形图静态僵硬的缺陷,生动客观地描述了这一动态的连续过程。如图 1-7 所示。

(六)英语语言教学树形图

为了让母语不是英语的学习者对 ESP 有一个更全面的认识,作者将 ESP 置于语言教学之中,揭示英语为非母语的英语教学(English as a foreign language, EFL)的学习者,在 EGP 和 ESP 学习过程以及 ESP 中与其他学科的关系。EFL 涉及的面要宽广得多。英语作为外语是指在一些国家,英语是学校的一门课程,它不是教学语言,也不是用于政府部门或工商业方面的语言,如中国、法国、德国的英语教学都是 EFL。图 1-8 只是对 EFL 进行了分类,但需要说明的是:事实上 ESL(英语为第二语言)也可以做相同的分类。

在 ELT 树形图上下又包含两大分支:通用英语和专门用途英语。通用英语指以教授一般语言技能为目的的课程,培养学生基础英语的技能,即掌握英语语言共核,如我国部分小学、所有中专及大学(非英语专业)一、二年级的教学。它作为适用于所有用途和场合的通用语言,不考虑教学对象的学习目的与将来从事的职业,仅仅是社会各个行业英语语言需求的一个基础,不能使学生应对特定行业的英语交际。而 ESP 的目的是使学习者在某一专业或职业上将英语知识和技能实现专门化,将专业知识学习与语言技能训练融为一体,具有较强的针对性和实用性。ESP 分为科技英语、商务英语和社科英语三大类。其中科技英语是 ESP 中最重要的一支,不但量大,而且特点鲜明,发展最快。相当一部分语言学家常用 EST 代替 ESP,如 John Swales 和 Larry Selinker 等。凡是与科学技术有关的英语文献(书面的或口头的)均属科技英语范畴。科技英语学习者一般为各级各类科学技术人员、工程技术人员和大中专院校的理工科、科技英语专业的学生等。

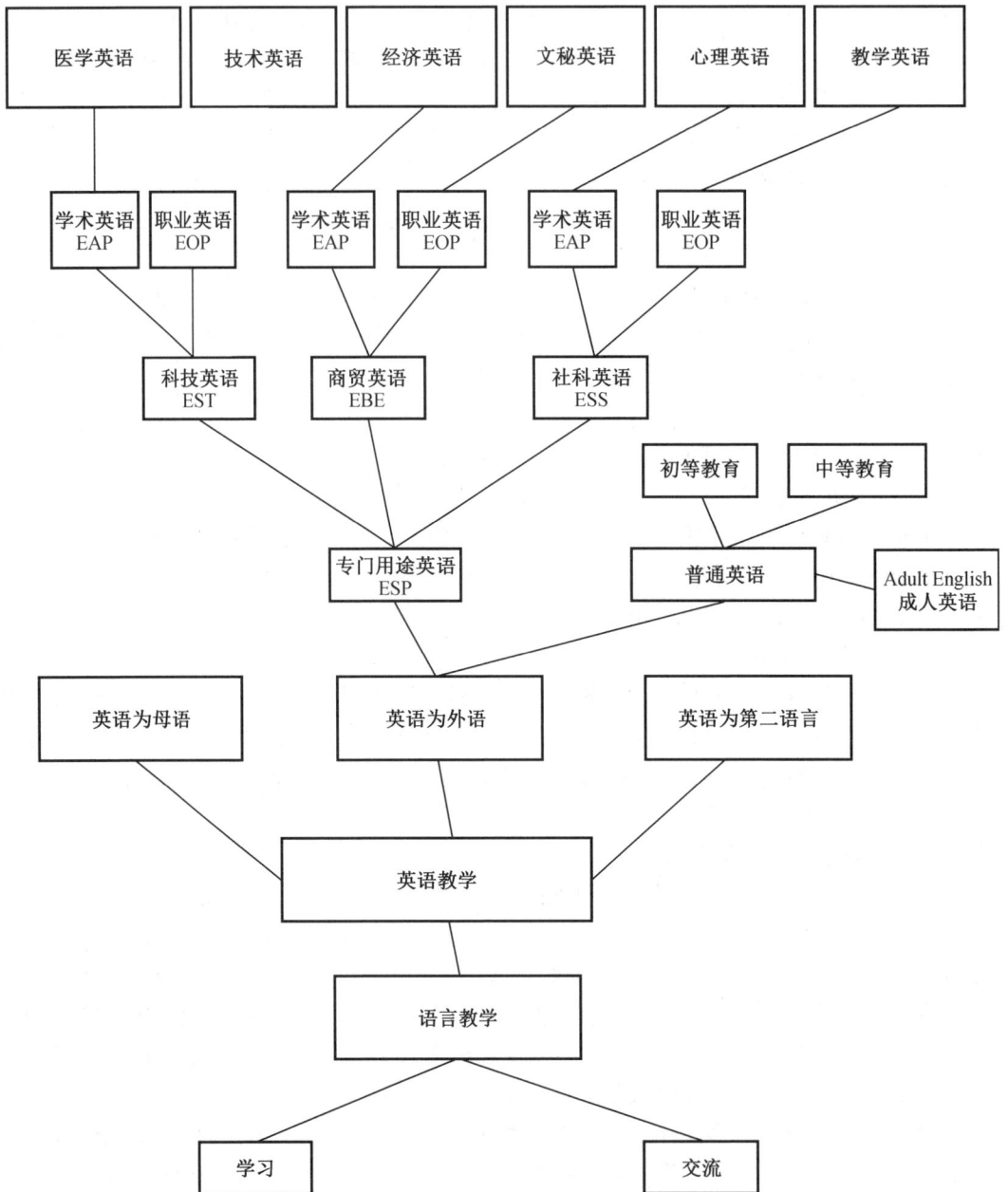

图 1-4　**Hutchinson** 和 **Waters** 的"英语教学树"的英语教学简图

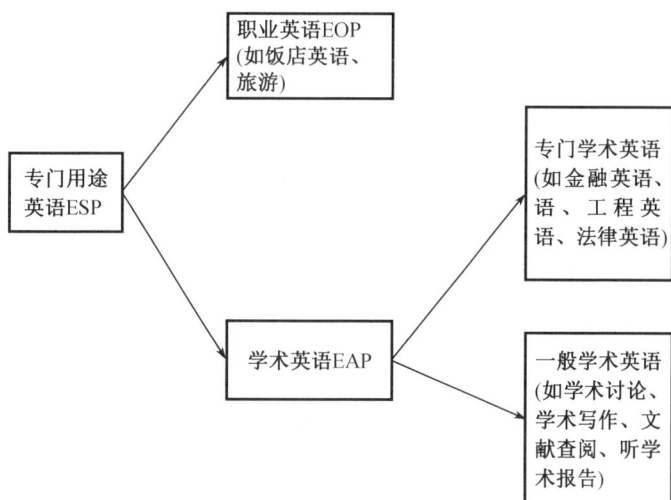

图 1-5　二分法

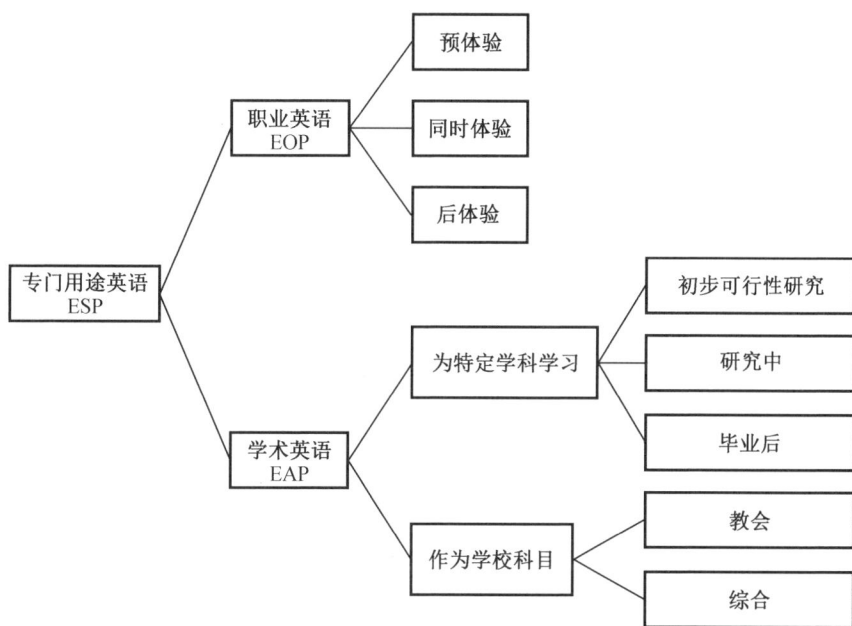

图 1-6　经历划分法

各种科技图书和期刊、各种计算机数据库、各门类文摘、各种科技资料缩微胶片等现代化信息储存手段,记录并存储着从古至今的科技成果,是人类的共同财富。加强科技英语研究,扩大 ESP 教学,对繁荣科学技术、促进人类进步具有重大意义。科技英语、商务英语和社科英语又分别分为学术英语和职业英语。这种分类已经基本为学术界所接受。学术英语学习者为大学非英语专业学生和其他在学习中需要使用英语的学生,学习英语的目的是进行学术交流和接受高等教育,通常学习语言共核或学习与专业有关的英语。职业英语学习者为远洋船员、航空人员、外贸人员、国际旅游工作人员、医生、工程师等,职业英语是对各行业在职人员进行的有效的职业技术培训,以应对某些特定的场景、交际需要、专业与技术等不同的任务。

观点1	观点2	观点3	观点4	观点5
英语初学者	以特殊技能为重点的中级至高级EGP课程	基于与特定学科或专业无关的共同核心语言和技能的EGAP/EGBP课程	广泛学科或专业领域的,如科学家和工程师的报告写作、医学英语、法律英语、商务人士的谈判/会议技能	1.与特定学术课程相关的学术支持课程 2.与商务人士一对一合作

图1-7　连续划分法

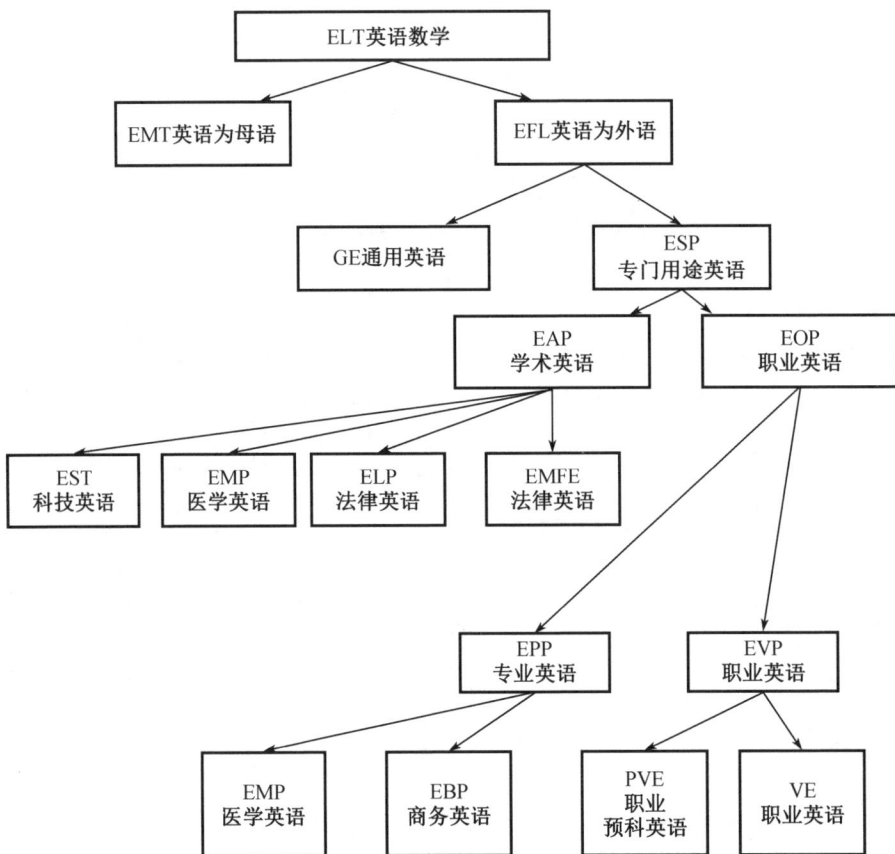

图1-8　英语教学家族图

学术英语和职业英语也是有区别的,如属于商务英语类的经济学英语与秘书英语,前者属于经济学专业范畴,学术性较强,后者则是就业需要,实用性较强。当然,所谓学术英语与职业英语的区别仅是就内容方面而言的,若从学习者这一角度考察,它们并不是泾渭分明的:人们可以同时从事某一种工作以及与这种工作相关的研究,而且在许多情况下,在学术英语语境中所学的应急语言,学习者也有可能在日常工作环境中使用。因此,把 EAP 和 EOP 放在 ESP 的同一个分类项下,说明了这两者的最终目的都是为职业服务的。尽管最终目的相同,但达到目的的手段不同,因而在课程设计中,对相应的专业内容的组织、各种语言技巧的融入以及教学手段的运用等必然有较大差异。事实上,具体课程才是 ESP 最终落实到课堂的部分。这些课程若列成清单,至少有上百种,如计算机英语、工程英语、机械英语、管理学英语等。

(七)Laurence 的分类

在 Laurence 看来,ESP 最关键的分支是 EAP,它专注于学术环境中的 ESP。许多 ESP 期刊,如 *English for Specific Purposes*,都非常倾向于 EAP 主题,甚至还有一个专门致力于 EAP 工作的期刊——*Journal of English for Academic Purposes*。然而,正如我们在许多作品中看到的那样,当 ESP 和 EAP 通过诸如"ESP 和 EAP"和"ESP/EAP"之类的短语呈现为一种二分法时,有时确实会导致混淆。

ESP 的另一个主要分支是职业英语(EOP)。虽然没有专门介绍 EOP 研究的主要期刊,但可以从大量的期刊上找到与 EOP 相关的论文,许多遵循 ESP 方法的外语课程都属于 EOP 领域。例如 Cambridge English for Nursing、Aviation English 和 English for International Tourism。但是,这种认识导致一些研究人员和出版商使用术语 ESP 作为 EOP 的同义词,这再次导致 ESP(=EOP)和 EAP(≠ESP)之间出现混淆二分法。

ESP 的两个主要分支可以进一步划分。EAP 可分为通用学术英语(English for general academic purposes,EGAP)和特定学术英语(English for specific academic purposes,ESAP),EOP 可分为专业英语(English for professional purposes,EPP)和职业英语(English for vocational purposes,EVP)。当然,这些子分支的进一步划分导致子分支越来越窄,包括研究发表用英语(English for research publication purposes,ERPP)、商务英语(English for business Purposes,EBP)、医学英语(English for medical purposes,EMP)、护理英语(nursing English)和航空英语(aviation English)。

从图 1-9 可以看出,ESP 的分支几乎可以无限扩展,在 EAP 的一端有 English for Atomic and Nuclear Physics(with a possible acronym of EANP),在 EOP 的一端有 English for Emergency Room Nursing(with a possible acronym of EERN)。图 1-9 中整齐框的类别都不是真正独立于其他类别的。例如,在 EAP 类别中,学习原子和核物理的学生可能需要一般学术听力理解技能来帮助他们理解讲座,以及来自一系列学科的特定语言技能,以解释数学理论的数学英语(English for mathematics)、核反应(化学英语)nuclear reactions(English for chemistry)和反应堆特性(机械工程英语)reactor properties(English for mechanical engineering)。

同样,在 EOP 类别中,急诊室护理的学习者可能与救护车护士有重叠的需求,他们甚至可能需要生物学家和电话接线员的一些技能,以及职业前的团队合作技能。同样清楚的是,即使是 EAP 和 EOP 也不能轻易分开。在图 1-9 中,左侧有物理的 EAP 类别,右边有 EOP 类别的物理学家。两者有何不同?显然,学习物理学与成为一名物理学家并不相同,但语言需求显然在很多方面都是相似的。

实际上,这种界限的模糊意味着 ESP 的大多数(如果不是全部)演示将过于简单化。例如,我们知道数学研究文章的编写方式与机械工程论文非常不同,即使它们都是 STEM 主题(Anthony 和 Bowen,2013)。基于这一点 Anthony 和 Bowen 提出了一个问题,即 EAP 教师如何能够,并且应该在学术写作课上谈论研究文章的特征,而不会忽视学科内部和学科之间存在的巨大差异。同样,我们知道不同的分支都有自己的专业词汇。如果 EOP 讲师想向学习者介绍"重要"的词汇,他们可能会尝试专注于在特定分支中使用的词汇,但这自然会导致其他分支的词汇被忽略。或者,他们可能尝试识别在广泛的某一学科中经常使用的词汇,但这有可能在学习者感兴趣的分支中引入不需要的词汇。一旦学习者知道他们正在处理连续体和概率而不是绝对值,他们将能够更好地评估他们所学到的知识,并将其与自己的经验和目标联系起来。

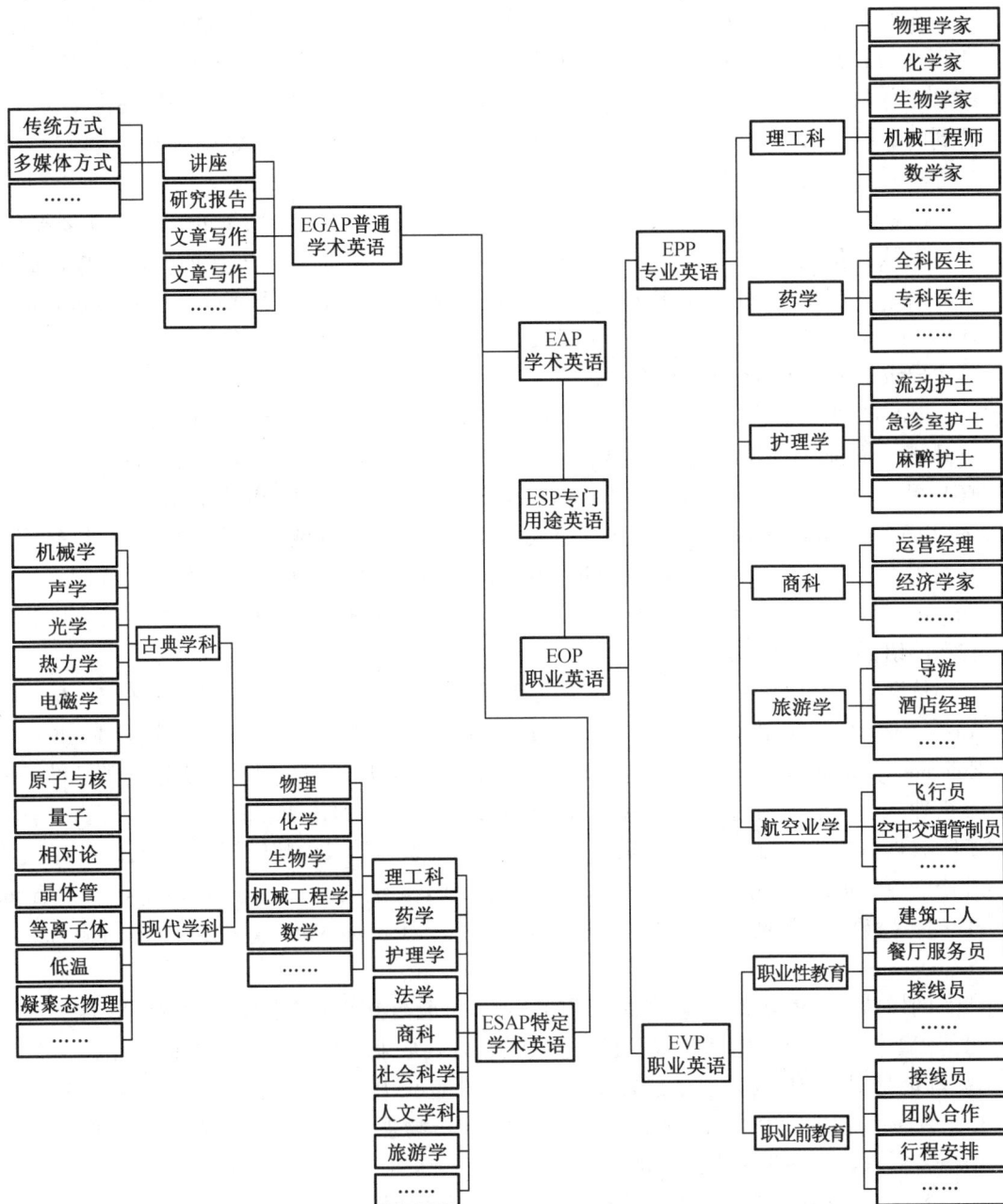

图 1-9 ESP 的分支图

第三节 ESP 的特征和补充方法

现在对 ESP 的含义有了一个很好的了解,让我们再来看一些 ESP 的特征。在本节中,我们来看两个引用 ESP 定义常见的例子,看看它们能否解释其中的一些困惑。

一、ESP 特征

(一)Strevens 的特征描述

Strevens(1988)对 ESP 早期特征的描述被广泛引用,他提出 ESP 由绝对特征(absolute characteristics)和可变特征(variable characteristics)组成。

1. 绝对特征

ESP 课程必须满足学生的特定需求:

①课程设计旨在满足学员的特定需求;

②与特定学科、职业和活动相关的内容,即主题;

③围绕那些与语言活动相适应的句法、词汇、语篇、语义等,并对语篇进行分析;

④与通用英语相对。

2. 可变特征

①受限于要学习的语言技能(例如,只读);

②不按照任何预先规定的方法进行教学。

第一个绝对特征没有任何争议。特别是在第一个点上,可以说任何语言课程都是为了满足学习者的需求。从 ESP 的定义中可以看出,它最重要的一个特征是以学习者为中心。许多语言教学方法都声称在某种方式下以学习者为中心,但是在 ESP 中优先考虑以学习者为中心的地位意味着课程或教学计划设计者、教室中的教师甚至学习者自己也应该始终考虑语言项目,活动和解释最终将如何帮助学习者满足他们当前和未来的"非语言"目标需求。

第二个绝对特征考虑到 ESP 内容位于学术或职业环境。ESP 的独特之处在于它针对这些学术或职业环境的确切需求给学习者留下深刻印象。

同样地,第三个绝对特征是指语言教学,因此课程的重点将是掌握实现特定目标所需的语言。就 ESP 而言,这些语言需求往往是特定于学科。

Strevens 定义的第四个绝对特征有问题。在这种情况下,Strevens 试图以 ESP 与普通英语不同来说明其特征,但这一点意义不大。在 Strevens 阐述自己的定义时,ESP 是一个边缘化的概念,努力使自己与周围人脱颖而出的教学方法信息技术,而与当时的主导方法截然不同时,当时的方法就是通用英语。

从定义的角度来看,下列第二个变量特征也有问题。例如,说明 ESP 可能受到限制(如只注重阅读),但对于一种特定的语言技能来说,它可能没有这样的限制。这是任何方法都可以使用的一种相当复杂的表述方式。这些可变特征现在看起来并不完善,他们一定要在一些人的头脑中播下一粒种子,如让 ESP 在某种程度上狭隘专注于一套特定的语言技能,并运用独特的方法,但事实并非如此。

(二) Dudley-Evans 和 St. John 的特征描述

在 Strevens 工作的基础上,Dudley-Evans 和 St. John(1998)对 ESP 有了更为详细的定义,许多研究仍在使用该定义。和 Strevens 一样,他们将 ESP 分为绝对和可变两种特征。

1. 绝对特征

①ESP 的定义是为了满足学习者的特定需求;

②用其所服务学科的基本方法和活动;

③专门用途英语侧重于与活动在语法、词汇、语域、学习技能、语篇和体裁方面相适应的语言。

2. 可变特征

①ESP 可能与特定学科相关或专为特定学科设计;

②ESP 在特定的教学情境中可能使用与通用英语不同的方法;

③ESP 可能是为成人学习者设计的,无论是在高等院校还是在专业工作环境中。

然而,这也可能是针对中学阶段的学习者:

④ESP 一般为中级或高级学生设计;

⑤大多数 ESP 课程都假定有一些语言系统的基本知识。

第一和第三个绝对特征几乎相同。虽然 Dudley-Evans 和 St. John 增加了 genre,这在 Strevens 的书中不是一个常用的术语;相比之下,第二个绝对特征在被转化为突出 ESP 之间联系的特征后有着微妙的不同,方法论和它所服务的目标学科不仅仅是内容联系。另一个不同之处是 Strevens 的第四个绝对特征被完全去除了。

当观察 Dudley-Evans 和 St. John 时,会发现更显著的差异是可变特征。在这里,特征的数量已从两个增加到五个。它们在性质上也有所不同,第一个强调学科特殊性的重要性,第二个强调纪律重复,ESP 可能不同于普通英语;第三个问题似乎暗示了针对学习者的年龄所使用的方法可能也有所不同;第四和第五个特征目标提高学习者的预期熟练程度。

对 ESP 的描述,Dudley-Evans 与 St. John 和 Hutchinson 和 Waters 也略有不同。虽然他们认识到以学习者为中心的 ESP 的重要性,但他们将其描述为一种多学科方法,其中 ESP "从业者"可以借鉴其他学科研究人员的见解,也可以通过教学与其他学科的研究人员互动。

事实上,一些领域鼓励通过期刊讨论该主题。当然,学习者自己也可以提供有价值的见解,了解他们需要学习的语言和技能。

专家也可以以其他方式支持 ESP 教学。教师作为专家的信息提供人,他们可以直接为课程的创建和运行做出贡献。例如,他们可以提供合适的文本,这些文本可以构成目标语言、体裁和技能描述的基础。它们还可能有助于分析和解释这些文本,并为课程目标提供建议。评估 ESP 课程或计划的成功也可能是一个挑战,因此让专业信息提供者提供有关性能测试设计的意见并解释结果,可能对学习者有所帮助。最后,Dudley-Evans 和 St. John 等人认为,专业教师可能在课堂上发挥作用,ESP 课程则是通过团队教学教授的。同样可悲的事实是,许多教职员工对其他研究实验室的开展活动兴趣不大,更不用说校园里的其他部门了。另一方面,EOP 设置中的情况通常更适合团队教学。例如,在公司中,可能明确聘请"局外人"——ESP 专家与公司"内部人员"合作,开发并教授 ESP 课程,然后由公司和参与者自己进行评估。

对理论和实践的关注是 Dudley-Evans 与 St. John 和 Hutchinson 与 Waters 观念的共同点。ESP 教师可能不得不在他们的工作中处理各种不同的体裁,为了识别这些体裁的稳定特征,找到可能变化最大的特征,并为学习者创造最大用途的教学点,ESP 教师需要有一套强大的理论语言和学习原则进行工作。但是,ESP 教师可能在某一天面对一大群具有广泛不同需求和兴趣的学习者,而在另一天面对一小群需求非常相似的学习者,此时的理论并不总是足够的。处理这些情况,ESP 教师还需要开发此时的有效的教学实践。当然,强大的理论语言和学习原则可以促进良好教学实践的发展,但在 ESP 中,有时方向是相反的,教学实践又导致了语言和学习理论的创新(Swales,1985)。

二、ESP 的补充方法

近年来,已经提出了许多新的语言教学方法,在某些情况下补充了 ESP 方法,而在其他情况下则与之竞争。让我们看一下这些互补和竞争方法中的一些,以更清楚地了解 ESP 是什么和不是什么。

一个例子是基于任务的语言教学(TBLT)。这是一种学习方法,作为交际语言教学的延伸,TBLT 试图将课堂上练习的语言与学习者的现实生活联系起来。它通过使用任务实现这一点,主要以意义为中心,并且包含必须由学习者协商的某种信息、推理或意见差距。任务还应设计为具有明确的非语言结果。很明显,TBLT 在某些方面与 ESP 重叠,特别是它专注于以学习者为中心的工作,并将课堂上发生的事情与学习者在现实世界中可能的实际经历联系起来。因此,TBLT 活动在 ESP 课堂上占有一席之地也就不足为奇了。ESP 教师可以考虑设计针对学习者需求的 TBLT 活动,为特定的学术或职业环境发展提供必要的语言技能,并帮助学习者在真实或接近真实的情况下练习这些语言技能。在工作场所的 ESP 设置中,TBLT 活动特别适合,因为学习者将具有可识别的任务,他们必须完成这些任务才能在工作中取得成功。TBLT 概念的一个变体是基于问题的学习(PBL),这是一种以学习者为中心的方法,学习者在(通常是多学科)小组中积极协作地解决特定问题。TBLT 活动也可以将学习者联结在一起,并构建成一个更大的项目的形式,有时被称为基于项目的学习,当然,这两种 PBL 方法都可以成功地补充 ESP 方法。

两种通常被视为 ESP 直接竞争对手的学习方法是基于内容的教学,有时被称为基于内容的学习(CBI)和英语教学(EMI)。CBI 是一种源自交际语言教学(CLT)的语言教学方法,近年来越来越受欢迎,特别是在亚洲。它基于以下理论:学习者在接触到他们自己可能选择的高度激励性的主题,或通过参与这些主题的任务和项目的互动活动时将获得语言(Brinton、Snow 和 Wesche)。CBI 的一些教师为针对学习者的专业学科领域的课程选择主题。不幸的是,这些案例引起了人们的困惑,即 CBI 是 ESP 的一种变体。但是,CBI 课程不必以学科为中心。事实上,学习者通过最喜欢的电影或流行歌星之类的主题学习同样有效。那么,当 CBI 方法可用时,为什么我们需要 ESP 呢?

CBI 的主要问题之一是,语言没有被明确教授,导致学习者质疑他们自己提高语言技能的程度。为了理解 EMI 在图片中的位置,请参见图 1-10 所示的语言内容连续体。在此图中,语法翻译方法(GTM)放置在连续的语言内容体的左侧,CLT 和 CBI 放置在中间。这使得 EMI 位于最右侧。在最纯粹的 EMI 形式中,教师只是使用英语作为教学语言来教授传统内容课程。在传统内容课程中,内容是主要的。实践操作上,从教育和行政的角度来看,EMI 课程与传统英语课程相比具有许多优势。首先,在课堂上只使用目标语言,最大限度地提高学习者的曝光率。EMI 课程从定义上,既针对学习者的当前需求也考虑学习者未来的需求。根据定义,EMI 课程的材料,甚至学习背景都是真实的。这就带来了相关内容,且希望具有激励性丰富的内容。同样,我们需要考虑的是如果 EMI 可用时,为什么需要 ESP?从理论上讲,EMI 课程不针对传统上与第二语言和外语学习者相关的语言问题,如词汇、句法和修辞问题。

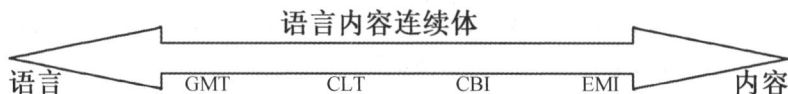

图 1-10　语言内容连续体

正是基于这一点,EMI 和 ESP 之间存在明显的区别,而 EMI 主要关注学习者的内容需求(即通过英语媒介进行内容教学),而 ESP 则专注于将这些语言用于实现与内容相关目标。在课堂实践中,许多 EMI 教师都会涉及 ESL 或 EFL 的语言问题,但实际上教师进入 ESP 领域,以最纯粹的形式看待时,很容易看出为什么存在许多与 EMI 相关的问题。首先,尚未精通英语的学习者显然很难应对 EMI 课程。将 EMI 课程视为教授语言的一种方式,可能等同于将一个不会游泳的人扔进游泳池的深处,并希望他们能够生存下来。其次,EMI 依赖于一个拥有愿意并且能够用英语教授内容课程的教师机构。但在许多国家,情况并非如此。最后,与上一点有关,是一些机构错误地认为英语教师可以教授 EMI 课程。显然情况并非如此,除非英语教师在某些专业领域接受过再培训。在一些地区,英语教师被鼓励获得特殊证书,在某些情况下甚至获得旅游和酒店等学科的硕士学位,目的是教授 EMI 课程。这个例子表明,EMI 通常被视为 ESP 的替代品,尽管很明显,这两种方法具有完全不同的目标。也许看待 ESP(尤其是 EAP)的更好方法是作为通往 EMI 的有用桥梁。重要的是,尽管与 EMI 相关的困难有很多,但世界上许多机构都有明显地向 EMI 课程迈进的迹象。

还有一种在欧洲越来越受欢迎的教学方法,它是内容和语言综合学习(CLIL),有时被视为 ESP 的竞争对手。CLIL 鼓励语言教师更多地参与内容,并鼓励内容教师更多地参与语言。例如,在他们的 Universitat Jaume I CLIL 课程中,Ruiz-Garrido 和 Palmer-Silveira(2008)描述了英语教师如何作为内容教师的语言教练,使他们能够获得用英语教授内容课程的信心。显然,同样,与 ESP 的一些原则和特征有重叠,特别是在 CLIL 的多学科性质方面。然而,CLIL 可能更多地被视为一种语言教学政策,而不是语言教学和学习方法。

从这个角度来看,ESP 和 CLIL 之间没有竞争。相反,人们可能会认为 Ruiz-Garrido 和 Palmer-Silveira 的 CLIL 课程的英语教师正在实践一种新形式的 ESP,以满足内容教师的需求,而不是学生团体的需求。

第二章　ESP 的研究与发展

第一节　ESP 的研究阶段

ESP 从 20 世纪 60 年代早期开始,在短短的半个世纪里,经过广大学者和教师们坚持不懈的多维探索、实践与深入研究,ESP 的研究成果丰硕,体系也日趋完善。ESP 经历了六个主要的发展阶段。按照时间顺序分别是:语域分析(register analysis)、修辞或语篇分析(rhetorical or discourse analysis)、需要分析(needs analysis)、技巧与策略(skills and strategies)、以学习为中心的途径(learning-centered approach)和体裁分析(genre analysis),在这里对它们进行简要总结。不断深入完善理论体系促进了各类 ESP 课程的发展,由于 ESP 在世界范围内发展不平衡,上述 ESP 研究的六个阶段目前在不同国家和地区得到认可,但推崇或推广的程度各不相同,且不同发展阶段的语言学理论根据教学内容,教学模式各不相同。通过对这六个阶段研究的介绍,可以让读者对 ESP 有更为全面和深入的理解。

一、语域分析

这一阶段主要发生在 19 世纪 60 年代至 19 世纪 70 年代早期,与 Halliday、Mcintosh、Strevens、Ewer 和 Latorre 的著作有关。社会语言学家认为,语言的本质特征就是交际工具。人们在不同的语言环境中所使用的语言会因不同的言语情境而具有不同的结构特征。为了对语言变体进行研究,语言学家提出语域(register)的概念。语域这一概念最早由 Halliday 提出,他认为语域变异是由于语言使用的场合不同而产生的。不难看出,他所讲的语域变异也就是语体变异。不过,他进一步指出语域变异的标记是语言材料,标记可以表现在词汇方面,随语域变化而变化。

所谓语域是指一个特定群体所使用的特殊语言变体,该群体或者有共同的职业(如律师、工程师),或者有相同的爱好(如集邮、考古),因而有其特定的语言变体,如科技英语、经贸英语等,在语言学中也叫语域。语境是指语篇的整个社会文化背景。语体是静态语言中的一个概念,指因不同的环境而形成的言语特征的体系总和。有关语境、语体、语域等方面的研究成果为 ESP 的存在提供了理论基础。

分析的目的是基于这样一个基本原则,比如电气工程在英语中构成了一个特定的语域,不同于生物学科或普通英语是为了确定这些语言的语法和词汇特征,然后将这些语言特征作为他们的教学大纲。Ewer 和 Latorre(1969)的《基础科学英语课程》(*A Course in Basic Scientific English*)就是这样一个教学大纲的好例子。事实上,正如 Ewer 和 Latorre 的教学大纲所示,语域分析表明,科技英语的句子语法除了倾向于使用特殊形式外,如现在简单时态外,几乎没有什么与众不同的地方。例如,被动语态和复合名词,它没有透露任何在普通英语中找不到的形式。Ewer 和 Latorre 等语域分析背后的主要动机是使专门用途英语课程更符合学习者的需要。其目的是制定一个教学大纲,优先考虑学生在科学研究中可能遇到的语言形式,而反过来优先考虑他们不会遇到的语言形式,将理科学生必须阅读的课文语言与一些广泛使用的学校教科书的语言相比较。他们发现,学校教科书忽略了一些常见于科学文本中的语言形式,例如,复合名词、被动词、条件句、反常限定词(即情态动词)。他们的结论是,ESP课程应优先考虑这些形式。1962年英国利兹大学(University of Leeds)的Barber发表了《现代科学散文的一些可衡量的特征》(Some measurable characteristics of modern scientific prose),标志着应用语言学及语言教学领域对ESP研究的真正开始。Barber选用了三个不同专业的大学教科书及学术性文章进行分析,试图发现科技文章中某些共同的语言特征。他着重从文章的句子结构、动词形式以及词汇等方面进行详尽的归纳分析。这种基于语言变体理论基础上的研究就是典型的语域分析。受结构主义语言学的影响,在语域研究的初始阶段,学者们主要致力于对采集到的大量语篇样本进行语法结构和词汇特点方面的分析描写,试图找出具体语域的某些形式标志,譬如语言学家们着重研究某一领域(如机器制造、电气工程、生物工程、旅游管理、商业贸易、国际金融等领域的英语文献)与其他领域(如语言、文学、文字、日常英语等领域)的英语文献的语法、词汇和句法等方面的差异。语义分析的目的在于找出这些领域的英语文献的语法词汇方面的特点,这些语言特点成为制定教学大纲和编写教材的基础。但是随着研究的深入,学者们意识到提出这一概念是为了描写具有某种特定用途的语言变体,单纯形式特征方面的静态分析无法满足这种需要,因此语域研究必须将视角拓展到语言的使用上来,这也正是语域分析引入社会语言学之所在。

为了研究语言的使用必须引入话语理论,对语篇样本进行动态分析。因此社会语言学家提出了言语行为、言语事件、言语情境和言语规则等概念,这些概念对认识和研究ESP颇有裨益。言语行为是人们在进行交际时的语句,是言语活动的最小规定单位。一次交际活动可能包含一个或多个语句,一次或多次交际活动便构成一个言语事件。言语活动必须在一定的言语情境中进行,具体的语境难以计数,但同语言使用的相应语境类型是有限的。语境因素十分复杂,大致可以分为三大类:话语范围(field of discourse)、话语方式(mode of discourse)和话语基调(tenor of discourse)。话语范围指的是话题以及与话题有关的活动;话语方式指的是话语活动所选择的交流渠道,即口头的还是书面的;话语基调指的是讲话者与聆听者之间的社会关系以及讲话者的交际目的。这三种因素分别影响语言的概念功能、语篇功能和人际功能。语句特征随语境不同发生变异,产生相应的语言变体,形成具体的语域。语域分析不仅需要对语言的形式特征进行描写,而且还应该注意超语言方面的规定性。话语理论的引入使语域分析完成了从静态的篇章形式标记的分析描写向超越语段的语言规定性的过渡。

这一语域分析研究阶段的代表人物有巴伯(Barber)、韩礼德(Halliday)、斯特雷文斯(Strevens)、尤尔(Ewer)、拉托尔(Latorre)、赫伯特(Herbert)、约翰·斯维尔斯(John Swales),代表作有《莫德伦科学散文的一些可测特征》(Some measurable characteristics of modern scientific prose)。这些作品都是在对真实的语料进行"语域分析"的基础上撰写的。这一阶段侧重研究不同文体的语法结构和词汇特征,用于选择设计教学大纲中的具体项目。因此句法和词汇的使用频率变得举足轻重。正因如此,语言分析的方法之一——频率分析法(frequency analysis)在这一时期备受关注和青睐。

在ESP教学中,研究者采用频率分析对词汇和语法形式出现的频率进行研究,试图找到特殊用途语言的特点。Barber、Ewe、Latorre、Huddleston等人的研究表明:

(1)科技英语并非一个独立的语言概念;

（2）选择何种语言形式取决于作者意图和听者或读者类型，并非话题的不同；

（3）某种专门用途英语的语言特点在其他英语中也能找到，没有一个特点为专门用途英语所独有。

频率分析法的优点显而易见，它能"列出典型词汇和短语，作为有效地教学最低要求"。频率分析法自从20世纪60年代，即ESP初创以来，一直风行不衰。如Ewer和Latorre在1969年出版的颇具影响力的ESP教材《基础科学英语课程》（*A Course in Basic Scientific English*）就是根据科技文章中语法结构及词汇使用频率编写的，所选内容是在精心审阅、研究了三百多万个词汇量的不同题材、不同类型的科技著作之后确定的。

频率分析法的缺点：一是尽管它能描述现象，却不能解释原因，即只有描写性，缺乏解释性；二是频率分析法不能作为ESP教材选材的唯一标准，最重要的一个原因在于语料库。众所周知，语料库是频率分析法应用的基础，然而，大多数语料库并非专为ESP教学而建，语料库往往只收录书面语；更有许多语料库包括了大量过时的语言材料；语料库规模往往太小，而语言形式出现频率的稳定性在很大程度上取决于语料库规模的大小。当然，这些缺点也许可以建立语料库并对其进行量化研究，此时需要耗费大量的人力和物力，在实际ESP教学条件下往往难以实施。频率分析法还有一个缺点便是无论语料库有多大，某些统计结果可能仍然荒诞不经。以词频分析为例：如果我们提取某个集合内的词条，如月份或星期，就会发现这些词条出现频率有显著不同。比如January（一月）不在高频词条内，显然我们不能因此断言January一词不如表示一年中其他11个月的词汇有用，因而可以不必教授。在这种情况下只好利用主观判断，将January一词加入高频词条内。

虽然这种频率分析法有缺点，但语域分析在这一时期的研究取得了阶段性的成果。ESP无论是在动词形式、动词时态，还是在句子类型、句子长度等诸方面都呈现较大差异。ESP倾向较多地使用陈述句和祈使句，而很少使用疑问句和感叹句。语域分析结果同时也表明：ESP无论是在语法（特别是在动词形式、动词时态和语态、句子结构方面），还是在修辞手段和篇章结构上都没有超出一般英语的总框架。

语域分析使得教学大纲的制定更加有针对性，帮助学习者更好地掌握与自身专业或未来职业相关的语言点和语言技能，使ESP更好地满足学习者的需要，从而提高教学效果。可以这样说，进行英语语域分析有一定的学术意义，但更重要的是教学意义。语域分析教学法作为建立在传统语法基础上的教学法，在应用的同时也暴露出许多局限性。英国应用语言学家Harry Widdowson指出，语域分析仅仅是一种表层的"数量分析"，它无法表达书面语言中的交际功能，无法说明其语篇结构上的特点，这就需要进行深层的"质量分析"。他把"用法"（usage）与"应用"（use）加以严格区分，前者指把语言看作孤立的语法结构，后者则指通过一系列的修辞行为（rhetorical acts）用语言表述一个完整的意思。语域分析的最大局限是单纯注意句子结构而忽视了语言的交际功能，不能帮助学生具备专门用途英语交际的能力。

二、修辞或语篇分析

在ESP发展的第一阶段，语域分析基本是停留在句子层面的语言研究，主要研究科技文献的词法和句法特征，使语域分析法在教学中有着不可克服的局限性。第二阶段的发展将注意力转移到句子上方的层面，因为专门用途英语与新兴的话语或修辞分析领域密切相关。这场运动的领头人是英国的Harry Widdowson，美国的华盛顿学派Larry Selinker、Louis

Trimble、John Lackstrom 和 Mary Todd-Trimble。主要的代表作为 1972 年 Lackstrom、Selinker 和 Trimble 合著的《语法和科技英语》(*Grammar and Technical English*),该文论述了在书面语体中,选择正确语法离不开文章的修辞及文章的主题内容。该文的发表以及 Widdowson 的语篇研究使 ESP 研究进入了一个新的阶段——修辞或语篇(rhetorical/discourse)分析。

(一)修辞分析

Louis Trimble 对修辞分析做了详尽的研究,他也因此被推举为修辞分析的代表人物。Trimble 提出,某语言特点 x 或 y 出现频率固然重要,但研究在语篇中为何使用 x 而不使用 y 更为必要。由此,语言分析重心从句子层面转移到语篇层面,从语言形式层面转移到作者意图层面。在 Trimble 看来,"修辞"这一术语乃是"语篇"这一广泛的交际模式中一个重要的组成部分,并将其定义为修辞是作者用于构建一个所期望语篇的方法,这个方法主要指为某个特定的读者群选择和组织信息,以达到特定的交际目的。

Trimble 认为书面语语法教学绝不能脱离修辞和语言内容,原因有三:

1. 书面语时态选择并不像大多数教材中所说的那样取决于"时间顺序",而是取决于修辞和语言内容;

2. 具体的定冠词和不定冠词的选用取决于修辞和语言内容;

3. 使用副词、体式、名物化等都需要语境指示。

Trimble 研究了科技英语的修辞特点及与这些修辞特点相关的语法和词汇特点。科技英语文本涉及事实、假设及类似信息的传达,本质是抒发情感,阐述基于情绪的观点、虚构小说或诗等形式的书面语。

(二)语篇分析

语篇分析侧重句子之间的意义如何生成,这是语言的结构(功能)观合乎逻辑的发展。结构(功能)观认为,意义并不仅仅局限于句子中的单词,句子出现的上下文对意义的产生也具有重要意义。以"It is snowing"这个简单的句子为例,如果把它放在三段不同的对话中,就可以看出它的意义是如何变化的:

1. –Can I go out to play tennis? –It's snowing.

2. –Have you unloaded the truck yet? –It's snowing.

3. –I think I'll go out for a walk. –It's snowing.

上述三段对话中,It's snowing 的命题意义(propositional meaning)相同,包含的意念也相同(现在时、中性),但却满足了三种不同的交际目的。第一段对话可能是父/亲(母亲)对孩子讲的,孩子要求出去,父/亲(母亲)回答"It's snowing",其实是对孩子要求的拒绝。第二段可能是夫妻间的对话,"It's snowing"在此处的功能是解释原因或作为借口。第三段的"It's snowing"则具有劝告或温和警告的功能,对话可能在朋友间进行。

同样一句话在不同上下文中具有不同的含义,这种变化是由以下两种因素引起的:一是社会语言学的上下文:谁在对谁说,为什么说。根据对话参与者关系的不同、说话原因的不同,意义都会发生变化。二是语句在语篇中的相关位置,某一语句要依靠其前后的语句方能获得意义即语篇意义(discoursal meaning)。例如,假若将上面第三段对话中的两个语句颠倒位置,它们就成了"It's snowing. I think I will go out for walk."变化之后,就抹掉了原对话中劝告或警告的含义,同时也完全改变了原对话的逻辑含义。在原对话中,隐含意义是

"下雪"为反对出去散步提供了理由,而位置颠倒后,"下雪"却成了为何出去的原因。由此可见,语篇中某一语句的相关位置会影响语篇意义。

通过 Henry Widdowson 及华盛顿派的推介,语篇分析与 ESP 关系更为紧密。将对语篇性质研究的成果用于 ESP 教学材料的方法有很多,其中主要有以下两种:(1)能让学习者意识到某一材料与特定专业领域相关联的层次,最有影响的项目是 Candlin、Bruton 和 Leather 进行的医生-病人间交际(doctor-patient communication)的分析;(2)语篇分析在 ESP 中的第二种运用方法是通过材料完成的。这些材料意在解释正式书面文章中句子的相关位置如何产生意义,这成为许多 ESP 教科书的主要特色,这些教科书的目的都是想通过对句子在文章中如何组合进而产生特定意义的分析来建立一套知识体系。尤为值得一提的是,这种方法还创建了现在依然被 ESP 教材广为采用的文章诊断练习(text-diagramming exercises),English in Focus 系列就充分运用了文章诊断练习,这种方法的最终目的是想让学习者认识到一篇文章的隐含结构以及语言是如何被组合进而创造出这种结构,使学习者成为更有效率的阅读者。

受语篇和修辞分析研究的影响,20 世纪 70 年代,英国陆续推出的教科书《焦点英语》及《核心英语》系列丛书摒弃了传统语法项目的罗列,着重讲解怎样用语言表述一些理论过程,如怎样用语言进行描述、定义、分类、概括、假设、定论等;注重科技概念的学习如构造、功能及因果等。20 世纪 80 年代初由英国牛津大学和纳尔逊公司出版社分别推出的《英语阅读与思考》和《学习技巧》则从学生在校接受教育的目的出发,通过"语言共核"来训练读者理解文章的篇章结构的能力,而不仅仅是一系列语言功能的能力同时教授读者猜测及预测技巧。语篇分析教学法不断使学生脱离句子的层面,把语言分析的目光扩大到语篇,实现联系上下文和确定语义的目标。只有学生在课堂上参与分析的空间扩大了,教师才能开始转向更多地与学生进行课堂交流和探讨。毫无疑问,修辞或语篇分析给 ESP 的研究及教学注入了强大的活力,对学生从语篇结构上掌握英语在不同专业领域里各异的结构与表达方式起了很重要的作用。

这一阶段的指导思想正如 Allen 和 Widdowson 所提出的那样:"我们认为学生碰到困难的主要原因不是由于缺乏系统的英语语言知识,而是由于不熟悉英语的用法;学生仅具有在句子水平上的语言能力还不能有效地交际,还必须掌握如何把句子恰如其分地用到各种交际场合,准确、流利地进行交际。"语域分析侧重于句子语法,但现在注意力转移到理解句子在语篇中是如何组合产生意义的。因此,研究关注的是识别文本中的组织模式,并指定这些模式所用的语言手段。这些模式将形成 ESP 课程的教学大纲。

这一时期注重在语篇结构上句子如何连接在一起以表达某个意思,其目的在于发现文章中语篇的编排结构以及如何用语言手段予以实现。就是说,将语言的语法形式与其功能相匹配,通过语言的功能理解其表达形式。

语域分析侧重于句子语法,但现在注意力转移到理解句子在语篇中是如何组合产生意义的。因此,研究关注的是确定文本中的组织模式,并指定这些模式的语言表达方式。这些模式将构成 ESP 课程的教学大纲。表 2-1 就是这种方法的代表。

表 2-1　ESP 修辞表(Trimble,1985)

层面及层面描述	举例
整体语篇交际目的	1.详述实验 2.推荐理论或方法 3.提出假设或理论 4.提出其他种类信息
为达到 A 层面交际目的而采用的总体修辞功能	1.陈述目标 2.报告前人研究 3.陈述问题 4.提供实验设备情况 描写 操作 5.操作提供实验步骤情况
为完成 B 层面总体修辞功能所采用的具体修辞功能	1.描写:外表、功能和工艺分类说明 2.定义 3.分类 4.说明 5.图表-文字关系
用于表示 C 层面修饰单元内和单元间关系的修辞技巧	1.顺序 时间顺序 空间顺序 因果顺序 2.模式 因果 重要性顺序 相似与不同 类比 举例 图示

　　修辞或篇章分析阶段的指导思想和研究成果至今仍然具有普遍的指导意义和很高的实用价值。美国密歇根大学工学院和其他一些理工科院校早在 20 世纪 50 年代就开始面向本科生、硕士生、博士生、本国学生、外国留学生开设技术交流课(program of technical communication)。对科技英语写作、科技英语演讲领域进行了多维的探索和实践,出版专著超过 200 部,发表论文数百篇。正是这些广泛深入的研究和实践才产生了 ESP 理论,形成了一套较为完整有效的 ESP 教学模式。

　　我国 1985—1999 年实施的《大学英语教学大纲》(1985)指出:"……在教学过程中,既要传授必要的语言知识,也要引导学生用所学的语言知识和技能进行广泛的阅读和其他的语言交际活动。教学活动不但要有利于语言能力的训练,也要有利于交际能力的培养;不仅重视句子水平的语言训练,还要逐步发展在语篇水平上进行交际的能力。"由此看出修辞和语篇分析对我国的英语教学起到指导作用。

如果说 ESP 发展的第一阶段语域分析的研究中心是在句子层内,重点是语法,那么ESP 发展的第二个阶段修辞与语篇分析把注意力转向句子层外,超越了词法和句法而注重修辞,超越了词汇和句子层次而注重篇章,研究如何下定义,如何写主题句,如何把主题句扩展成段落,段落如何形成语篇,从而产生意义。语篇的组织模式和表现这些模式的语言手段是语篇分析的重点。

但是修辞或语篇分析法相比语域分析法与频率分析法虽然有很大改进,但仍然受到诸多批评。矛头主要针对修辞或语篇分析法的结构主义倾向,认为这其实是对语篇做了结构主义语言学家对句法做的相同的工作。换言之,修辞与语篇分析建立了模式,却无法解释这些模式如何创造意义。事实上,这便是语篇结构主义。单纯的语篇与修辞分析的研究和学生的实际需求之间仍然有很大的差距。这些研究并不能直接满足学生的某些迫切需要,如发表科研文章、写实验报告等。就"科技英语"而言,泛泛地谈论"修辞功能"仍然是不够的,需要更进一步地缩小范围,从研究科技英语的普遍规律到发掘其各种文体的内在特征。

1981 年,美国明尼苏达大学 Tarone 等人发表了题为《对两篇天体物理学术文章中的被动语态用法的研究》(*On the Use of the Passive in Two Astrophysics Journal Papers*)的文章,采用的正是"修辞分析"。在此基础上,Tarone 等人更加注意文章的交际功能,更加注意科技文章尤其是学术性文章内在的信息结构和表达方式,更加准确地将形式与功能结合起来。

与第一阶段一样,这种方法或多或少有一种默契的假设,即文本组织的修辞模式在不同的专业使用领域之间存在显著差异。例如,科学文本的修辞结构被视为不同于商业文本的修辞结构。然而 Widdowson 指出,这一点从未得到非常明确的检验,而且事实上是矛盾的,对特定学科学术文本话语的研究结果也被用于对总体话语进行观察。

三、需要分析

我们现在要考虑的阶段并没有真正为专门用途英语的知识范围增加任何新的内容,它的目的是通过建立程序,将语言分析与学习者的学习原因更紧密地联系起来,将现有的知识建立在更科学的基础上。鉴于 ESP 课程的目的是使学习者能够在目标情景中充分发挥作用,即学习者在情景中将使用他们正在学习的语言,那么 ESP 课程设计过程应该首先确定目标情境,然后对该情境的语言特征进行严格分析。确定的特征将构成 ESP 课程的教学大纲。这个过程通常被称为需求分析。然而,我们更倾向于使用术语"目标情况分析",因为它能够更准确地描述相关过程。

ESP 教学是建立在需要分析基础上,教学思想的前提是以学生为中心的理念。通过需要分析,了解学生在学习和工作中要进行哪些交际活动,以及这些交际活动需要他们具有什么样的知识和能力。需要分析有利于教学目标的设定,有利于教学重点的突出,有利于学生素质和能力的培养。

正如 Hutchinson 和 Waters 所说:"ESP 不是一种特定的语言或方法,也不是由特定类型的教材组成的。正确理解,这是一种基于学习者需要的语言学习方法,既然要增强课程的ESP 性,学生的需要分析就至关重要。"需要分析虽说并非 ESP 所独有,却是 ESP 课程非常重要的一项内容,甚至可以说是 ESP 教学区别于其他形式英语教学的最重要特征。需要分析包括两方面内容:目标情景分析(target situation analysis)和学习需要分析(learning needs analysis)。

(一)目标情景分析

"目标情景分析"这一术语最初是在1980年被提出的,目标情景分析阶段标志着ESP时代的真正到来。之前零散不成体系的研究在这个阶段得以系统化,学习者的需要成为课程设计的核心。这一时期的代表人物John Munby做出了卓越的贡献,他的《交际教学大纲设计》(*Communicative Syllabus Design*)一书对学习者的交际目的、交际环境、交际手段、语言技巧、语言功能、语言结构等一系列问题进行了深刻、系统的论述,并且将这一分析过程称之为CNP(communication needs processor),它包括了有关交际中重要变量(如主题、参与者、媒介等)的一系列问题,以此确定任何学习群体对目标语言的需要。目标需要(target needs)或目标情景需要(target situation needs)包括三方面:必要(necessities)、缺乏(lacks)和向往(wants)。

1. 必要

必要是由目标情景需要所决定的需要,即让学习者知道要学习什么知识和技能,以便在目标情景中有效地运用。譬如,一位商人要了解商业信函或在购销洽谈会中周旋或从产品目录中获得信息等,他就可能需要知晓在该目标情景下所使用语言的语篇、功能、结构以及词汇特征。

2. 缺乏

目标程度与现有程度之间的差距就是学习者缺乏的,换言之,目标熟练程度需要与学习者的现有熟练程度相匹配,两者之间的差距可以称为学习者的不足。由于ESP关注的是特定学习者的需要,单单明确"必要"是不够的,还需要了解学习者目前已经具备哪些知识,由此确定学习者缺乏哪些"必要"。也就是说,ESP要描述的不仅要明确在目标情景中哪些知识和技能是必需的,同时还应当明确学习者目前的知识程度和技能水平,只有这样才能确定教学的最佳途径。

3. 向往

"必要"和"缺乏"是从客观角度来考察的,学习者在整个学习过程中发挥了十分积极的作用,他们自身的需求和愿望也应给予充分的重视。正如Richterich所言:"……需要脱离了个体就不复存在了,需要是个体在权衡自身条件和所处环境的基础上才确立起来的。"通过"向往"可以考察学习者对ESP课程的态度,这对ESP课程的有效开展至关重要。ESP课程中客观的"必要"往往与学习者主观的"向往"相互矛盾抵触,对学习积极性产生消极的负面影响于这一点,Richard Mead曾经对大学里学习医学、农学和兽医学ESP课程学生的学习动机进行了研究。研究发现,学习医学课程的学生学习积极性很高,而学习农学和兽医学ESP课程的学生学习动机不强。经调查得知,这些学生学习农学和兽医学实属无奈之举,他们原本选择学习医学,但由于医学录取名额有限,只好改学其他专业。因此,农学和兽医学并非他们的最优选择,而是次优选择。这时向他们传授农学和兽医课程,无异于在伤口上撒盐,每每令他们想起曾经遭遇的挫败。Mead针对这些学生进行的必要、缺乏和向往分析如图表2-2所示。

表2-2 必要、缺乏和向往分析

	客观	主观
必要	在农学或兽医学学习方面获取成功所需要的英语	不得已应付次优选择的局面
缺乏	(假设)农学或兽医学学习所需要的英语知识	进行医学学习的手段
向往	在农学或兽医学学习方面获取成功	从事医学学习研究

进行目标情景需要分析十分必要,可以就为什么学习语言、如何学习语言、学习语言的内容、学习对象、语言应用的场合、时间等一系列问题展开调查,调查的方式多种多样,如观察、资料收集、面谈、问卷调查等。需要指出的是,目标情景需要分析绝非一劳永逸,而是持续不断的动态过程,要根据实际情况实时检查评估,随时进行调整以便教和学双方充分沟通,达成满意的折中方案,保证教学有效进行。

(二)学习需要分析

目标情景分析关注的是语言的应用,语言的应用只是一个方面,还需要了解语言的学习。正如 Hutchinson 和 Waters 所打的比方一样:倘若将 ESP 比作旅行,那么目标需要分析所考察的仅仅是出发点(缺乏)和目的地(必要),尽管对目的地尚有一定程度的分歧(向往)。我们没有考虑的是旅行路线,如何从始发地到达目的地。这正是学习需要(learning needs)要解决的问题。目标情景分析能决定旅行的目的地,犹如指南针指引着前进的总体方向,但具体的行程路线则必须根据现有的交通工具(学习条件)行进,学习者根据已熟悉的路径(他们具备的知识、技巧和策略)以及旅行的动机来确定。正如 ESP 课程自身的特色一样,学习需要也是多种多样的。进行学习需要分析时,也可以采用类似目标情景分析的调查,包括学习者学习语言课程的原因、学习者的学习方法、教学资源、学习者的特点、学习的时间、场地等。此外,学习需要分析还应包括对教学环境的考察,因为校园或课堂文化氛围、教师队伍状况、教学后勤工作等方面的因素也会直接影响学习需要。

近年来,除目标情景分析和学习需要分析外,人们开始重视"目前情况分析"(present situation analysis),即分析在课程开始前学习者的状况以及达到目标的过程与手段。这种分析更重视学习者作为人的这个主体因素。1992 年,庞继贤(1994)在英国向 Robinson 求教 ESP 教学的有关问题,Robinson 曾提出把 ESP 看作"指定人员英语"的观点。归根到底,ESP 的教学对象是那些带有明确学习目的的人。

四、技巧与策略

ESP 发展过程中的最初两个阶段是语域分析阶段和修辞语篇分析阶段,它们都只是分析了句子、语篇,都明显局限于语言的表层形式。目标情境分析虽然在理念上发生了根本转变,但它仍然还是语言表层形式的分析,只不过指定了某一特定情境而已。到了技巧与策略分析阶段,ESP 研究和分析的重点从语言的表层形式转向了更深层次——语言使用中的思维过程。它的指导思想是在任何一种语言运用中有相同的思维和解释过程,使用一定的技巧,可以应对语言的各种表面形式,而从表面语篇中悟出其蕴涵的道理来。这个阶段的 ESP 技能研究比较多地在母语为非英语国家里进行,并比较多地集中在阅读技能的研究和教学上。这主要是由当时美、英等国的先进科技和英语的强势地位所决定的。他们的科技文献都是英语的,其他国家的科技人员都必须通过阅读这些科技文献才能获取世界上最先进的科学技术知识和最新的信息。据联合国教科文组织调查统计,世界上约 2/3 的工程技术文献是用英语写成的,但是世界上 2/3 以上的工程技术人员却不能流利地阅读英语资料。由此可以看出,加强科技英语研究、扩大 ESP 教学对繁荣科学技术、促进人类进步都具有重大意义。因此,如何进行策略分析、有效提高阅读技能就成为当时所有专门用途英语教学研究的重点。

技能分析的指导思想是:任何一种语言使用者在表达相同的概念、事物时,往往都是有着大致相同的思维和解释过程,而运用一定的技能可以帮助语言使用者更轻松地应对语言的各种表面形式,并更为迅速地从语篇中悟出更多的道理,达到触类旁通、举一反三的效果。阅读课最重要的是老师和学生都应该理解阅读过程。事实上,我们重新定义阅读并且把阅读理解为一个解码的过程,但阅读不仅需要翻译,除了要理解作者的表面意图外,还要理解言外之意。这个阶段的 ESP 技巧与策略研究大多在母语为非英语国家里进行,并且主要集中在阅读技巧的研究和教学上。

为了更好地理解,优秀的读者应该大致经历三个阶段:思考、提问和评估。而这三个阶段的最基础行为是解码,即在篇章中理解每一个词的过程。一旦你开始了解码词汇,你就可以开始进入理解的阶段了。好的理解不仅仅需要简单地知道每个词是什么意思。篇章的真正意思存在于词和词之间的关系。首先应该问自己,作者在说什么? 文章的主要意思是什么? 试着用你自己的语言来表达每句话的意思。然后再看词语和句子之间的关系。

为了说明优秀的读者在潜意识里做了什么,让我们用一小段来做例子:

Marriage was not designed as a mechanism for providing friendship、erotic experience, romantic love, personal fulfillment, continuous lay psychotherapy, or recreation. The Western European family was not designed to carry a lifelong load of highly emotional romantic freight. Given its present structure, it simply has to fail when asked to do so. The very idea of an irrevocable contract obligating the parties concerned to a lifetime of romantic effort is utterly absurd.

当通读这段话时,首先确定是否有不确定的词的意思。其中有三个词可能引起理解的困难。第一个困难,lay 在短语"lay psychotherapy"中用作形容词,因此你可以跳过字典中的动词定义。在这三个形容词定义中,哪一个看起来最合适?

(1)关于、来自或服务于俗人的;世俗的传教士。

(2)从事精神分析但没有医学学位;非专业分析学家。

(3)普通人或普通人的;俗人的意见。

通过比较,定义 2 最符合上下文,并且从上下文线索"心理治疗"可判断。

第二句中的 freight 的使用方式很不寻常,虽然该段中没有提到负担,但我们可以推断,在短语"a lifelong load of highly emotional romantic freight"中使用的 freight,隐晦地表达了负担。第三个有困难的词是在最后一个句子中出现的 irrevocable。你可以试着把这个词分解,看看你是否能在查字典之前确定它的意思,在中间嵌入的是词根 revoke,意思是"废除或取消"。前缀 ir-表示"不",后缀-able 是不言而喻的"能够"。把所有的词根和词缀放在一起,然后产生一个类似这样的定义——"不能被撤销或可以被加速",这是一个完全可以接受的定义。然而,发音有点棘手。irrevocable的发音/ɪˈvevəkabl/,重音在第二个音节上。最后,如果段落中的其他单词给您带来了困难,请在继续阅读之前查一下词典。

下一步是一句句地通读这篇文章,每个句子都要自己去解释。自己做一些练习,在这一步中试着自己动手。第一句说,婚姻并不是一个提供友谊、情爱体验、浪漫爱情、个人抱负实现、持续的业余心理治疗或游戏的系统。第二句话可以解释为,在西欧家庭中,婚姻伴侣不打算背负一生对浪漫爱情的承诺。第三句话表明,根据该机构目前的运作方式,婚姻只有在要求伴侣做出终身承诺时才会失败。注意短语"when asked to do so"指的是第二句中关于婚姻的短语"carrying a lifelong load of highly emotional romantic freight"。这种从前面的语句中省略一个单词或短语的技巧称为省略,它会使粗心的读者感到困惑。作者假设读者看到了第一个想法和未陈述的第二个想法之间的联系。最后一句话可以理解为期望婚姻是一种不可撤销的契约,要求伴侣将自己投入一生的浪漫努力,这是荒谬的。显然,这一释义没有原文那么优雅,但它仍然是对原文的不太准确的重述。简要地总结一下这一段:作者关注的是婚姻问题,特别是西欧的婚姻制度,由于美国的婚姻模式是基于欧洲人的,我们可以假设,他指的是他的想法也与美国的婚姻习俗有关。作者想让我们明白,这种婚姻制度注定要失败,因为人们错误地认为浪漫的爱情可以维持一生。

本段中的每一句话都是根据他的结论得出的:第一句和第二句陈述了婚姻的目的不是为了做什么;第三句从前两句中得出结论;第四句重申了主要观点,并以强调的观点结束,即我们对婚姻的高期望是完全荒谬的。

在平时学习中把每一个你读到的句子都解释出来是不现实的。但是有时这种以你自己的语言重述作者的观点的方法是很有用的,特别是当作者的观点很复杂,而你也想保证能正确理解作者的思想时。做出准确的推断和判断也是阅读所必需的基本技能。推断是一个可以从一种情况或一系列事实中合理得出的结论。

换句话说,推论仅仅是从一种情况中得出的合理结论,或者,就我们而言,我们可以从阅读中得出结论。与现实生活不同,在阅读中做出推论(有时称为字里行间阅读)需要更仔细,不仅要注意作者明确或直接陈述的内容,还要注意他(她)通过词语选择、词语安排、细节选择,以及作者对主题的明显态度所暗示的内容。阅读关于可口可乐起源的这一段可以理解推断过程:

[1]The man who invented Coca-Cola was not a native Atlantan, but on the day of his funeral every drugstore in town testimonially shut up shop. [2]He was John Styth Pemberton, born in 1833 in Knoxville, Georgia eighty miles away. [3]Sometimes known as Doctor, Pemberton was a pharmacist who, during the Civil War, led a cavalry troop under General Joe Wheeler: [4]He settled in Atlanta in 1869, and soon began brewing such patent medicines as Triplex Liver Pills and Globe of Flower Cough Syrup. [5]In 1885, he registered a trademark for something called French Wine Coca-Ideal Nerve and Tonic Stimulant; a few months later he formed the Pemberton Chemical Company, and recruited the services of a book keeper named Frank M. Robinson, who not only had a good head for figures but, attached to it, so exceptional a nose that he could audit the composition of a batch of syrup merely by sniffing it. [6]In 1886—a year in which, as contemporary Coca Cola officials like to point out, Conan Doyle unveiled Sherlock Holmes and France unveiled the Statue of Liberty—Pemberton unveiled a syrup that he called Coca Cola. [7]It was a modification of his French Wine

Coca. [8] He had taken out the wine and added a pinch of caffeine, and, when the end product tasted awful, had thrown in some extract of cola(or kola) nut and a few other oils, blending the mixture in a three legged iron pot in his back yard and swishing it around with an oar. [9] He distributed it to soda fountains in used beer bottles, and Robinson, with his flowing bookkeeper's scrip's presently devised a label, on which "Coca-Cola" was written in the fashion that is still employed. [10] Pemberton looked upon his concoction less as a refreshment than as a headache cure, especially for people whose throbbing temples could be traced to overindulgence. [11] On a morning late in 1886, one such victim of the night before dragged himself into an Atlanta drugstore and asked for a dollop of Coca-Cola. [12] Druggists customarily stirred a teaspoonful of syrup into a glass of water, but in this instance the factotum on duty was too lazy to walk to the fresh-water tap, a couple of feet off. [13] Instead, he mixed the syrup with some charged water, which was closer at hand. [14] The suffering customer perked up almost at once, and word quickly spread that the best Coca-Cola was a fizzy one.

从第 1 句中我们可以推断,发明可口可乐的人在发明这种饮料的过程中所起的作用受到了人们的尊敬,这一点可以从亚特兰大的店主在彭伯顿葬礼当天关闭了他们的商店这一事实中看出。testimonially 是这里的一个关键词,意思是他们向彭伯顿致敬。我们可以从第 3 句中推断,彭伯顿有时被称为"医生",这个头衔是一个昵称,因为他真正的职业是药剂师,而不是医生。从第 4 句、第 5 句和第 6 句中,我们可以推断彭伯顿从开始到成功地制作出可口可乐的配方之前,生产了几种混合物。此外,我们可以从第 6 句中推断,可口可乐的工作人员为他们的饮料有一百多年的历史而感到自豪。从第 7 句和第 8 句,我们可以推断可乐的原始版本。可乐含有酒精,添加一些可乐坚果提取物和"其他油"可以改善味道,尽管彭伯顿显然没有使用精确的测量方法。此外,第 8 句表明,彭伯顿的化学公司并不完全是 19 世纪版本的临时"高科技"产业,这是从彭伯顿用来混合混合物的临时设备(the iron pot and oar)判断的。从第 10 句我们可以推断,彭伯顿认为他的饮料与其说是一种提神剂,不如说是一种治疗性物质(用于治疗宿醉)。最重要的是,从 11~14 句叙述的简短事件中,我们可以推断出这一段的主要思想,而作者并没有明确说明这一点:我们今天知道的可口可乐的生产纯属意外,是一个懒惰的结果。最后,我们可以从最后一句话推断,可口可乐的成功是迅速的。从作者描述可口可乐的方式,我们可以对它的发明做出什么样的判断?我认为可以公平地说,作者认为整个事件相当偶然,是环境造成的意外,而不是经过多年的市场调查而采取的有计划的行动,就像现在一家公司推出新产品的情况一样。

准确的推理是读者可以从文章中合理地做出的推理,而不够准确的推理不能合理地做出推理,要么是因为陈述不正确,要么是因为它代表了对原文的曲解。证据不足意味着读者无法从文章中获得足够的信息而进行推理。

最基础的解码需要以下几个技能作为支撑。

1. 提高词汇量

丰富阅读词汇可能是良好阅读的最重要要求。理解、记忆、推理、评估等技能都取决于你对词汇的理解及其在特定环境中的意义。毕竟,如果你不知道单词的意思,你很难理解作者想表达什么。但有时,你可以"随机应变",即使有些词不熟悉,但你也可以理解作者的主要观点。然而,大多数情况下,尤其是在仔细阅读本文时,你对一段文字的准确理解可能仅仅取决于一个单词的意思,在这种情况下,猜测是危险的。因此,提高词汇量的任务是不可避免的,虽然一开始学习几十个新单词似乎是一项艰巨的任务,但这是可能的。现代删减版的词典一般有 60 万个词条,但据估计,英语有 100 多万个单词。

下面是一些简单的建议,帮助你学习在阅读中遇到的单词。

第一,你应该有两本字典。课堂上使用简版词典,在家里使用非删减版本。因为在家里,时间相对充裕。

第二,培养对语言的兴趣。当你在未删减的词典中查找单词时,请查看词源,因为许多单词都有不寻常的起源。在词典中,一个词的词源解释追溯了这个词的起源,并给出了它的原意。当你在字典里查找一个单词时,注意它的词源会让你感受到语言的复杂性,了解这个单词的词源可以帮助你在下次阅读时记住它的意思。

第三,不要孤立地记住一长串单词。当阅读中出现生词中时,你最好在阅读中学会一些生词。

第四,寻找一种方法来学习你要查找的重要单词。在一个小笔记本或索引卡上写下生词及其含义(以及上下文,如有必要)。定期复习这些单词可以确保你掌握它们。

第五,试着把具有相似含义和起源的词想象成属于群体或家族的词。了解常见的拉丁语和希腊语前缀、词根和后缀是积累词汇的好方法。

2. 使用词典

(1)拼写正确;

(2)发音正确;

(3)根据上下文的最佳定义,即单词在文章中的使用方式。

这里我们关心的是发音问题。每一本字典都包含一个关键的列表,在第一个定义之前的页面上列出发音符号。与每次需要查看单词的发音方式时都参考前面的内容相比,查看字典中每页底部提供的简短发音更容易。例如,如果你不确定元音上的标记(称为变音标记),你将发现示例单词说明每个符号:ǎpat/āpay 表示 ǎ(短 a)的发音与单词"pat"相同,ā(长 a)的发音与单词"pay"相同。

对于新词的正确发音同样至关重要的是重音或重音标记。单词中音节发音的相对响度有三种不同的表示方式。主重音(声音较大)用黑体(')标记表示,而次重音用普通字体中类似的标记表示,而非重读音节则没有标记。因此,单词 apparatus 发音如下:(ǎp'a-rǎ'tas)。e 第一个音节接受次重音;第二个音节是不重读的(看起来滑稽的倒置 e 符号称为 schwa,它总是不重读并且发音为 duh);第三个音节承受主重音或最重重音,最后一个音节也不重读。纠正英语单词发音的秘诀是先确定主重音所在的音节,然后确定单词其余部分的位置。

这里有一些难学的单词供你练习发音。首先找到重音或重读音节(单音节单词不会有任何重音标记),然后发音单词的其余部分,如有必要,参考字典中的简明发音指南定义的顺序。

确保你知道词典列出多个定义的顺序,哪些信息可以在前面找到。例如,《美国传统词典》使用了一种编辑称之为"共时语义分析"的方法,这意味着"第一个定义是中心意义,其他意义可能在逻辑上组织得最严密"。在《兰登书屋韦氏英语词典》中,"最常见的词类列在第一位,最常见的词义作为每个词类的第一个定义出现。"相比之下,《韦氏大学词典》和韦氏新世界系列词典都按时间顺序排列定义,因此第一个定义是最早的,下一个定义是历史用法,依此类推。这个系统为读者提供了一个很好的单词演变的历史感,但也意味着你必须阅读单词的最初定义,才能找到它当前的含义。

无论你的字典使用什么方法,关键是你要注意单词的上下文,问题单词的前后是什么,换言之,注意单词出现的特定环境,如这个词有几个意思,上下文将帮助你选择最合适的定义。作为说明,以下是《兰登书屋韦氏英语词典》中形容词 barren 的四个定义。

(1)not producing,or incapable of producing,offspring:a barren woman.

(2)unproductive;unfruitful;barren land;a barren effort.

(3)without features of interest;dull:a barren period in American architecture.

(4)destitute;bereft;lacking(usually followed by of):barren offender feelings.

在下面三个句子中,你认为 barren 是什么意思?

(1)The Kalahari Desert,a vast area in southern Africa,is a barren in hospitable region.

(2)During his later years,Scott Fitzgerald,the American fiction writer,endured a barren period when he could no longer write.

(3)The walls in the mayor's office are barren,reflecting his interest in cutting excessive government spending for unnecessary items.

你应该为前两句选择定义(2),以及第三句选择定义(3)。

当你在字典中查找不熟悉的单词时,语法知识也会有所帮助,因为英语中的单词通常属于不止一个语法类别(如果你的语法知识不可靠,请参阅任意语法手册来复习词类)。词典用缩写词来标注词类(n. =名词;v. =动词;adj. =形容词;adv. =副词等)。单词晦涩就是一个单词的例子。

单词 obscure 是一个跨越语法线的单词例子;《美国传统词典》中的前八个定义将该词定义为动词,而接下来的六个定义则将其定义为形容词。在词典中查找 obscure 一词,考虑这两个语法范畴中的定义,然后写出下面两个句子中所用的词类和最佳定义。

(1)The worst airplane disaster in history occurred in 1977 on Tenerife in the Canary Islands,when heavy fog obscured the runway and two jets collided during takeoff.

Part of speech _____

Meaning _____

(2)From his beginnings in the obscure town of Plains,Georgia,Jimmy Carter launched a grassroots campaign for the American Presidency.

Part of speech _____

Meaning _____

即使看似简单的单词你在查阅字典时也会遇到困难,在会话中 fine 一词通常意味着"令人愉快",但《美国传统词典》对此形容词给出了四个不同的含义。在词典中查找 fine 一词。结合下上上下文该词的最佳用法是什么?

The professor made a fine distinction between negligence and neglect.

Meaning _____

3.语义色彩

一些词典,特别是《兰登书屋韦氏英语词典》和《美国传统词典》,提供了非常有用的同义词注释,能够帮助你确定相关单词之间的细微差别。例如,如果你在《美国传统词典》中查找 impetuous 这个词,你会发现这些同义词,以及最后一个定义之后每个同义词的详细说明：impetuous，heedless，hasty，headlong，sudden。这些形容词描述了一个人及其行为和决定，当其标志是突然或缺乏深思熟虑时，impetuous 表示浮躁、冲动、不耐烦或缺乏思考；heedless 意味着粗心大意或缺乏责任感或对行动后果的适当考虑；hasty 和 headlong 都表示仓促和头疼，同时强调匆忙的行动，后者尤其暗示鲁莽；sudden 应用于行动，或个人属性，如情绪，使自己突然或意外地显现出来。在下面的句子中，headlong 这个词不仅意味着突兀，而且强烈地暗示了鲁莽：

Mary's headlong decision to marry astonished her family.

请注意，如果用 sudden 替换 headlong，则会产生不同的、更积极的暗示。

如果你不确定一个词的确切内涵，请查阅同义词的注释，字典提供的同义词对于释义非常有用。采用这一步骤将很好地理解词义，因为这种工具可以帮助理解一组相关单词背后的微妙之处。从表面上看，这些单词似乎是同义词。通常，您必须多次使用字典（尤其是删减版）才能获得单词的确切含义。

All around the beleaguered city of Phnom Penh homeless children wandered.

我们假设你不知道句子中"beleaguered"这个词的意思。

《美国遗产词典》的删节版将 belatuger 定义为"围攻"——如果你不知道词根 siege，就没有多大帮助。besiege 被定义为 lay siege 仍然没有太大的帮助。如果你查一下 siege 这个词，你会发现它的意思是"任何一方要占领城镇或堡垒的军队包围和封锁它"。因此，beleaguered 意味着"被军队包围"。这样找到一个定义似乎是一个令人厌烦的过程，但搜索确实有回报，因为它提供了准确的定义，并且使你的词汇量增加了三个新单词。顺便说一句，查阅未删节的字典会在第一次产生明确的定义。

4. 使用上下文线索

一本好的字典显然是不可或缺的。然而，好的读者通常可以通过结合上下文来确定单词的含义，或者至少是令人满意地接近含义。上下文可以为单词在句子或段落中的使用方式，或者伴随的单词或短语，澄清不熟悉单词的含义。当你不必有一个精确的定义时，上下文特别有用。以下是三种最常见的上下文线索：

首先，作者可以为不熟悉的单词提供同义词。

No matter how much Sarah tried to cut unnecessary words from her essays, her instructor always commented that her papers were verbose.

verbose 的意思是 using unnecessary words。

其次，另一种上下文线索是关键词或关键短语，不是同义词，但仍然揭示了不熟悉的单词的含义。

Spencer's attention to most tasks was dilatory at best；however，when it came time to wash and wax his Mazda RX7，he never put it off or made excuses.

过渡词 however 标志着一种对比，表明推迟或试图拖延。这句话最后一部分的例子也暗示了这个定义。

最后，一系列的例证，或者所描述的一般情况，可能会提供一个很好的上下文线索：

Professor Simon's taste in reading is catholic：He enjoys modern French poetry，chronicles of the Civil War，Shakespeare's tragedies，the mystery novels of Agatha Christie，and Popular Computing magazine.

从阅读材料的五个例子中，你可以推断出 catholic 不是指宗教（当指宗教意思时，首字母 c 会被大写),而是一种广泛而包罗万象的味道。

Ours is an age of escalation. Take, for example, walking. Only yesterday, it seems, going for a walk was as simple and natural as breathing; it was the most elementary form of recreation known to man, for thousands of years a pastime beyond improvement: pure, changeless, satisfying. But into this blameless tradition crept a tiny flaw. Going for a walk got to be known in elegant circles as "taking ones constitutional", insinuating the notion that walking might be done for reasons of health. Thus the insidious idea spread around that it was good for you, and ruin set in rapidly. From the premise that walking was good for the body the conclusion was drawn, with pristine American logic, that more of it, at a faster pace, would be better.

在通常意义上,insinuate 意味着"暗示,暗示的内容令人不快"。insidious 在这里意味着"秘密"或"背信弃义",作者讽刺地使用了这两个词,因为 insinuates 的想法是大多数人容易接受的。此外,一个好主意不可能真的是 insidious,因为事实上,大多数人都相信散步是一种很好的锻炼,即使是非步行者。如果你还没有意识到这个讽刺,那就查字典吧。

这里介绍的所有技能将单个单词视为更大群体的一部分,如果对单词的词源感兴趣,那么正确使用词典,并注意上下文线索,这不仅会增加你的词汇量,而且会提高你阅读的乐趣。

五、以学习为中心的途径

ESP 的第一到第四个阶段的发展关注中心是特定领域的语域(词汇)与语法、修辞与语篇、需要分析、技能与策略。虽然整个过程是从语言的表层研究逐步过渡到深层次的技能与策略的研究,但其共同特点都是关注"语言使用(language use)",是"语言中心法(language-centered approaches)"。Hutchinson 和 Waters 认为之前的所有阶段在根本上都是有缺陷的,因为他们只关注语言的使用(人们用什么语)。尽管语言使用有助于确定课程目标,但重点应该是关于人们如何学习使用语言做他们所做的事情(语言学习)。Hutchinson 和 Waters 认为真正有效的 ESP 方法必须以对语言学习过程的理解为基础,应该关注语言学习(language learning),强调对"学习"过程的分析及以此为基础的动态调整,于是他们在 1987 提出了"学习中心法",这就是 ESP"以学习为中心"的阶段。Hutchinson 和 Waters 声明 ESP 不应被视为一种语言产品,而应被视为一种语言教学方法,其中学生"学习的具体和明确的原因应该成为主要焦点"。

Nunan 定义需求分析是一组程序用于收集关于学习者的信息和关于教学大纲设计中使用的交流任务的信息。通过进行需求分析,我们可以确定准确度和流畅度之间的最佳平衡。Richards 指出需求分析本身是基于以下几个目的进行的:

1. 找出学习者需要哪些语言技能才能完成特定的任务角色,如销售经理、导游或大学生;

2. 帮助确定现有课程是否充分满足了学生的需求;

3. 确定小组中的哪些学生最需要进行特殊语言能力培训;

4. 确定参考组中的人所认为重要的方向变化;

5. 确定学习者能够做什么和他们需要做什么之间的差距;

6. 收集有关学习者遇到的特定问题的信息。

Hutchinson 和 Waters 还解释说,在需求分析中有两个需求种类,即目标需求(学习者在目标情景下需要做什么)和学习需求(学习者需要做什么才能学习)。"目标需求"是一个概括性术语,在实践中隐藏了许多重要的区别。从必要、缺乏和向往的角度来看待目标情况更有用。

我们可以把必要称为由目标情景需求决定的需求类型;也就是说,为了在目标情景中有效地发挥作用,学习者必须知道做什么。例如,一个商业女性可能需要理解商业信函,在销售会议上进行有效的沟通,获取必要的信息,她可能需要了解在所确定的情景中常用的语篇、功能、词汇结构等语言特征。这些信息相对容易收集。这是一个观察学习者需要在什么情况下发挥作用的问题,然后分析其组成部分。表2-3改编自Munby,它显示了学习者作为酒店领班的必要性。

表2-3　使用CNP进行需求分析

样本的沟通活动	相关的微功能	语言形式(产生性的)
关注客户的到来	1. intention 意图 2. prohibit 禁止 3. direct 指引	1. I will bring the menu. 2. I am afraid we are full/closed 3. Please follow me/Will you sit here please.
关注客户的订单	suggestive 暗示 advise 建议 describe 描述	May I suggest the…? May I recommend the…? You may find the… too hot/spicy.
服务订单	question 询问	…for you, sir/madam? The…?

然而,仅仅具备"必要"是不够的,因为ESP的关注点是特定学习者的需求。ESP教师需要知道学习者已经知道的和他们所缺乏的。一个目标情景可能是阅读特定主题领域的文本,学习者是否需要这样的指导将取决于他们已经掌握的程度。换句话说,目标熟练程度需要与学习者的现有熟练程度相匹配。

正如Richterich所评论的那样,需要并不独立于一个人而存在。正是人们根据与自身和环境相关的数据构建了自己的需求基础。每种情况都必须根据具体情况来判断。重要的是,ESP课程设计者或教师应意识到这些差异,并在材料和方法上考虑这些需求。采用基于学习者参与原则的ESP方法是毫无意义的,因为它忽略了学习者的意愿和观点。将ESP课程比作一个旅程,我们已经考虑了出发点(缺乏)和目的地(必要),我们知道关于目的地应该是什么(向往),但我们还没有考虑路线。如何从起点到达终点这一问题引出了另一种需要——学习需求(learning needs)。

为了分析学习需求,我们可以使用与目标情景分析类似的方法。

A framework for analyzing learning needs. 分析学习需求的框架。

Why are the learners taking the course? 为什么学习者要学习这门课程?

-Compulsory or optional? 必修还是选修?

-apparent need or not? 是否有明显需要？

-Are status, money, promotion involved? 是否涉及地位、金钱、晋升？

-What do learners think they will achieve? 学习者认为他们将取得什么成就？

-What is their attitude towards the ESP course? Do they want to improve their English or do they resent the time they have to spend on it? 他们对 ESP 课程持什么态度？他们是想提高自己的英语水平，还是对花在英语上的时间感到不满？

How do the learners learn? 学习者如何学习？

-What is their learning background? 他们的学习背景是什么？

-What is their concept of teaching and learning? 他们的教学理念是什么？

-What methodology will appeal to them? 什么方法对他们有吸引力？

-What sort of techniques are likely to bore/alienate them? 什么样的技巧可能让他们感到厌烦/疏远？

What resources are available? 有哪些可用资源？

-Number and professional competence of teachers. 教师人数和专业能力。

-Attitude of teachers to ESP. 教师对 ESP 的态度。

-Teacher's knowledge of and attitude to the subject content. 教师对学科内容的认识和态度。

-Materials. 材料。

-Aids. 帮助。

-Opportunities for out-of-class activities. 课外活动的机会。

Who are the learners? 学习者是谁？

-age/sex/nationality. 年龄/性别/国籍。

-What do they know already about English? 他们对英语了解多少？

-What subject knowledge do they have? 他们有哪些学科知识？

-What are their interests? 他们的兴趣是什么？

-What is their socio-cultural background? 他们的社会文化背景是什么？

-What teaching styles are they used to? 他们习惯什么样的教学风格？

-What is their attitude to English or to the cultures of the English speaking world? 他们对英语或英语世界的文化持什么态度？

Where will the ESP course take place? ESP 课程将在哪里进行？

-Are the surroundings pleasant dull noisy, cold? 周围环境是否宜人、沉闷、嘈杂、寒冷？

When will the ESP course take place? 课程将在什么时间进行？

-Time of day. 一天中的时间。

-Every day/once a week. 每天/每周一次。

-full-time/part-time. 全职/兼职。

-Concurrent with need or pre-need. 同时需要或预先需要。

情景分析是在课程（教学大纲）项目的背景下进行的情况分析，用于评估他们对项目的潜在影响。有几个在进行情况分析时必须仔细考虑的因素，它们是社会因素、项目因素、制度因素、教师因素、学习者因素和采用因素。Hutchinson 和 Waters 解释说，课程设计是解释学习需求的原始数据，由此产生一系列完整的教学经验的过程，其最终目的是引导学习者达到特定的知识状态。在实践中,这需要使用可用的理论和经验信息来编制教学大纲,根据教学大纲选择、修改或编写材料,以设计教学方法,并建立评估程序,通过这些程序衡量并实现特定目标的进展。此外,在设计会话课程内容时,进行情况分析已经说明文化背景是应该考虑的因素之一。以语言为中心的课程设计方法如图2-1所示。

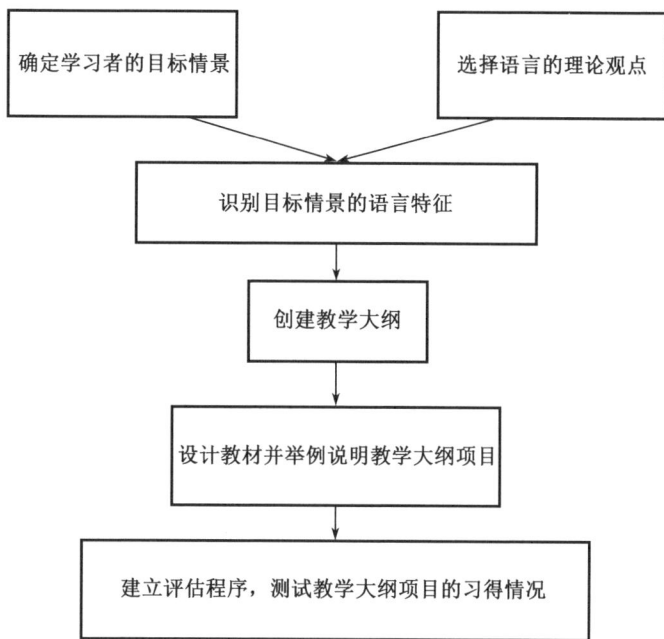

```
┌─────────────────────┐      ┌─────────────────────┐
│  确定学习者的目标情景  │      │   选择语言的理论观点   │
└─────────────────────┘      └─────────────────────┘
           │                            │
           └──────────────┬─────────────┘
                          ▼
            ┌─────────────────────────┐
            │    识别目标情景的语言特征    │
            └─────────────────────────┘
                          │
                          ▼
               ┌──────────────────┐
               │     创建教学大纲     │
               └──────────────────┘
                          │
                          ▼
         ┌──────────────────────────────┐
         │   设计教材并举例说明教学大纲项目    │
         └──────────────────────────────┘
                          │
                          ▼
    ┌──────────────────────────────────────┐
    │  建立评估程序,测试教学大纲项目的习得情况    │
    └──────────────────────────────────────┘
```

图 2-1　以语言为中心的课程设计方法

Hutchinson 和 Waters 解释说,在以语言为中心的课程设计方法中,可以对既定的教学大纲进行必要的调整,包含主题和任务,基于学习情况分析(分析学习需要),教学大纲可以为学生提供良好的相关学习活动。

六、体裁分析

(一)genre 的定义

genre 一词来自法语。我们所谈论的体裁是一种话语的类型,是符号的社会分类。20世纪80年代开始了所谓的"体裁运动"(genre movement)。最近40年来,对文体学、篇章语言学和话语分析等领域的研究,试图从语篇的题材角度解析特定语篇所具有的特定认知结构,这便构成了文体分析和语篇分析的一个新课题,即体裁分析。在体裁发展过程中,体裁理论形成了三个主要的学派:北美新修辞学派(North American New Rhetoric Studies,代表人物有 Miller、Freedman、Medway 等);澳大利亚学派/系统功能语言学派(Australian School/Systemic Functional Linguistics,代表人物有 Martin 等);专门用途英语学派/学术英语用途学派(English for Specific Purpose/English for Academic Purpose,代表人物有 Swales、Bhatia 等)。三个学派既相互补充,又彼此独立,共同促进了体裁理论的完善与发展。作为20世纪80年代专门用途英语和语言研究的一种潮流和趋势,它备受国内外学者推崇,并进一步发展了传统修辞学有关语篇建构的研究成果,更加强调题材的交际目的和社会功能,力图通过题材分析回答:特定的题材结构在词汇和语法层面上的特定表现形式;题材对篇章的建构的制约作用;在运用语言进行社会交际时,应遵循的体式和程式及体式和程式交际目的。

"体裁"是交际事件的一种分类,Swales 所说的交际事件指的是那种语言或副语言起着重要的、不可缺少作用的交际事件。交际事件涉及多种因素:语篇本身及参加言语活动的人、语篇的功能和作用、产生和接受语篇的环境等。体裁是一种可辨认的交际事件,这种交际事件常出现在特定的职业或者学术团体,其显著特点是具有被该社团确认和理解的一整套交际目的。体裁通常内部结构特征鲜明,高度约定俗成,并制约交际的目的方式和功能价值,尽管体裁有惯性和制约性,内行人仍可在体裁规定的框架内传递个人的意图或交际目的。

澳大利亚学派的 Martin 运用系统功能语言学研究体裁,把体裁看作"一种有步骤的、以交际目的为导向的社会交往过程"。Eggins 把体裁看作语言使用中"有步骤、有目的的活动类型",认为"在我们的文化中有多少种已被承认的社会行为就有多少种体裁"。芬兰赫尔辛基大学语言中心的 Eija Ventola 对体裁的概括似乎更为简洁。Ventola 认为,体裁是生成特定语篇结构的符号系统;体裁能体现社会交往过程。人们的社会交往过程往往具有"重复性""习惯性",像"履行常规一样"(routine like),这种使用语言进行社会交往的过程往往可分成若干"步骤"。社会交往过程所包含的步骤并不完全一样,但相似之处颇多,因此可归入相同的社会交往类型,这便构成了言语交际的体裁。

在同一种文化背景下,"购物"这一具有社会交往活动的步骤大体上是一致的;病人在医院里与医生的交往活动,其步骤也基本上是一致的。这种具有可辨认的有步骤的交往过程,便构成了语篇的体裁。

总的来说,三个学派虽然对体裁的理解没有统一的认识,但是有相同的本质,即体裁是一种社会交往的手段,关系到人们需要根据语境判断使用什么形式达到什么目的。

体裁(genre)和体裁分析理论(genre analysis)被越来越多地应用于语言教学领域,并逐步形成了一种被称为"以体裁为基础的教学方法"(genre-ased teaching approaches),我们将其称作"体裁教学法"。

在向母语非英语的国家的人讲授专门用途英语时,他们常把"体裁教学法"看作一种有效的教学手段。在他们看来,专门用途英语的语篇,无论是口语的还是书面的,都属于特定的交际事件,都具有特定的交际目的和特定的读者(或听众)对象,因此在语篇结构、文体风格、社会功能等方面都具有特定的体裁特征。体裁是如今 ESP 教学与研究中非常重要的一个概念。很多 ESP 体裁研究均借鉴 Swales 的理论,利用其探索各种类型话语中的语篇结构和语言特征,如科研论文、硕士和博士论文、工作申请信、推销信、法律文件、研讨会、学术讲座、学术会议讨论和大学课程阅读材料。在分析语篇时,Swales 理论通常以语步(move)和步骤(step)作为语篇分析的出发点。

(二)Swales 的 CARS 语篇分析模式

CARS(creating a research space,CARS)创建研究空间模型是由 John Swales 根据他对代表各种基于学科写作实践的期刊文章的分析而开发的。他的模型试图解释和描述撰写学术研究导言的组织模式。该模型假设作者遵循一般的组织模式,以应对在特定研究领域内建立存在有关的两种类型的挑战"竞赛":

（1）创造修辞空间的竞争；

（2）吸引读者进入该空间的竞争。

该模型提出了三个行动 moves，并伴有特定的 steps。这些 moves 和 steps 可以用作撰写自己的科学研究论文导言的模板。

遵循 CARS 模型可能是有用的方法，因为它可以帮助你：

（1）开始写作过程（入门通常是最困难的任务）；

（2）了解引言为论文的其余部分奠定基础的方式；

（3）评估引言如何适合更大研究范围。

这种语篇模式常见于科学论文（含验报告）的语篇结构。英文科研论文（research article，RA）一般由四个部分组成：导言、方法、结果、讨论。Swales 是在研究科学论文"导言"部分的认知结构基础上提出这一语篇模式的，并认为它适用于各类科学论文的通篇结构分析。1981 年，Swales 曾得出一个包含三个语步的模式，用以概括科学论文的"导言"部分的认知结构。

语步 1：确立研究范围（establishing a territory）通常通过两种方式实现，即通过介绍和审查该领域先前研究的主要来源，证明一般研究领域是重要的、关键的、有趣的、相关的或其他值得调查的，以表明存在差距或先前研究在解决研究问题方面不足的地方。

为实现这个目标，应采取以下步骤。

· Step 1——声称重要性（claiming importance）写作行动＝描述研究问题并提供证据来支持为什么该主题对研究很重要。

· Step 2——概括主题（making topic generalizations）写作行动＝提供关于当前的知识、共识、实践或现象描述的陈述。

· Step 3——回顾前期研究成果（reviewing items of previous research）写作行动＝综合先前的研究，进一步支持研究问题的必要性；这不是文献综述，而是对于已经触及但可能未完全解决该主题的关键性研究。

语步 2：指明研究领域的空白（establishing a niche）。这一行动指的是提出一个明确而有说服力的论点，即你的某项研究是重要的并且具有价值。这可以通过指出以往研究中的具体差距、挑战广泛接受的假设、提出问题、假设或需求，或者以某种方式扩展以前的知识来实现。

为实现这个目标，应采取以下步骤。

· Step 1——反面论证（counter-claiming）写作行动＝引入相反的观点或态度，或确定你认为已经削弱或破坏主流论点的先前研究中的差距。

· Step 2——指出研究差距（indicating a gap）写作行动＝围绕文献的空白或研究不足的领域发展研究问题。

· Step 3——提出问题（question-raising）写作行动＝类似于差距识别，这涉及提出有关先前研究中差距后果的关键问题，这些问题将由你的研究解决。

· Step 4——继承前期研究成果（continuing a tradition）写作行动＝扩展先前的研究以扩展或澄清研究问题。这通常用逻辑连接术语表示，例如 hence、therefore、consequently、thus 或表示需要的语言。例如，可以说，"因此，这些因素需要更详细的检查……"或"有证据表明，存在一种有趣的相关性，因此，最好对不同的受访者进行调查……"

语步 3：填补研究领域的空白（occupying the niche）［the solution］。最后的 move 是宣布

你的研究将贡献新知识或新理解的方式,而不是先前关于该主题的研究。这也是描述论文剩余组织结构的地方。

为实现这个目标,应采用取以下步骤。

·Step 1——概述研究目的(outlining purposes)写作行动＝回答"那又怎样?"的问题。用清晰的语言解释你的学习目标。

·Step 2——通报当前研究状况(announcing present research)写作行动＝将要做什么或完成什么,描述你的研究目的。在社会科学中,"因此怎样?"这个问题仍然需要解决。

·Step 3——通报主要发现(announcing principle findings)写作行动＝对所写的关键发现进行简短、一般的总结,例如,"研究结果表明需要……"或"研究提出了四种方法……"

·Step 4——介绍科研论文的结构(indicating article structure)写作行动＝说明论文的其余部分是如何组织的。

下面以一个具体的导言为例,用表2-4说明CARS模式分析的具体操作。

例文

Inversion tectonics refer to the large-scale reactivation of pre-existing normal faults in a reverse sense due to a change in tectonic regime from extension to compression. The control pre-existing extensional structures exert on the style of subsequent compressional deformation has been recognized in many organic belts such as the Alps, the Variscan belt, the Zagros, the Canadian Rockies, the Andes Grier, et al, and along the California borderland. Most examples cited in the literature describe the deformation of graben-or half-graben-shaped basins filled with sun-rift sediments. Reactivation of these basin-scale normal faults is commonly followed by out of sequence thrusting. Butler reported geometries on a regional scale for the Frontal Pennine thrust in the Alps where shortening is accommodated by bedding-parallel slip and low-angle thrusting, resulting in the transection of normal faults rather than their reactivation upon inversion. Analogous normal fault decapitation is reported by Mitraas a possible feature, although no field cases or experimental models of this kind are presented. Because the mechanism for accommodating shortening depends upon rheology, strain partitioning occurs as competent units deform by thrusting and bed-parallel slip, while incompetent layers deform through homogeneous layer-parallel shortening. This paper discusses the geometries and origin of outcrop-scale inverted faults in the Miocene Monterey Formation exposed along the Santa Maria coastline of range of theologies, such that deformation style varies among mechanical units; contraction in mudstones maybe accommodated by fault inversion, while simultaneous folding may occur in siliceous beds. In order to help constrain the Neogene tectonic evolution of the southern Santa Maria basin, we construct a chronology of deformation based on mesoscale folds and inverted faults observed in the Monterey Formation. Owing to the profound effects of silica diagenesis on rock mechanical properties, we also discuss the interaction between diagenesis and the development of structures in the Monterey Formation.

表2-4 Swales 的 CARS 模式分析例文

语步	步骤	句子
确立研究范围	概括主题	Inversion tectonics from extension to compression.
	回顾前期	The control pre-existing models of this kind are presented.
指明研究领域的空白	指出研究差距	Butler（1989）reported geometries through homogeneous layer – parallel shortening.
填补研究领域的空白	概述研究目的	This paper discusses… inverted faults
	通报主要发现	the Miocene Monterey Formation style varies … may occur in siliceous bed.
	介绍科研论文结构	In order to help constrain … the development of structures in the Monterey Formation.

例文分析显示,Swales 的 CARS 模式具有一定的描写充分性和解释力,基本适用于例文的分析。但语步1、步骤3和语步2步骤1b 有重叠部分。这一部分既是在回顾前期研究成果,同时又在指出差距。由此可见,语步或步骤间并非泾渭分明。体裁分析法不能够绝对化,否则便陷入研究中的以偏概全和教学中的规定主义。

（三）Bhatia 的 genre analysis

Bhatia 的研究阶段分为 genre analysis、critical genre analysis 和 interdiscursivity 三个阶段。基于体裁分析的观点已经从他 1993 年出版的《分析专业环境中的体裁语言使用》（*Analyzing Genre：Language Use in Professional Settings*）一书中所讨论。在语言和修辞分析方面,其观点发展成为 2004 年出版的《基于体裁的书面话语世界》（*Worlds of Written Discourse：A Genre-Based View*）中的一种更全面的多视角和多维观点。

第一阶段:genre analysis。

在体裁分析早期形式中,理论主要关注体裁分析的应用与开发 ESP 教室的教学解决方案。除了话语行为之外,这种对学术和专业实践的强调又开创了体裁分析的一个新的视角,重点是被称为"话语表演"（discursive performance）的东西,它将分析范围从作为话语产品的体裁扩展到所有倾向于完成的话语行为的专业实践。

第二阶段:critical genre analysis。

Critical genre analysis（CGA）是一种通过体裁媒介"揭开"专业实践神秘面纱的方式,试图将体裁理论扩展到专业体裁使用的符号学资源的分析之外,以理解和澄清典型学术和专业语言中的专业实践或行为。这一分析的一个有趣的方面是,它既关注一般的人工制品,也关注专业实践;既关注体裁中明示或暗示的内容,也关注没有说的内容;既关注社会认可的交际目的,也关注专业作家为了理解公司、机构和专业组织成员的专业实践或行为而倾向于表达的"私人意图"(Bhatia,2008)。因此,在CGA中,没有任何专业、机构或组织实践是假定的,因为它们是协商的。它们也似乎在不断地为相互竞争的利益而斗争。CGA注重实践,认为专业组织的个体成员虽然受到共同目标和目的的约束,但仍有足够的灵活性将"私人意图"纳入专业共享价值观、体裁惯例和专业文化的概念中。

因此,实践概念将共同价值观和灵活性之间的关系描述为动态复杂的关系,因为制度和组织意识形态以及约束通常是常规化和标准化的,但并不总是静态的或不灵活的。在专业交流中,实践理论是组织和制度结构的一种功能,这在专业人员的日常活动中也是显而易见的,在生产和接纳条件中至关重要。此外,在计算机通信时代的专业交流中,CGA也考虑了技术在职业生活中的巨大力量和影响范围。

因此,专业实践在特定的专业环境中形成行动,只要专业社区的成员继续遵循特定专业话语社区成员所共享的惯例,这些惯例就会建立起来。CGA承诺,不仅要描述,还要解释、澄清和"揭开"专业实践。从这个意义上讲,CGA并不是一项改变个人纪律、机构和公司团体的专业,而是了解专业作家如何利用语言来实现他们的职业目标的方式。

第三阶段:interdiscursivity。

对于针对专业体裁和实践的研究来说,最重要的概念之一是interdiscursivity(Bhatia)。在体裁和专业实践的概念中,可以看到专业作家不断在通用边界内或跨通用边界工作,创造新的但本质上相关或混合(混合和嵌入)形式,在社会接受的交际实践和共享通用规范中表达他们的"私人意图"。interdiscursivity总是贯穿于各种体裁、专业活动,甚至是更普遍的专业文化的话语事件。它通常基于跨两个或两个以上的话语结构的共同的一般或上下文特征,对这些共同特征的理解是充分理解新结构的必要条件。因此,interdiscursivity可以被视为具有跨三种语境和其他文本外部资源(体裁、专业实践和专业文化)的"通用资源占用"的功能。从体裁理论的角度来看,特别是在专业交际的语境中,有必要区分文本内部资源和文本外部资源的分配,前者通常被视为intertextuality,后者被视为interdiscursivity。intertextuality常在"文本空间"的范围内运作,并已被广泛研究;然而,绝大多数通常是跨专业、机构和学科话语的其他层面的外部符号学资源的文本进行的,如体裁、专业、机构和学科实践,以满足社会共享的专业知识、机构的期望和目标,有时是为了实现"私人意图"。

除此之外,挪用通用资源在各种形式的混合中也很常见,如混合、嵌入和体裁的弯曲。体裁理论中代表相互冲突的总体图景如图2-2所示。

虽然体裁种类繁杂,在研究和教学中难以穷尽题材分析法,但体裁分析法还是以其突出的优势受到了青睐。美国、澳大利亚等国家甚至将题材分析法运用于教学。

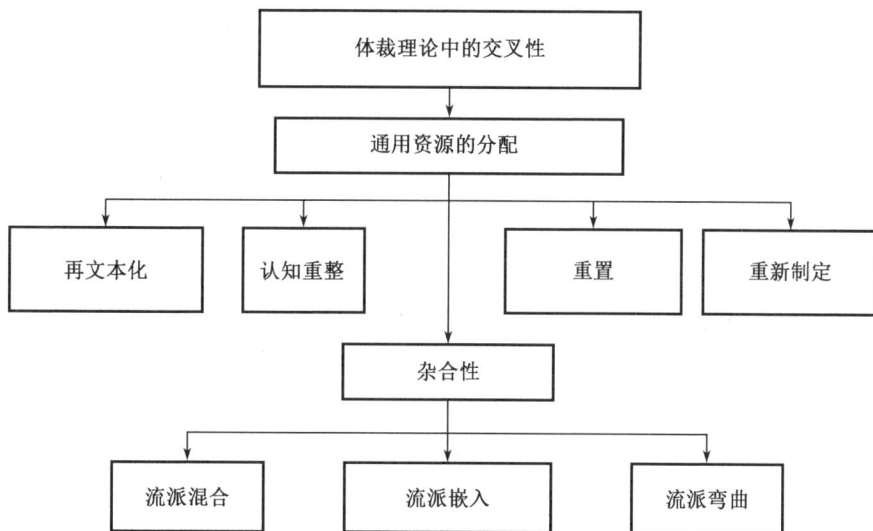

图 2-2 体裁理论的交叉性

第二节 国内外 ESP 的发展状况

20 世纪 60 年代迄今,国外对 ESP 的研究已经建立了完整的体系。在 ESP 发展的每个阶段,都涌现出具体的代表人物和论著,并创立了专门的 ESP 期刊。如美国 Pergmon 出版的《专门用途英语:国际性期刊》(*English for Specific Purposes:An International Journal*)、《专用英语通讯》(*English for Specific Purposes Newsletters*),以及苏丹喀土穆大学编辑出版的 *Espmena Bulletin* 等。其中最具影响力的专门研究 ESP 的学术期刊《专门用途英语:国际性期刊》(*English for Specific Purposes:An Intenational Journal* 创刊之初为 *The ESP Journal*)创办于 20 世纪 80 年代,刊载了该领域国际知名学者的研究实践论文、报告、焦点话题的研讨和书评等,成为公认的国际 ESP 研究的权威期刊。

ESP 学术团体也相继成立,其规模与影响力逐步提升,出现了一批国家级及以上的学术团体,如每年一次的"欧洲专门用途语言研讨会"(European Symposiumon LSP),加拿大的"商业语言中心"(Business Linguistic Centre)、印度的"科学翻译工作者协会"(Indian Scientific Translators Association)等。

在中国,1978 年,杨惠中教授在其《国外科技英语与研究动态》一文中第一次谈及专门用途英语教学,但其重要地位直到 20 世纪 90 年代才得到了外语教学界的认识和肯定。1999 年,专门用途英语教学在高等院校英语教学结构中得到国家教育行政部门的正式认定和确立。

近几年,ESP 在英语教学领域的研究中已变成了热点,研究的发展速度非常快。我们从 ESP 相关论文数量的增长情况就可以看出,ESP 研究在我国的发展情况。笔者在中国知网高级检索中,以篇名中含 ESP 或专门用途英语检索,后再选择外国语言文学筛选,得出各年份 ESP 论文的数量,可追溯的 ESP 论文最早是 1980,1986—2021 年共有 6 037 篇 ESP 论文。单纯从数量来看,2006 年后论文数量开始呈现稳定增长的态势。1980—2020 年,在知网上可以检索到的 ESP 学术期刊论文共 6 937 篇,仅 2006—2020 年的 ESP 论文就有 6 038

篇。占全部数量的87%。进入21世纪,我国加快了大学英语的教学改革,随之ESP研究在大学英语教学改革的进程中,不仅数量上突飞猛进,研究的质量和深度也日益提高。笔者对1985年后与ESP相关的硕士论文、博士论文及专著进行了统计,发现2001年前未有硕、博士及著作级别的ESP研究,大部分都是在各大期刊上发表的小论文,2001—2021年共有16篇硕博论文,越来越多的语言教学研究硕士和博士开始关注ESP,这说明ESP这种教学方法已经在英语教学界引起了重视。硕士作为从事科学研究的基础阶段,虽然研究者水平有限,但对一个选题要做到硕士论文的水准比起期刊论文来讲,已经是迈上了一个大台阶。

另外我们还可以看到,2006年后几乎每年都有ESP著作问世,这从侧面反映出了我国语言学领域高水平的研究者们也正在不遗余力地推广ESP这种语言教学方法。值得注意的是,不仅学术界加大了对ESP教育的研究和推广(召开了多次国内和国际会议),教育部领导也在各种会议中多次提到对中国的学科+语言的复合人才的培养。

北京外国语大学在2010年创办的《中国ESP研究》是专门用途英语教学与研究学术的期刊。同时,2017年10月召开了亚洲ESP学会首届年会暨全国第六届专门用途英语研讨会。我国每年都举办全国专门用途英语研讨会,迄今为止已经举办了9届。

20世纪60年代至今,ESP经历了六个研究阶段的发展,每个阶段都会有主流的方法,这六种方法是在研究和教学中依次发展起来的语言分析方法,后来的方法总是尽最大可能地试图克服前面方法的不足。发展至今最受青睐和备受关注的是体裁分析法,因为它具有前五种方法不可比拟的优点。但是为了更好地使体裁分析法应用于教学,仍然需要我们对今后常用的体裁做更为深入和广泛的研究,在教学中注意结合各种体裁的社会文化背景、情景语境、交际目的等举一反三,达到灵活运用各种体裁的目的。ESP理论从描述语言的使用开始逐渐过渡到描述语言的学习过程,继续发展的过程就是从描述人们学什么到怎样学。正是这两者的结合,加上学习者的需要构成了ESP设计的三要素。由单一的语篇分析转向在语篇水平进行体裁研究,可以使人们了解文体的语言表达形式与其交际目的以及功能之间的相互关系,抓住语言的实质。

虽然目前体裁分析法备受推崇,但其他方法也有独到之处,因而对其他方法不能全盘否定。Strevens曾指出ESP教学教无定法,可以采取任何适用的教学方法,也就是说,应当根据实际情况,采取一种积极的折中法(eclectic approach),在ESP教学中灵活地将几种方法结合起来使用。ESP教学从过去单一地传授语言技能转向将传授语言技能和专业内容结合起来,使大批的国外移民学生能迅速进入专业课的学习。

第三章　我国大学外语教学的课程设置与定位

大学英语课程教学目标决定教学内容,本章回顾我国自开设大学英语课程以来围绕教学大纲展开的八次较大的教学改革和课程设置改革,分析我国大学英语课程的发展和随着时代的变迁大学英语课程的改革的历程。

第一节　改革开放前大学外语的课程设置

一、新中国公共外语课程的起步阶段

1949 年,中华人民共和国成立之初,国家的政治、经济、文化领域急需大量的俄语人才,加之受到美国为首的西方国家封锁,亟待培养一批精通俄语的人才。1949 年上半年,北京外国语学校创立;10 月成立北京俄文专修学校;12 月成立华东人民革命大学附设上海俄文学校;1946 年建立的东北民主联军总司令部附设外国语学校(现黑龙江大学),即全国共有四所学校专门培养俄语人才。1950 年,中国人民大学等 19 所高等学校相继设立俄文系、科;各地党、政、军系统以及中央各部也陆续开办了俄文学校和训练班。这些学校和训练班对于满足当时的社会需要起到了一定的作用。为了总结这一段时期的俄语教育工作,中共中央宣传部、中央人民政府教育部和中共中央俄文编译局于 1951 年 9 月 26 日至 28 日在北京联合召开了第一次全国俄文教学工作会议。针对师资、教材和教学质量等问题,会议就各俄文专科学校的教学方针、任务和分工初步做了规定,并就师资培养、教材编写等问题提出了一些建议和措施。于 1952 年 3 月 10 日由政务院和军委联合颁发了《关于全国俄文专科学校的决定》。同时还批准教育部设立全国俄文教学指导委员会,并将《俄文教学》杂志作为该委员会的机关刊物,借以加强对各地俄语教学工作的联系与指导。

自 1952 年起,我国俄语教育迅速发展。全国共建立了 7 所俄文专科学校,并在 19 所高等师范院校设立了俄文系、科。1953 年我国开始执行第一个五年计划。为了适应当时经济建设和工作开展的需要,高教部于 1953 年 8 月召开了第二次全国俄文教学工作会议。会议就当时俄文教学中的若干重大问题做出了几项决定,经政务院批准后,《关于全国俄文教学工作的指示》于 1954 年 4 月 3 日颁发全国。这是中华人民共和国成立后第一次由政府发布的有关外语教育的重要文件。针对中学外国语言的学习,教育部在 1954 下达《关于从 1954 年秋季起中学外国语科设置的通知》,规定从 1954 年秋季起初中一律不设外国语科,高中从一年级起授俄语,个别地区缺少俄语师资的可授英语。因为中学英语课程大幅度缩减,大学英语课程也相应地萎缩,所以教育部决定在条件较好的地区从高一年级开始开设英语课。由于巨大的地域和条件差异,我国 1958 年才把外语科目纳入高校入学考试,但不计入成绩,仅作参考。

1955 年 6 月和 7 月,高等教育部召开了关于制订俄语专业统一教学计划的座谈会,会上拟订了三年制和四年制两份教学计划,并颁发全国。从此,在培养俄语人才上有了统一的步调,为进一步提高俄语教学质量奠定了基础。为了进一步提高教学质量、保证统一教

学计划的执行,高教部于1956年4月召开了高等俄语院校教学大纲审定会议,审定了俄语专业15门课程的教学大纲。同年12月,教育部颁发了高级中学俄语教学大纲(草案),高级中学俄语课本也于1956年前后编辑出版。

1949—1956年我国俄语教育迅速发展。经过这11年的努力,我国俄语教育工作走上了正轨,基本满足了当时国家的需求。在此期间,由于对外关系和对外经济发展对人才需求量不大等多种原因,除俄语外的其他语言的教学工作未得到重视。和中华人民共和国成立初期相比,英语、德语、法语等专业不但没有得到发展,反而在1952年的院系调整中被缩减,甚至被撤销合并。造成当时在公共外语和中小学外语中的英语教学面缩小很多,这对于发展我国同各国人民的交往、学习外国先进经验是十分不利的,于是教育部决定:在继续办好俄语教学的同时,逐步加强其他外语(特别是英语)的教学,1956年颁发了高级中学英语教学大纲(草案)。有些综合性大学和师范院校陆续增设或恢复英语专业。继北京外国语学校于1954年改为北京外国语学院之后,上海俄文学校和哈尔滨外语专科学校也自1956年秋季开始增设英、德、法语专业,并更名为上海外国语学院和哈尔滨外国语学院(现黑龙江大学)。到1956年底,全国共有23所高校设有英语系、科。直到1958年,西方语言教学才开始有所发展。

二、语言学习的调整阶段

由于前一阶段俄语教学发展过快、招生过多,到了1957年,发现俄语人才远远超过了国家的需要。于是有关部门于1957年提出了相应的应急措施;针对俄语人才过剩的问题,采取多项措施例如动员在校俄语专业学生改学其他语种;暂停俄语专业招生1年;动员俄语专业的翻译人员学习一门专业知识,由单纯的俄语翻译人员变为懂俄语的工业干部或科技人员。1963年2月14日—1964年2月29日周恩来总理在陈毅副总理兼外长的陪同下先后访问了埃及、阿尔及利亚等14个国家,这次访问增进了中国同这些国家的友好关系,同时也暴露了我国外语干部在数量上和质量上的严重不足。针对其他语种人才严重不足的情况,中共中央、国务院外事办公室等部门起草的《关于解决当前外语干部严重不足问题应急措施的报告》指出,外事翻译干部在数量、语种和质量方面,都与国际国内形势发展的需要相距甚远。于是,1956年以后,各所大学逐渐开始设立公共英语课程。1957年秋,教育部颁发了《初级中学英语教学大纲(草案)》,初中英语教材也编辑出版,许多城市的初中恢复了英语课,高中英语课的开设面也有所扩大,英语课在高校公共外语中的比重也逐步加重。至1957年底,俄语教育规模已开始缩小,英语及其他外语教育规模扩大。原有的7所俄专更名或合并:西安的西北俄文专科学校更名为西安外国语学院;原北京俄文专修学校并入北京外国语学院;沈阳俄文专科学校与另外两所学校(东北财经学院、沈阳师范学院的部分科系)合并成为辽宁大学;哈尔滨外国语学院与另外两校(黑龙江科技大学、哈尔滨外国语专科学校)合并成为黑龙江大学;新疆俄语专科学校则停办;西南俄文专科学校更名为四川外国语学院。这一时期可说是俄语教育收缩、其他外语教育发展的时期,北京广播学院(现中国传媒大学)、上海对外贸易学院(现上海对外经贸大学)、外交学院分院等都开设了英语、法语、德语等课程。1960年后,选修公共英语课程的学生数量大量增加。

鉴于1958年之后外语教育中出现的教学质量下降的问题,1961年4月,中共中央宣传部召开了高等学校文科教材编选计划会议,会议统一了思想并部署了教材编写工作。周扬同志在会上做了"关于高等学校文科教材编选的意见"的重要讲话,会后又亲自领导了文科教材的编写工作。许国璋教授主编的《许国璋〈英语〉》教材及其他语种的新教材相继问世，这对提高这些语种的教学质量是大有裨益的。在公共外语教学方面，编写了第一份公共英语教学大纲，上海交通大学编写了供理工科学生使用的英语教材，同济大学应云天主编了供理工科学生使用的俄语教材等。周恩来总理提出了"多语种，高质量，一条龙"的外语教育改革九字方针。教育部按照方针要求，在上海、广州、重庆、西安等地筹建从小学三年级至初中一年级开始学习外语的寄宿学校，如上海外国语学院附属中学。这些学校使学生有更多的时间和更好的外语环境学习外语，从而为高等外语院系输送了较高水平的外语新生。随后一批外语类中学开始招生，与此同时，少数条件较好的大中城市的小学开始开设外语课。

上海交通大学外语教研室制订了一个针对工业学校本科五年制学生的教学大纲，后经高等工业学校外语课程教材编审委员会的审订，教育部于1962年6月颁布中华人民共和国成立后第一个高等工业学校本科五年制各类专业适用的《英语教学大纲（试行草案）》（以下简称《大纲》）。这份《大纲》明确了在我国高校专业教育的人才培养方案中，大学英语作为一门基础课的地位。第一，大学英语的课程目标是"为学生今后阅读本专业英语书刊打下较扎实的语言基础"。第二，课程内容以科技英语为主。掌握阅读一般科学技术书籍所必需的语法知识；能借助词典不是很困难地独立阅读、内容为学生所能理解的一般科学技术书籍，并能正确地译成汉语；能阅读难易程度和第四学期末课文相仿的文章（生词10个左右），阅读速度每学时（50分钟）达2 200~2 500个印刷符号，相当于每分钟不足10个词。"词汇的选择应以科学技术书中常见的基本词汇和常用词汇为主；课文题材以接近科学技术的一般性文章和科学技术作品为主。"第三，课程实施中以传统的语法–翻译教学法为主。该方法将语言中的三要素（语言、语法和词汇）结合在一起，把外语和本国语言加以对照和比较，用图解分析、验证外语语法结构和句型的构成，着重语言知识的传授和语法分析能力的训练，为进一步翻译教学做好准备。第四，教学要求是通过第一至第四学期的240学时（每学期为72、72、50、46学时）的学习：掌握单词1 400个。尽管《大纲》对读和译做出了要求，但是在实际的课堂教学中，语法还是占据最重要的位置；而《大纲》没有对听、说、写能力提出相应的要求，因此，这一阶段学生的听、说和写的能力较低。

《大纲》一方面反映了20世纪60年代我国大学英语教学的实际水平，开启了我国高校大学英语教学大纲的建设和发展进程，对规范大学英语教学、提高大学英语课程的地位，起到了积极的作用；另一方面，它也表明大学英语课程主要是培养学生阅读科技书刊的能力，是专门为办学习服务的一门工具性基础课。

1957年以后，在中共中央的指示之下，陆续恢复初中外语，逐步加大英语比重，高等外语院系也逐步增加了英语和其他语种的招生人数。但直到1964年，中学学习外语的人数中，高初中平均学习俄语的仍占2/3，学习英语的只占1/3；高等外语院系在校学生2.5万人中，学习俄语的仍占46%，学习英语和其他外语的总共只占54%。因此，既需要大力改变学习俄语和其他外语人数的比例，又需要扩大外语教育的规模，这样才能把外语教育的发展纳入同国家长远需要相适应的轨道，由被动转为主动。

1964年10月，《外语教育七年规划纲要》（以下简称《纲要》）提出了发展外语教育的四条方针：

1.加强普通中学外语教育。普通中学外语课开设英语和俄语两种。

2.高校公共外语课的语种有英语、俄语、德语、法语、日语，以英语为第一外语，同时也可以根据学科性质和需要的不同,由学校确定一种其他语言为第一外语。

3. 大力发展外国语学校。要求从 1964 年的 14 所发展到 1970 年的 42 所,在校学生 3 万多人。学生能够比较熟练地掌握一门外语,能读懂一般的外文书籍期刊,能进行一般社会生活的会话。在学好第一外语基础上,高年级学生应学习第二外语。

4. 增设新的语种。要求从 1964 年的 39 个语种发展到 1970 年的 49 个语种,其他需要人数较少的语种,采取派人出国学习和其他办法培养。

这份《纲要》贯彻执行了两年外语教育就出现了一个新局面。1966 年 6 月开始,《纲要》被迫中断执行。尽管如此,《纲要》中的项目在 1964—1966 年中还是得到了实现,例如:

1. 充实和加强了教育部直属的一所外语学院:1963 年 9 月,上海外国语学院被确定为教育部直属全国重点大学之一。

2. 新建和扩建了十几所外语院校。

3. 扩大了招生人数。1964—1965 年外语专业招收的新生有较大幅度增加。

高等教育部 1968 年 6 月 22 日至 7 月 6 日召开了专项会议,会议内容是研究外语院系的教学工作,以便贯彻执行外语教育七年规划。

会议指出,十几年来高等外语教育取得了很大成绩,外语院系从 1956 年的 30 余所发展到 78 所,在校学生增加到 4 万余人,是 1949 年时的 13.5 倍,外语语种也从 1949 年时的 12 种发展到 42 种。高等外语教育出现了朝气蓬勃的形势。

会议着重研究和讨论了高等外语院系的培养目标、学制、教学原则和教学内容等重要问题。

根据《纲要》的规定,各外语院系实行必要的分工。为了提高我国外语教育水平,适应当前和今后的需要,培养语言文学水平较高的师资、高级翻译和少量的外国语言、文学研究人才,也是一项不容忽视的任务,应该有计划地由有条件的学校通过开设加修课和招收研究生等方式来完成。

这次会议是继 1962 年 5 月关于高等学校文科教材编选会议和 1964 年 10 月《纲要》制定之后的一次重要会议。它又一次强调了外语教育的重要性,总结了外语教育与教学正反两方面的经验教训,并提出要进一步改革外语教学的内容和方法。虽然这次会议的精神未能得到贯彻执行,但从教学理论和教学规律来看,此次会议已经对外语教育的规划有了更深的了解,更具科学性。1966—1970 年,我国外语教学处于停滞状态,加上其他种种原因,我国的"公共外语长期来没有得到应有的重视","公共外语教学始终处在一个很低的水平上。一直以来,大学公共英语教的始终是最基础的英语,学生大多数是从 ABC 开始学起"(付克,1986)。

1966—1970 年,外语教育已处于崩溃的边缘。1970 年,意大利、加拿大、智利等五国和我国建立外交关系;1971 年,奥地利、比利时、土耳其、伊朗、秘鲁等 15 国同我国正式建交;1972 年,日本、英国、联邦德国、墨西哥、新西兰、澳大利亚等 16 国同我国互派大使,发展友好关系。特别是 1971 年 10 月,我国在联合国的合法席位得到恢复,1972 年 2 月,美国总统尼克松访华并同我国共同发表《中美上海公报》,成为当时震撼世界的两件重要的大事。随着我国对外交往的扩大,外语人才的需求也越来越大。毛泽东同志与国家总理、副总理专门研究了外语人才的培养工作,指示必须不失时机地抓紧外语人才的培养,以适应新的国际形势的需要。

1971—1972 年,根据中央的指示,一些外语院系相继恢复招生,有的还增设新的语种

（如上海外国语学院增设了阿尔巴尼亚语、意大利语、希腊语、葡萄牙语等专业）。为解决师资不足的问题,党中央还从国外聘请了一批外籍教师来华执教。

第二节 改革开放后大学外语的课程设置

一、改革开放初期的外语教学再起步

（一）召开会议

1978年党中央召开了全国教育工作会议和全国外语教育座谈会,会上,时任人大副委员长的廖承志做了题为《为实施四个现代化,加紧培养外语人才》的讲话。他首次提出了大中小学外语教育一条龙计划:"要赶上飞跃发展的形势,我们必须搞好外语教学,加紧培养外语人才,下决心用两年、三年时间加强这方面的教育。"

1978年3月18日和4月22日先后召开了全国科学大会和全国教育工作会议。为了贯彻落实全国教育工作会议精神,研究外语教育如何为实现新时期总任务做贡献的问题,经国务院批准,教育部于1978年8月28日至9月10日在北京召开了全国外语教育座谈会,会议提出的《加强外语教育的几点意见》指出:为了实现四个现代化,加强我国与世界各国人民的友好往来,建立国际反霸统一战线,迫切需要加强外语教育,培养大批又红又专的外语人才。高水平的外语教育同时也是提高整个中华民族科学文化水平的重要组成部分,是一个先进国家、先进民族必须具备的条件之一。加强对外语教育的领导,努力创造外语学习的条件,让师生接触现代外语,迅速改变外语教育的封闭状态。战斗在外语教学工作岗位上的教师和干部要充分看到当前的紧迫形势,努力在三五年内改变外语教育的落后面貌,为把我国建设成为社会主义现代化强国做出贡献。

为了贯彻这个要求,教育必须做好以下几个方面的工作:

1. 必须加强中小学外语教育。为了早出和快出人才,除继续办好和发展一批外国语学校,为高等学校输送高水平的外语学生之外,应办好一批文理分科、加强外语教育的重点中学,为培养有较好外语基础的科技人才创造条件。

2. 要大力办好高等学校公共外语教育和各种形式的业余外语教育,培养既懂专业又能掌握外语的科技人才。公共外语除英语外,有条件的院校还要开日、德、法、俄等语种的课。要充分挖掘学校的潜力,开办各种形式的科技人员、高校理工科教师以及出国留学生的外语培训班。有条件的院校要开展科技外语教学研究,通过试点,开办科技外语专业,培养从事科技外语教学的教师和其他有关人员。要开展多种形式的业余外语教育,办好广播电视外语讲座。

3. 集中精力办好一批重点外语院系,使之成为培养水平较高的外事翻译、高校专业外语师资和外国语言文学研究人才的基地。

4. 语种布局要有战略眼光和长远规划。当前主要的任务还是大力发展英语教育,但也要适当注意日、法、德、俄等其他通用语种的教育。俄语人才的培养不能断线,要遵循少而精的原则。

5. 大力抓好外语师资队伍的培养和提高。目前高等学校外语教师队伍青黄不接,高水平的骨干教师后继乏人。外国语学校骨干外语教师争取把重点中小学和有条件的中小学外语教师的外语水平,分别提高到高师、师专毕业的程度。

6.编选出版一批相对稳定的大中小学外语教材。各类通用语种的外语教材均应组织统编或委托有关院校主编,教育部组织的外语教材编审小组负责审查通过。

7.加强外语教学法和语言科学的研究。开设外语课的学校都应开展外语教学法的研究,注意引进国外语言教学的先进理论和方法,搞好总结交流,不断提高外语教学质量。

8.尽快把外语电化教学搞上去。

在意见的要求下,在1979年冬,受教育部委托,清华大学、北京大学等几所院校联合制定起草了《英语教学大纲(草案)》,并在1980年6月上海召开的高等学校理工科公共外语教材编审委员会扩大会议上审定通过。《英语教学大纲(草案)》规定的教学目标分为两个阶段。"基础英语教学阶段:为学生阅读英语科技书刊打下较扎实的语言基础","专业阅读教学阶段:使学生具备比较顺利地阅读有关专业的英语书刊的能力"。

(二)1985和1986年的教学《大纲》

1982年4月,原国家教委在武汉召开了高等院校公共英语课教学经验交流会,会议决定修订《大纲》,并正式成立了教学大纲修订组。这次会议的精神通过纪要,以教育部文件形式发到全国各高等院校,成为这一时期公共英语教学的重要文件和大学英语教学发展史上的里程碑。此后,公共英语进入了一个新的发展时期。

教育部下达1985年批准的《大学英语教学大纲(高等学校理工科)》(以下简称《理工科大纲》)(教高1985〔004〕号)和1986年4月《大学英语教学大纲》(高等学校文理科)(以下简称《文理科大纲》)正式出版发行(两版大纲以下简称"两个《大纲》")。

1985年版的《理工科大纲》和1986年版的《文理科大纲》在内容上基本相同,主要包括六方面的内容:教学对象、教学目的、教学要求、教学安排、测试及教学中应注意的问题。大学英语教学分为基础阶段和专业阅读阶段,基础阶段教学的要求分为两个层次,即基本要求和较高要求。在基本要求中,对学生在语音、词汇、语法、阅读、听、写、说和翻译能力八个方面做了具体的规定。在较高要求中,对词汇、阅读、听、说、写和翻译能力六个方面进行了规定,对专业阅读阶段的教学仅在词汇、阅读和翻译能力三个方面提出了要求。各阶段的教学安排如下:基础阶段的学时数应不少于240~280学时,第一至第四学期,安排每周4学时。为了科学地组织教学、因材施教,基础阶段分为六级,称为大学英语一级至六级(College English Stages 1~6,简称CE1~CE6)。其中一级至四级为基本要求,五级和六级为较高要求。按照每学期为一级每级60~70学时,一般学生在两年中可以从CE1开始,至CE4结束。起点较高、学有余力的学生可以从CE2或CE3开始至CE5或CE6结束,专业阅读(必修)阶段应不少于100~120学时。两个《大纲》指出,在教学中应注意以下几个问题:重视语言共核教学,重视培养运用语言进行交际的能力;正确处理阅读与听、写、说的关系;努力提高学生运用语言的流利程度,根据实际情况确定教学方法,用英语组织教学;充分利用现代化教学手段积极开展课外活动等。在测试方面,两个《大纲》指出:语言测试是检查学生语言水平的重要手段,要做到科学、客观、统一和标准化;考试应着眼于考核学生的语言能力和交际能力的准确性和流利程度;在四、六级结束时,要进行全国统一考试并记分入册,专业阅读阶段结束时,应按照大纲要求由各校自行安排专业阅读能力的考试。

两个《大纲》中有几个共同的特点:

1.实行分级教学。这是教学措施方面一个重大的突破。分级教学的设想反映了我国大学英语教学的实际情况,也是各校多年来教学经验的总结。两个《大纲》把大学英语的基础教学分为6个级别。其中1~4级为基础课程,5~6级为提高课程,通过制定统一的词汇表、语法结构表、功能意念表和语言技巧表,对每一级的教学内容和教学要求都做出了定性和定量的规定。

2.定量化的标准。两个《大纲》的一个重要思想就是将听、说、读、写、译等教学目标和要求定性定量,这样更便于执行者组织教学和检查教学。对词汇的要求是领会式掌握3 800~4 000个词汇(其中复用式掌握的词汇为2 300个),以及由这些构成的常用词组(包括中学所掌握的单词和词组),并具有按照基本构词法识别生词的能力。

3.如表3-1所示,相较于1962年和1980年的教学大纲,两个《大纲》有了较大的提高,而且更全面。

表3-1　1980教学大纲和1985/1986年大纲对比

	1980年教学大纲要求	1985/1986年教学大纲要求
入学词汇量	700~800个词汇	1 600个词汇
基础阶段词汇量	2 000~2 600个词汇	3 800~4 000个词汇(复用式掌握2 300个)
阅读速度	每分钟不到10~15个词汇	每分钟50个词汇
阅读较高要求	无	每分钟70~120个词汇
听力语速	不做要求	每分钟120个词汇

4.强调语言共核教学。两个《大纲》提出的教学目的是"培养具有较强的阅读能力,一定的听的能力,初步的写和说的能力,使学生能以英语为工具获取专业所需要的信息,并为进一步提高英语水平,打下较好基础"。两个《大纲》特别指出,"大学英语基础阶段,必须把重点放在语言共核的教学上,以帮助学生打好语言基础。"

5.测试手段的统一。测试是检查学生语言水平的一个重要手段。两个《大纲》中规定在第四级和第六级结束时进行全国统一测试。根据两个《大纲》的要求,原国家教委在1985年年底成立了大学英语四、六级标准考试设计组,并于1987年9月20日进行第一次全国大学英语四级考试。统一测试可以比较客观地体现我国理工科院校学生的英语水平,反映我们教学中的长处和不足,从而使教学质量得到较快的提高。

两个大纲的不同:

1.《理工科大纲》比《文理科大纲》多了一项翻译的能力,并在各教学阶段规定了相应的教学要求,而《文理科大纲》删去了原《理工科大纲》中有关翻译的要求。

2.《文理科大纲》首次把适用于文、理各类学科作为出发点,找出适用于两科共用的教学大纲。

3.教学对象分别是高等学校的理工科本科生和高等学校文理科的本科生。《理工科大纲》的教学目的是培养学生具有较强的阅读能力,一定听和译的能力,以及初步的写和说的能力,使学生能以英语为工具获取专业所需要的知识信息,并为进一步提高英语水平打下良好的基础。1986版的《文理科大纲》既重视发展语言能力,又重视发展交际能力的,培养语言交际能力是外语教学的最终目的,英语教学就是为了能使学生具有以英语为工具,获取专业所需信息的能力。

根据发布的两个《大纲》，第一套全国高校文理科通用的《大学英语》系列教材问世。《大学英语文理科》(本科用)虽然不是国家统编，却是第一套根据两个《大纲》所提出的目的要求编写的教材。它与原文理科英语教材相比，在方法与内容上都有较显著改变。它是一套系列教材，共分精读、泛读、快速阅读、听力和语法与练习等五种教程。

文理科通用的教学大纲和系列教材的诞生结束了我国高校长期以来文理科英语分离的历史，表明我国高等院校大学英语教学获得了初步的发展。

（三）大学英语四、六级考试的开发和实施

按照两个《大纲》的要求，评测分为六个级别，因此，1985年原国家教委在批准实施《大学英语教学大纲》的通知中指出："《大学英语教学大纲》确定的教学目的和要求反映了当前国家对高等专业人才外语方面的要求，是我委今后检查大学英语教学质量的依据"，"基础阶段各级教学结束时均应安排考试"。其中第四级、第六级结束时，应按本教学大纲的要求进行全国统一考试。记分册上同时注明学生所达到的英语等级和分数。"凡执行本大纲的学校……对结束四、六级学习的学生进行统一的标准化考试。"四级考试的实施标志着我国大学英语从教学目标到教学计划、从教学内容到教学方法，以及教学评估整个教学体系的初步建立。

二、大学英语教学的繁荣发展

从1985年和1986年教学大纲颁布开始，全国的大学英语课程发生了巨大的变化。其主要表现为以下几个方面。

第一，成立了全国性大学英语教学研究组织，各省均有大学英语教学指导委员会，这更有利于指导和规划本省或者全国的大学英语教学，加强了全国大学英语教学的互相学习、借鉴。因为全国性的教材和全国性的教学大纲使国内各高校之间的学术和科研成果交流更加容易。

第二，大学英语教学的大发展。大学英语作为一门独立学科得到了极大的推动和发展。另外，由于是全国统一的尺度，学生按照分级所达到的相应水平在人才市场上也显示了它的社会价值。大学英语教师的地位和积极性都得以提高，教学设备得以改善，进而也推动了英语专业的发展。

第三，全国大学英语教学在两个《大纲》的指导下目标更加明确、具体，实行了大学英语定性和定量化的分级教学和全国大学英语四、六级统一的标准化测试，这些做法结束了长期以来我国高校大学英语教学各自为政的状态，而且更直观、更明确地量化了学生的语言水平。

第四，大学英语教学的指导思想已发生转变，大学英语的教师开始关注语言学理论，并开始用语言学理论来指导教学，学生们虽然入学时语言基础差别很大，但是教师在传授语言基本知识的同时坚持语言基本技能的训练。加强学生在句子水平上和语篇水平上运用英语的能力。

第五，全国统一的大学外语教材实行了分科教学，分别发展了学生读、听、说、写的技能，使学生们有了对应训练手段的和方法，更具有针对性地提高自己的基本的语言技能，在很大程度上提高了学生的语言能力。

毫无疑问的是，两个《大纲》对大学英语教学的发展起着不可磨灭的历史功劳。但是，这两个《大纲》是针对不同类型学校、不同水平学生平行使用的,而在现实的教学中,大学英语教学目的、教学内容、教学要求以及教学时数方面存在相当大的差异;四、六级的命题需要全国统一试卷,在长时间的学习中开始限制了四、六级考试的词汇命题范围。这些不正常现象有碍于大学英语教学工作的进一步发展。在全国大学英语四、六级统考需要的强大压力下,要求制定一份全国统一的大学英语教学大纲的呼声越来越强烈。而且,随着我国对外开放力度的加大、国际交流的日益频繁,社会发展对大学英语教学提出了新的要求,培养具有国际竞争能力的,能听、说、读、写的外语人才已成为大学英语教学的迫切任务。

为了改变这种现状,推动大学英语教学健康发展,原国家教委、大学英语教学界共同努力,又展开了全国大学英语教学改革。

1994年7月和12月,原国家教委高教司委托大学外语教学指导委员会和大学外语教学研究会分别在大庆和桂林召开了全国大学英语教学研讨会和全国大学英语教学上新台阶座谈会。这两次会议肯定了《理工科大纲》《文理科大纲》,总结了十年来大学英语教学的经验和教训。

这两次会议拉开了修订21世纪初《大学英语教学大纲》的序幕。1994年的大庆会议和1982年的武汉会议都对我国大学英语教学发展史有着里程碑式的意义。

1996年12月,新一届高等学校大学外语教学指导委员会成立。《大学英语教学大纲》的修订成了新一届指委会的首要任务,在新的指导委员会的领导下,项目组对《理工科大纲》和《文理科大纲》进行了认真深入的研讨,确定了大纲修订的原则和方向。1998年12月下旬将《大学英语教学大纲》提交在杭州举行的高等学校大学外语教学指导委员会英语组扩大会。大会审定并通过新的1999年版的《大学英语教学大纲》(以下简称1999版《大纲》)。

相对于两个《大纲》,1999年的新大纲根据时代的要求和师生教与学的新变化,进行了一些改革,给大学英语教学注入很多新的活力,就大纲的具体内容做出了很多调整。主要表现在如下方面。

1. 随着我国高等教育体制改革的深入发展,高等学校正在向多学科、综合型方向发展。为了适应形势的变化,修订后的大纲不再分文理科和理工科,教学对象为全国各类高等学校的本科生。

2. 对教学目标做了明确的阐述:培养学生具有较强的阅读能力,一定的听、说、写、译能力,使他们能用英语交流信息。1999版《大纲》提出,要培养学生能用英语交流信息,这比《文理科大纲》和《理工科大纲》提出的"以英语为工具获取专业所需要的信息"的目标更高了,内容也拓宽了,不仅要求顺利阅读,而且要求听懂英语并用英语进行口头或书面表达。将听、说、写、译列为同一层是1999版《大纲》的一个重大修订。经过十几年的改革开放和中学及大学英语教学的改革,大学生们迫切希望进一步提高口语和写作能力,因此全面提高大学生的听说读写的能力显得日益重要。

1999版《大纲》还指出:大学英语教学应帮助学生掌握良好的语言学习方法,提高文化素养。学生是教学的主体,传授的知识要由学生加以理解、吸收,能力的培养要靠学生的实践。英语学习是一个长期的过程,学生要坚持不懈地努力学习才能不断提高英语水平。因此,教师有责任在日常教学中有意识地培养学生的语感,帮助他们养成良好的语言学习习惯,提高自学能力。学生应成为真正的主动学习者。

3. 1999版《大纲》对分类要求做了具体的描述,把四级定为全国各类高等学校均应达到的基本要求,这是1999版《大纲》的一个重要决策。对于入学水平低于要求的学生提出预备级的要求,对于在基础阶段已达到六级的学生提出高级英语的要求,从而体现了分类要求、因材施教的原则。分级教学经多年的教学实践证明,其有利于不同基础的学生提高英语水平,是因材施教原则的具体体现。

4.确保大学英语学习四年不断线是1999版《大纲》的另一个重要特色。本大纲将专业阅读改为专业英语,从而使这一阶段的教学任务更加明确。专业英语是大学英语教学中一个不可缺少的组成部分。《大纲》明确规定专业英语是必修课程,并对读、听、说、写、译等各项技能提出了具体的要求,从而使各校对专业英语的教学有规可循、有据可依。

5.1999版《大纲》在调查研究的基础上,根据语言学习的规律,并参照现行的中学英语教学大纲,对听、读等各项技能和词汇量的要求都进行了适当调整,有了一定的提高。

6.词汇表是大纲的一个重要组成部分。此次修订在通用词汇表的基础上把四级和六级两个词汇表合并,增加1 000个词汇作为高级英语阶段应掌握的词汇,并适当增补了部分常用词组。词目以定量分析为主,定量分析、定性分析相结合,参考国外最新研究成果。

7.在语法结构表、功能意念表和语言技能表的修订中,根据教学实际,本着删繁就简的原则,删去了一些对教学指导意义不大的项目,把重点放在打好语言基础和有利于培养语言应用能力上,以确保大纲总体目标的实现。

1999版《大纲》带来的新变化:

1.四、六级考试实施口语测试

为了使大学生更加重视英语口语学习,获得更强的英语口语交际能力,经教育部高教司批准,全国大学英语四、六级考试委员会自1999年起开始施行大学英语四、六级考试口语考试。报考条件是近两年内参加过大学英语四、六级考试者,成绩在80分及以上,四级成绩在85分及以上的在校大学生。大学英语四、六级考试口语考试每年举行两次,分别在每年5月中旬和11月中旬举行。

2.四、六级考试的新题型

为了适应时代的要求和满足学生语言口语学习的要求,进一步提高四、六级考试的成效,促使各校把精力放在正常课堂教学,使考试更好地为教学服务,扎实有效地提高学生的英语语言能力,四、六级考试除了加入了口语的测试处,在笔试题中也进行了题型的改革。

第三节　新世纪大学外语的课程设置

一、大学英语教学的进一步教学改革

从中华人民共和国成立到21世纪初,大学外语的教学经历很多次改变,在取得巨大的进步和持续发展的同时,随着时代的发展和变化,1999年的教学大纲从推广使用开始就已经面临许多问题,主要表现在以下几个方面:

1.1999版《大纲》忽略了全国各个地区巨大教育资源的差异,忽略了社会、市场和个人对外语多方面、多层次和多变化的需求,提出的仍然是统一的教学目标、教学要求、教学安排和教学测试。这种带有强烈计划色彩的计划和指导性大纲很难应对不断出现的新问题,事实上,也阻碍了学生学习的自主权和发言权,影响了学习的兴趣,限制了大学英语课程的进步。不仅阻碍了基础英语和高级英语教学的划分和安排,还阻碍了学分制的发展。

2.20世纪90年代后期,我国中小学的英语教学改革发展迅猛。对高中毕业生的听、

说、读、写、译的要求与原来相比有很大的提高。由于存在这种现象,学生在进入大学后普遍感觉学习能力、学习水平明显下降;而教师会深刻体会到学生上课态度不认真,并且懈怠。

3. 由于全国统一四、六级考试的权威性和影响力,有些学校以四、六级成绩与毕业证挂钩,社会招聘的必要条件也是四、六级的合格证书,四、六级考试的社会权重加大,应试教学现象严重,考试作弊屡见不鲜,直接影响了大学英语正常教学效果;实际上,也损害了四、六级考试的声誉,致使社会各界纷纷指责四、六级考试。

2002年春,教育部高教司司长张尧学在《中国高等教育》上发表文章,内容主要是:

1. 批评现在"许多学生听力和口语能力不强"。

2. 批评"大学英语教学目标定位在以培养较强的阅读能力为主,一定程度上对听、说的英语综合运用能力重视不够"。

3. 提出必须把"听力和交流放在英语教学的重要位置,并全面发展和提高学生的听、说、读写能力"。

4. 提出加强"实用性英语教学""改变传统英语教学应试教育模式""真正提高学生的英语实用能力"。

就在1999版《大纲》公布的第3年,教育部启动"高等学校本科教学质量与教学改革工程"(以下简称"质量工程"),根据时代发展和社会进步的需要,提出进一步推进大学英语教学改革,并将其纳入"质量工程"之中,成为"质量工程"重点项目之一,这标志着第三次大学英语教学改革的正式启动。大学本科公共英语教学改革事关如何培养新一代高素质创新型专门人才和拔尖人才,提升我国综合国力和国际竞争力的大局,同时也是高等教育人才培养和教学改革的重要突破口,是最有可能用先进的信息技术手段改进传统教学模式、取得重大突破的领域。2002年8月27日和9月2日,教育部在北京分两批召开了大学英语教学改革座谈会。教育部原部长周济在会上谈了启动这场改革的两个主要原因:

①成功申请奥运会的主办权带来了日益频繁的国际交流,使提高大学生交流能力成为刻不容缓的大事;

②国家领导人多次发表讲话,表示对我国费时低效英语的教学成果的不满意。

在非典期间,项目组前后共组织了4次集体会议,多次讨论,几易其稿,最终完成了《大学英语课程教学要求(试行)》稿。

2003年10月9—11日,由教育部组织的大学英语教学改革研讨会在北京交通大学召开。教育部大学外语教学指导委员会全体委员、"大学英语课程教学要求"项目组成员、"211"学校大学英语教学部主任(主管大学英语教学的外语学院院长、系主任)、部分省市大学英语教学研究会会长、部分高校教务处处长及出版社代表共200余人参加了会议。

2004年1月,教育部正式批准了《大学英语课程教学要求(试行稿)》(以下简称《课程要求》)。这个替代1999版《大纲》的《课程要求》具有以下两个鲜明特色:

1. 在大纲的基础上突出听说能力的培养。提出"大学英语的教学目标是培养学生的英语综合应用能力,特别是听、说能力,使他们在今后工作和社会交往中能用英语有效地进行口头和书面的信息交流,同时增强其自主学习能力,提高综合文化素养,以适应我国社会发展和国际交流的需要"。

2. 改革传统的大学英语教学模式。《课程要求》要求"各高等学校充分利用现代信息技术,采用基于计算机和课堂的英语教学模式,改进以教师讲课为主的单一教学模式"。《课程要求》要求各高等学校"建立网络环境下的听、说教学模式直接在局域网或校园网上进行听、说教学和训练。读、写、译课程可以在课堂上进行,也可在计算机网络环境下进行。"

教育部立场很明确:"这次大学英语教学改革的目的就是把原来以阅读理解为主改到以听、说为主,全面提高英语的综合实用能力"。

《课程要求》在大规模调查的基础上提出"培养学生具有较强的阅读能力和一定的听、说、写、译能力,使他们能用英语交流信息",这一基本思路不仅对于当前,而且在今后相当长的一段时期内对于全国多数院校学生来说,依然具有指导意义。国内外的许多研究都表明,真正学好一门外语,主要的途径还是通过阅读。即使就母语学习而言,提高的主要方法仍然是通过阅读,大量、广泛地阅读优秀的作品。或者,即使有了一定的口语能力,也很可能忽视阅读而造成语言的输入量少、词汇量相对较少、语言整体能力不强,而无法表达较丰富、较复杂的思想。不要轻易否定培养学生较强阅读能力的提法,现行《课程要求》将阅读能力的培养放在第一位,是根据大量调查研究以及我国实际情况做出的合理决策。

2003年2月19日教育部委托高等教育出版社、清华大学出版社、外语教学与研究出版社、上海外语教育出版社四家出版社开发与大学英语教材配套的教学软件系统。随即四家出版社纷纷组织国内外专家对国际已有的英语学习软件和教材(如维克多学习系统、华尔街学习系统、英语城学习系统、朗曼学习系统)进行系统的调查和研究分析,在不到半年时间内开发出四套与大学英语教材配套的英语学习软件。这些软件集趣味性、交互性、自主性、可管理性于一身,采用了语音合成与识别、视频等最新软件技术,且学习内容来自培生、汤姆森等国际知名出版集团。2003年2月26日教育部印发《关于开展大学英语教学改革试点工作的通知》,试点的目的在于"依据新的《课程要求》采用通过高教司验收的大学英语教学软件,以培养学生的自主学习能力为中心,充分利用现代教育技术,构建个性化的大学英语教学模式,提高学生的英语综合应用能力,尤其是听、说能力;积累经验,为全面推行大学英语教学改革做准备。"为了推动大学英语四、六级考试改革,2005年2月25日教育部召开大学英语四、六级考试改革新闻发布会。教育部副部长吴启迪就大学英语四、六级考试改革的背景、紧迫性与必然性等问题进行了介绍,并强调各级教育行政管理部门、各高校以及全国大学英语四、六级考试委员会要共同努力,使大学英语四、六级考试在促进我国大学英语教学和提高学生英语综合使用能力方面发挥更大的作用。

改革主要表现在三个方面:

1. 调整大学英语四、六级考试中各部分的题量和比例,把考试中阅读题的权重向听力题倾斜,使听力的比重从原来的20%上升到35%,听力相关的内容占到高达70%,成为名副其实的基于听力的考试。大学英语四、六级考试改革后,通过考试的压力迫使全国所有学校不得不把由阅读为主转向以听力为主,开始实行基于计算机或网络的教学模式。张尧学在《关于大学英语四、六级考试改革的总体思路》一文中进一步发表她的观点:"在英语的听、说、读、写、译五种能力中,听力应该是可持续发展能力的核心和关键。如果不解决听力问题,我们的学生将很难掌握英语和使用英语。"所以,英语听力是"纲",其他都是"目","只有抓住了听力,才能纲举目张"。

2. 按照《课程要求》修订考试大纲,开发新题型,改革考试内容和考试形式。除了突出加强对学生英语综合应用能力,特别是听说能力的测试外,全面改革分数报道方式,由原来的100分制改为710分的积分体制,不设及格线,不颁发合格证书,只发成绩单,每一部分具有卷面的报告分,同时主要接收校内考生报名,降低大学英语四、六级考试的社会权重,突出以考试为教学服务的功能,尽量弱化大学英语四、六级考试在社会中的影响。

3.研究开发计算机化口语测试,扩大口语考试规模。2005年6月启用新的大学英语四、六级考试(试点)报名和考务管理系统;2005年全国大学英语四、六级考试委员会公布大学英语四、六级考试新的计分制和成绩发布方式的具体内容,并规定了改革后报考口语考试的资格线。

2006年7月31日教育部办公厅发出《关于进一步提高质量,全面实施大学英语教学改革工作的通知》(以下简称《通知》)全面总结了大学英语教学改革进展情况,对今后的大学英语教学改革工作提出了明确要求。为了加强师资队伍建设,全面推广基于计算机和网络的大学英语新教学模式,根据《通知》"把推进和深化大学英语教学改革作为一项重大而紧迫的任务,切实抓紧抓好"的精神以及"积极使用我部推荐的优质教学课件和教学资源,改革传统英语教学模式"的要求落实到位。

2007年2月17日,《教育部关于进一步深化本科教学改革,全面提高教学质量的若干意见》提道:"深化教育教学改革,全面加强大学生能力培养。进一步推进和实施大学英语教学改革,要全面推广大学英语教学改革成果,充分运用优质教学软件和教学资源。深化大学英语教学内容和教学方法改革,推动高校在建立网络环境下的英语教学新模式,切实促进大学生英语综合应用能力,尤其是听、说能力的提高。加强大学英语师资培训,造就一批大学英语教学改革的骨干教师。推进大学英语四、六级考试改革,研究建立大学英语四、六级网络考试系统,鼓励开展双语教学工作,有条件的高校要积极聘请国外学者和专家来华从事专业课程的双语教学工作。鼓励和支持留学回国人员用英语讲授专业知识,提高大学生的专业英语水平和能力。"

二、教学改革深入发展加速

2009年教育部高教司组织了全国性大学英语教学改革调研和研讨会,随后印发的《教育部大学英语教学改革研讨会会议纪要》总结了改革在以下六个方面取得的成效。第一,大学英语教学改革从满足我国经济社会发展的需求出发,具有重要的战略意义。第二,大学英语教学改革得到高度重视,大学英语的教学地位和学科地位显著提升。第三,大学生英语自主学习能力和综合应用能力明显增强,教学质量全面提高。第四,基于计算机和课堂的大学英语教学改革新模式正逐步形成,并得到广泛认可。第五,高校英语教师积极参与改革,教学水平和科研能力显著增强。第六,大学英语四、六级考试改革积极稳步推进,大学英语教学改革不断深化。"对于十年教改,应该充分肯定其成绩:重视交流能力培养,重视计算机网络技术在外语教学中的应用,重视发展学生自主学习的能力,不仅抓住了历史机遇,也适应了时代的要求,有其历史的合理性和必要性。"

在此次改革成果的基础上,以《国家中长期教育改革和发展规划纲要(2010—2020年)》(以下简称《规划纲要》)、《教育部关于全面提高高等教育质量的若干意见》和国务院办公厅印发《关于深化高等学校创新创业教育改革的实施意见》为指导,2013年教育部高教司启动了《大学英语教学指南》(以下简称《教学指南》)的制定工作。2013年8月4日,启动《教学指南》研制工作,讨论项目组的组建方式和项目工作方案。项目组下设教学目标和教学要求、课程设置、教学评价、教学方法和手段、教学管理和教师发展5个任务小组。项目工作方案包括研制《教学指南》的指导思想和原则、框架内容、任务分工、进度安排等。2014年7月29—30日,在张家口召开高等学校外语专业教学指导委员会(以下简称教指委)英语组全体委员会议，与会人员充分发表意见，并深入交流看法，对讨论《教学指南》全文初稿的内容反复推敲，并就一些重大问题统一认识。

2015年3月28日，教指委英语组在武汉召开"高等学校大学英语教学改革与发展学术研讨会"。在会上，项目组向900多名代表征求建议和意见，并在会后根据反馈意见修改完善《教学指南》。2015年5月，项目组根据教育部关于融入创新创业教育内容的指示。进一步补充修订《教学指南》。

《教学指南》继承了十年来的改革成果，顺应时代发展需求的总原则，为新时期全国大学英语教学、学习和评估提供依据。而且在秉承科学性、指导性、多样性、针对性的同时在诸多方面体现出创新性，因而对教学具有指导性。

第一，《教学指南》遵循语言教育教学规律，科学客观地对教学标准制定进行总体设计。《教学指南》研制工作以调查为基础，以研究为支撑。教学目标和教学要求组对58所不同类型高校的4 908名一年级新生进行英语水平测试，课程设置组收集了201所高校的开课计划，教学评价组对571名教师和1 266名学生进行调研收集基本数据；教学方法和手段组在每省选3所学校发放问卷展开调查，教学管理和教师发展组对87所高校进行调研。

《教学指南》从国家战略需求层面强调英语的重要性：通过学习和使用英语，可以直接了解国外前沿的科技进展、管理经验和思想理念，学习和了解世界优秀的文化和文明，同时也有助于增强国家语言实力，传播中华文化，促进与各国人民的广泛交往，提升国家软实力。

《规划纲要》提出，要"培养大批具有国际视野、通晓国际规则、能够参与国际事务和国际竞争的国际化人才"。熟练掌握英语是国际化人才的基本条件，而国际化人才的英语能力主要通过大学英语课程来培养和提高。由此可见，大学英语课程对我国参与全球治理、成为有担当大国和未来发展具有重要意义。

第二，我国区域发展不平衡，各高校的教学资源、学生入学水平以及人才培养规格和目标都差异较大。因此，全国的大学英语教学不能用一把尺子来衡量，要避免同质化发展问题。高校开设大学英语课程，一方面满足国家战略需求，为国家改革开放和经济社会发展服务，另一方面满足学生专业学习、国际交流、继续深造、工作就业等方面的需求，大学英语课程对大学生的未来发展具有现实意义和长远影响。学习英语有助于学生树立世界眼光、培养国际竞争意识、提高人文素质，并为知识创新、潜能发挥和全面发展提供一个基本工具，为迎合全球化时代的挑战和机遇做好准备。

《教学指南》继承了《课程要求》，同时也创新地发展了《课程要求》。

1. 教学目标

针对当时中国学生听、说能力较弱的状况，《课程要求》强调加强听、说教学，"培养学生的英语综合应用能力，特别是听、说能力，使他们在今后学习、工作和社会交往中能用英语有效地进行交际，同时增强其自主学习能力，提高综合文化素质，以适应我国社会发展和国际交流的需要"（教育部高等教育司2007）。《教学指南》把个人、社会语域使用的英语称为通用英语，把学术、职业语域使用的英语称为专门用途英语。准确把握英语应用能力的内涵有助于解决通用英语与学术英语之间的争议。其实，从语言能力来看，通用英语与专门用途英语并不对立矛盾。根据《欧洲语言共同参考框架》对语言能力量表的描述，B2至C2的语言中高级水平者能够使用该语言进行专业学习和研究，比如B2学习者能够理解"专业领域的技术性讨论课题"，C1学习者"在其社会、职业或学术生活中，能够有效、灵活应用语言"。

项目组认为"这种分类放弃了语言基础与语言应用的二分法":通用英语重点培养学生实现个人生活需求和进行社会交往的语言能力,专门用途英语重点培养围绕学业、学科研究和创新创业进行交流的语言能力,通用英语和专门用途英语都是为了培养学生的语言应用能力,两者之间的关系不是基础与应用的关系。

《课程要求》中"适应我国社会发展和国际交流的需要"的提法比较空泛,《教学指南》则将需求落实到国家、社会、学校和个人发展四个领域:大学英语的教学目标是培养学生的英语应用能力,增强跨文化交际意识和交际能力,同时发展自主学习能力,提高综合文化素养,使他们在学习、生活、社会交往和未来工作中能够有效地使用英语,满足国家、社会、学校和个人发展的需要。

《教学指南》还提出:"大学英语教学以英语的实际使用为导向,以培养学生的英语应用能力为重点"。学生的英语应用能力是在一定语域中使用语言的能力,基于语域的英语应用能力概念将语言能力和语言应用合二为一,避免了两者的分离。

《课程要求》的教学目标忽略了全国高校大学生之间的差异。世纪之交我国高校扩招以来,在校生规模不断扩大,2015 年高等教育毛入学率达 40%。由于我国东西部发展不平衡,新生的入学英语水平参差不齐。从充分考虑大学新生的实际英语水平和对英语的实际需要,《教学指南》对英语教学目标做了调整,将大学英语教学目标从"一般要求""较高要求"和"更高要求",更新为"基础目标""提高目标"和"发展目标"三个等级,并明确规定:基础目标是针对大多数非英语专业学生的英语学习基本需求确定的。提高目标是针对入学时英语基础较好、英语需求较高的学生确定的。发展目标是根据学校人才培养计划的特殊需要以及部分学有余力学生的多元需求确定的。基础目标的教学要求设定是考虑到高等教育必须为大学生提供优质外语教育,但并不要求所有大学生都要学习大学英语。考虑到教育部实施拔尖创新人才培养计划、卓越系列人才培养计划等需求,各高校也有各种优秀人才培养计划及中外合作办学项目,部分学科专业对学生英语应用能力有较高要求,由此增设发展目标。大学英语设置分级目标有利于实施满足学校、院系和学生不同需求的大学英语教学,符合"服务于学校的办学目标、院系人才培养目标和学生个性化发展需求"的课程定位。

《课程要求》规定"大学英语课程是大学生的一门必修的基础课",《教学指南》则不再这样硬性规定。

2. 课程体系

《课程要求》虽然对课程设置做了要求"各高等学校应根据实际情况,按照《课程要求》和本校的大学英语教学目标设计出各自的大学英语课程体系",但并未给出具体建议和内容。《教学指南》继承了《课程要求》,在保持校本特色的大方向的基础上,对课程设置提出了更加具体、明确的要求:大学英语教学的主要内容可分为通用英语、专门用途英语和跨文化交际三个部分,由此制成相应的三大类课程。大学英语课程由必修课、限定选修课和任意选修课组成。

通用英语课程主要是培养学生听、说、读、写、译的基本语言技能,兼顾社会、文化、科学等知识的教授,培养语言与文化能力。专门用途英语课程是与专业学科相结合,重点培养学生用英语学习专业知识以适应学术交流或从事专业领域的工作。跨文化交际课程旨在培养学生的跨文化意识,学习所学语言和本族语言的文化背景,了解英语国家文化与中华文化的相同和相异之处,为今后的有效交流奠定基础。根据这样的安排,各校可以根据本校大学英语教学的目标和实际的学分学时规定,在三类课程中进行选择。

三类课程按课程模块设计,可以由各校院系的特色教改项目中得出实验结论或实证研究,为《指南》的推广具有研究基础和数据支撑,做到科学性和实践性有效结合。

以专门用途英语为例,《教学指南》首次对其内涵、特点、级别、教学安排等进行说明:"专门用途英语课程以英语使用领域为指向,以增强学生运用英语进行专业和学术交流、从事工作的能力,以提升学生学术和职业素养为目的,具体包括学术英语(通用学术英语、专门学术英语)和职业英语两类课程。"

《教学指南》明确指出:"在大学英语课程体系中,除通用英语外,各级别课程还应包括专门用途英语和跨文化交际等教学内容。"大学英语课程体系中的三类课程作为体系中不可或缺的部分,相互发生关联,使大学英语课程体系成为一个开放、变化的系统。不同类别的课程内容在具体教学过程中可以灵活安排,如跨文化交际可以单独设课,也可融入通用英语课程。各高校要根据学校办学定位、人才培养目标和要求,设定通用英语、专门用途英语、跨文化交际课程的比例,由此设计丰富多样、各具特色的课程,构建多层次、多类别、个性化的大学英语课程体系。

3. 教学评价

《课程要求》倡导建立"全面、客观、科学、准确的评估体系",说明了形成性评价和终结性评价,评估体系既包括对学生学习的评价,也包括对教师教学的评价。《教学指南》提出构建大学英语课程综合评价体系的建设思路,是"校本评价与其他多样化评价相结合"的综合评价体系,其任务是:根据《教学指南》确定的教学目标、教学要求、课程设置、教学内容、教学方法和手段、评价方法、教学管理和教师发展等,对各高校的课程开展全面、客观、公正的评价,其目的是及时地为课程和教学提供反馈信息,为各高校大学英语教学服务。《教学指南》将《课程要求》的"评估体系"细化为两个评价体系:课程评价体系和英语能力测评体系。

以英语能力测评为例,大学生英语能力测评的主要任务是构建"共同基础测试与其他多样化测试相结合"的综合测试体系。根据《教学指南》确定的大学英语教学目标和教学要求,采用校本考试、校际或地区联考、全国统考等多种方式,全面检测大学生的英语能力,发挥测试对教学的正面导向作用,使之更好地为教学提供诊断和反馈信息,促进大学生英语能力的全面提高。

大学生英语能力测试应以共同基础测试为主,其他多样化测试为辅,应加强形成性测试,充分发挥测试对学习的促进作用。《教学指南》也强调:"应综合运用各种评价方法与手段,处理好内部评价与外部评价、形成性评价与终结性评价之间的关系,实现从传统的对课程结果的终结性评价,向促进课程发展的形成性评价转变。"

4. 教学方法与手段

在世纪之交时,《课程要求》提出建立基于计算机和课堂的英语教学模式:"新的教学模式应以现代信息技术,特别是网络技术为支撑"。将现代信息技术与大学英语课程相融合是正确的,是具有前瞻性的教学理念。《教学指南》坚持这一理念和方向,"大学英语应大力推进信息技术与课程教学的融合,继续发挥现代教育技术,特别是信息技术在外语教学中的重要作用。"《教学指南》还要求大学英语教师与时俱进,不断提高使用信息技术的意识和能力,在课堂教学设计与实施过程中融入并合理使用信息技术元素。"鼓励教师建设和使用微课、慕课,利用网上优质教育资源改造和拓展教学内容,实施基于课堂和在线课程的翻转课堂等混合式教学模式是学生朝着主动学习、自主学习和个性化学习的方向发展。"同时还要关注全新的移动学习理论的最新发展,并建议"有条件的高校可以设计和构建移动英语学习平台",凸显现代学习方式的自主性、移动性、随时性等特点。教学手段的创新和使用是教学内容改革的前提,也是教学质量提高的保障。《教学指南》还特别提出,"教师在科学合理利用现代化教学手段的同时,还要处理好传统教学手段和现代化教学手段的关系。"

按照建构主义的基本思想,学生的学习本质就是基于自身知识经验主动积极建构知识的过程。学生的主动参与、主动建构表征了高质量的课堂学习和教学状态。《教学指南》强调教师改进教学方法,创设主动学习环境与条件,"使教学过程实现"由关注"教的目的"向关注学的需要转变,形成以教师引导和启发、学生积极主动参与为主要特征的教学常态。强调课堂教学可以采用任务式、合作式、项目式、探究式等教育方法,体现以教师为主导,以学生为主体的教学理念。

5. 教师发展

由于我国高校"大学英语师资队伍的性别、职称、学历结构不平衡",《教学指南》增设"教师发展"一节,重点关注了大学英语教师的职业发展、教师发展需要学校和院系的支持与政策保障:学校和院系是教师发展的主要平台,要加强教师职业生涯的规划与指导,采取各种形式保障教师的专业发展和教学发展。各高校要重视大学英语教师队伍建设,提高教师师德水准和教学技能,优化教师队伍年龄、性别、职称与学历结构,从整体上增强大学英语教师队伍的实力和竞争力。

《教学指南》也对大学英语教师提出了希望,即教师要能够"主动适应大学英语课程体系的新要求,主动适应信息化环境下大学英语教学发展新需要,不断提高自己的专业水平和教学能力"。教师要培养自己终身学习的理念,要不断地提升自身的业务素养和科研能力,做一名新时代合格的外语教师。

教师发展的成效也取决于教师自身的追求和努力。《教学指南》对大学英语教师提出了"三个主动适应"的要求,即主动适应高等教育发展的新形势、主动适应大学英语课程体系的新要求、主动适应信息化环境下大学英语教学发展的需要。一方面,教师要提高教学能力具体涵盖学科专业理论和知识、课程建设的意识、选择教学内容的能力、调整教学方法和手段的能力,以学生为学习主体的意识、教学改革的意识、现代教育技术运用能力等为要素。另一方面,教师要转变观念,增强学术研究能力,积极开展教学研究,把不断学习、主动参与教学研究和改革作为自身发展的主要途径,做到教学相长、教研相长,在学校和同事的支持与激励下实现团队的共同发展和个人的自我价值。

《教学指南》依据《规划纲要》和《教育部关于全面提高高等教育质量的若干意见》等文件的精神,对大学英语教学提出了指导性意见,《教学指南》在继承前期成果的基础上,提出了创新性的改革措施,对推进教育创新,推动大学英语教学改革,提高教学质量将产生重要影响。《教学指南》是新时期普通高等学校制定的大学英语教学大纲,建设大学英语课程,实施大学英语评价的依据。

2015 年颁布的《国务院关于印发统筹推进世界一流大学和一流学科建设总体方案的通知》要求,高校应"加强创新创业教育,大力推进个性化培养,全面提升学生的综合素质、国际视野、科学精神和创业意识、创造能力",还应"加强对中华优秀传统文化和社会主义核心价值观的研究、宣传,认真汲取中华优秀传统文化的思想精华"。此前,《规划纲要》明确提出,高校要"适应国家经济社会对外开放的要求,培养大批具有国际视野、通晓国际规则、能够参与国际事务和国际竞争的国际化人才"。

高等教育的使命之一是为国家和社会发展培养合格的高层次人才。在全球化背景下,中国"走出去"需要大批国际化人才。成为国际化人才的一个先决条件就是要有语言能力,特别是作为国际通用语言英语的能力。英语能力不是一般的交际能力,而是"参与国际事务和国际竞争"所需的沟通能力,包含对中西方文化的深刻理解以及对相关专业知识的掌握和了解。《规划纲要》提出,高校要"加强国际理解教育,推动跨文化交流,增进学生对不同国家、不同文化的认识和理解"。《教学指南》是一份指导我国高校在5～10年内受众面最大的大学生学习英语的纲领性文件,而这段时期正是我国推进双一流建设、我国科技经济全面走向世界的关键时期。在这个时期制定和诞生的大学英语教学大纲肩负着巨大的历史责任。为了培养我国大学生在各自学科领域内具有较强的国际竞争力,我们必须转变教学理念,我们正面临外语教育大改革的时期,传统理念的颠覆和现有体制的改革是不可避免的。面对新时期国家发展战略和高校教学改革的要求,大学英语教学应该对课程的性质和功能进行全面深刻的反思,明确服务对象,确立近期和长远目标,真正实现应有的价值。

三、新时代大纲再修订

党的十九大以来,党中央、国务院对教育工作做出一系列重大决策部署。2018年6月,新时代全国高等学校本科教育工作会议提出坚持以本为本,推进四个回归,加快建设高水平本科教育,全面提高人才培养能力,造就堪当民族复兴大任的时代新人。

2018年9月,党中央召开的新时代第一次全国教育大会开启了加快教育现代化、建设教育强国、办好人民满意教育的新征程。大会上发表的重要讲话,对新时代教育工作进行了全面系统的阐述和部署,深刻回答了"培养什么人、怎样培养人、为谁培养人"等一系列根本性问题。同年10月,"新时代高教40条"对高校落实立德树人根本任务、深化本科教育教学改革、提高人才培养质量提出了明确要求,为高校人才培养工作绘制了重要的"施工图"。2019年2月,《中国教育现代化2035》提出了推进教育现代化的八大基本理念,聚焦教育发展的突出问题和薄弱环节,重点部署了面向教育现代化的十大战略任务,明确了教育现代化的实施路径和保障措施。2020年5月,《高等学校课程思政建设指导纲要》发布,为推进高校课程思政建设工作指明了前进方向,提供了基本参照。

2018年教育部和国家语言文字工作委员会发布了《中国英语能力等级量表》,系统描述了英语能力的九个等级。为了更好地指导新形势下的大学英语教学,促进教学目标。教育部高等学校大学外语教学指导委员会于2019年3月在杭州审议并通过了《关于修订〈大学英语教学指南〉的工作方案》,并组建了《大学英语教学指南》(以下简称《指南》)修订工作组。本着继续与发展的宗旨,强调与时俱进,顺应新时代确立科学性原则,人本性原则,发展性原则,开放性原则等基本修订原则,启动了对《指南》(2015版)的修订工作。

2019年7月至8月,教指委在全国范围内开展《指南》修订调研,调研对象为各高校大学英语教学负责人,调研所得数据供《指南》修订工作之用。2019年11月,教指委全体委员在长沙召开会议,《指南》修订工作的各小组长分别汇报了《指南》修订调研的相关结果,全体委员就《指南》修订的核心问题展开了热烈讨论并形成了基本共识。2019年12月至2020年5月,历经分(修订)—统(稿)—再分(审核)—再统(稿)的过程修订工作组形成了

《指南》(2020版)初稿。

2020年5月,在抗击新冠肺炎疫情期间,教指委主任委员会议以视频形式召开会议,会议围绕《指南》(2020版)进一步征求意见和进行修改完善工作并确定了修改方案。2020年6月至7月《指南》修订工作组在各小组进一步修改的基础上,2020年8月形成了《指南》(2020版)修改终稿。

(一)《指南》(2020版)内容的修订。《指南》修订工作组(2020版)本着继承为先的理念,总体保留了《指南》(2015版)的整体框架。在继承的同时,修订工作组根据新时代对人才培养提出的新要求和教育部重要文件的精神,对《指南》(2015版)进行了相应修订。主要体现在以下几方面。

1. 课程思政

大学英语教学作为高等教育的一个重要环节,具有课时多、周期长的特点。将思想政治教育融入大学英语的教学内容,以隐性的方式融入青年学子的生活中,既能赋予传统的思想政治教育以鲜活的生命力,又能丰富英语课程本身的内涵。挖掘大学英语"课程思政"对落实立德树人根本任务的价值,拓展大学英语课程在知识、思想和技能上的功能,对培养社会主义建设需要的人才,具有举足轻重的作用。因此,大学英语"课程思政"在立德树人方面具有不可估量的时代价值。大学英语"课程思政"教学能够使学生"不忘本来、吸收外来、面向未来,更好构筑中国力量、中国精神、中国效率"。当代青年学子要坚定文化自信,向世界"讲好中国故事,传播好中国声音,阐释好中国特色";既要继承中华优秀传统文化又要弘扬时代精神,既要立足本国又要面向世界,把中华传统文化以及现代文化的创新成果继承下来,传播出去,发扬光大。

《高等学校课程思政建设指导纲要》指出,全面推进课程思政建设是落实立德树人根本任务的战略举措,是提高人才培养的重要任务,以此为基础,《指南》(2020版)明确提出大学英语课程思政的要求。《指南》(2020版)的大学英语"课程定位与性质"明确提出:"大学英语教学应主动融入学校课程思政教学体系,使之在高等学校落实立德树人根本任务中发挥重要作用。"课程设置部分指出,"通用英语课程的目的是增加学生在社会、文化、科学等领域的知识储备,拓宽国际视野,提升综合文化素养,树立正确的世界观、人生观、价值观",并提出"课程设置应该以立德树人为根本任务,以提高课程质量为抓手,对标一流课程建设的要求,体现高阶性、创新性和挑战度,合理提升学业挑战度,增加课程难度,拓展课程深度,将课程思政理念和内容有机融入课程"。

立德树人课程思政是对国际化人才培养提出的新要求、新目标,提出大学英语教师应该在教师能力、人才培养、教学理念、教学路径等方面需要更新理念,以树立培养人才教育为目标。

全面推进课程思政建设就是要寓价值观引导于知识传授和能力培养之中,帮助学生塑造正确的世界观、人生观、价值观,这是大学英语教育教学的应有之义,也是大学英语教育教学的必备内容。

2. 教学的定位和要求

《指南》(2020版)的教学要求有机融合《中国英语能力等级量表》(以下简称《量表》)的相关内容。《量表》将学习者的英语能力从低到高划分为"基础、提高和熟练"三个阶段,共设九个等级,对各等级的能力特征进行了全面、清晰、翔实的描述。《量表》构建起一个中国英语学习、教学与测评的完整理论体系和统一的英语能力标准,为我国英语课程大纲制定、教学、考试提供一套合适的能力参照标准。

针对《指南》(2015版)中的大学英语教学基础目标、提高目标、发展目标三个级别的描述,新增了总体描述和语言单项技能描述,使教学要求更具体,更科学。

基础目标教学要求的总体描述增加了以下内容:"对不同场合中一般性话题的语言材料进行处理和加工,理解主旨思想,明晰事实、观点与细节。领悟他人的意图和态度,进而进行综合与合乎逻辑的判断,表达基本达意。"发展目标教学要求的总体描述增加了以下内容:"能够对不同来源的信息进行综合、对比、分析,客观审视、评析材料的内容,理解深层含义,并得出自己的结论或形成自己的认识","能够就社会话题和与所学专业相关的学术话题进行深入交流和讨论,有效地进行描述、说明、解释、论证和评析"。

更值得一提的是,在总体描述中增加了对思辨能力的要求,并强调交际的有效性。2019年美国21世纪技能合作组织制定了一个指导美国各年级教学的《21世纪学习框架》,其核心部分是:批判性思维能力(critical thinking)、交际能力(communication)、创新能力(creativity)和跨文化能力(cross-cultural competence),其中的批判性思维能力位居首位。《指南》(2020版)在课程定位上将原来"促进大学生知识能力和综合素质的协调发展"改为"能力、素质与素养"的发展。

语言单项技能描述也融入《量表》相关级别的描述语,从听、说、读、写、译五个方面对三个级别的教学要求做进一步说明。比如,基础目标听力理解能力的描述引入《量表》五级能力的相关描述内容:"能听懂语速正常、有关一般性话题的音视频材料和题材熟悉的讲座,掌握中心大意,获取要点和细节,明确其中的逻辑关系,理解话语的基本文化内涵。"提高目标口头表达能力的描述引入《量表》六级能力的相关描述内容:"能就社会热点问题或专业领域内熟悉的话题与他人展开讨论,能较好地表达个人意见、情感、观点等,对他人的发言、插话等做出恰当的反应和评论"。

3. 教学方法与手段

教学方法与手段是高校推进大学英语教学改革的重要抓手,对开展个性化教学、实践新的教学形态、创新教学模式,提高教学质量具有重要指导意义。《指南》(2020版)"教学方法与手段"部分开宗明义,简述了"教学方法"和"教学手段"的界定及其使用的意义。《指南》(2015版)从技术手段层面界定教学手段是开展教与学时使用的手段,并且强化了互联网时代计算机网络技术对外语教学"不可或缺"的作用。《指南》(2020版)对教学手段的界定保留了计算机网络技术对外语教学的辅助作用,但将"教学手段"置于更加宏大的"信息化与智能化时代"来诠释其内涵,既积极倡导现代信息技术的应用,又谨慎地提出"现代信息技术已成为外语教育教学的重要手段",避免了"唯技术论"的表述。

(二)《指南》(2020版)仍然强调使用教学方法与手段会直接影响教学质量和学习质量,是影响教学质量和学习质量的前提条件,即外语教学的重要任务。

1. 教学方法

相较于《指南》(2015版),《指南》(2020版)对教学方法的选用不再停留于教学生如何学,而是提出了更高的目标和更多的路径,增加了以下描述:"鼓励学生参与和体验英语学习团队活动,鼓励学生按照语言技能目标系统学习和训练,鼓励学生根据自己的学习特点和习惯自由选择学习方式,并对自己的学习负责。鼓励学生结合英语学习内容关注社会热点问题、社会发展趋势及国家发展战略。"这里提到的四个"鼓励"对学生自主学习能力的培养提出了更高的要求。培养学生的自主学习能力,就是要帮助学生养成一种习惯,并且这种习惯能够转化为学生的行动自觉。在学生个性化学习的过程中,学生自主学习能力培养也是当代大学生学业需要合理增负的一个侧面体现。

2. 教学手段

从 2019 年开始,新冠肺炎疫情防控一直进行,线上教学在非常时期的全面应用为夯实大学外语教学理念、革新教学方法与手段提供了重要契机。新的线上线下融合的教与学将是未来的发展趋势,互联网+智能+技术的线上线下教育融合发展已经成为中国和世界高校教育的重要发展方向。

在《指南》(2015 版)的基础上,《指南》(2020 版)对高校教师的教学手段提出了更加具体的要求:教师要紧随新技术的发展,将现代信息技术全面深度融入教学与学习的过程,在熟悉线上教学基本形态的基础上,创新实践线上教学模式和线上线下混合教学模式。"1+M+N 协同跨校教学模式,MOOC+SPOC+线上翻转课堂模式,SPOC+线上翻转课堂模式,在线教学工具+会议系统,视频公开课/资源共享+线上指导,教学材料共享+线上指导等六种典型教学模式应用广泛。"

关于现代教学手段的使用。《指南》(2020 版)沿用《指南》(2015 版)的表述,"要主动适应新时代大学生的学习特点和学习方式,要密切关注移动学习理论与技术的最新发展"。

《指南》(2020 版)特别注重推进大学英语教学现代化,同时强调把提高教学与学习效果放在首位,推进大学英语教学手段现代化,更要加强师生间应有的人际交往与情感交流,关注学生的思想和心理情感动态,这也是大学英语教学融入高校课程思政教学体系的课程育人要求。

从《教育信息化十年发展规划(2011—2020 年)》到《中国教育现代化 2035》,再到《加快推进教育现代化实施方案(2018—2022 年)》,基于信息技术的新型教育教学模式构建已经上升为国家战略。促进信息技术与教育教学深度融合、利用信息技术开展人才培养模式和教学方法改革,逐步实现信息化教与学应用、推动以互联网等信息化手段服务教育教学全过程,成为包括大学英语教学在内的高等教育现代化主要发展方向。

3. 教学管理

修订后的《指南》高度重视大学英语的教学管理工作,对建立和完善大学英语教学管理体系推出"教学管理涉及教学目标管理、教学过程管理、教学质量管理、教学档案管理、教师管理等",高校的教学管理部门必须全面负起管理责任。《指南》(2020 版)规定,"各高校教学管理部门和大学英语教学管理者应根据学校定位和人才培养目标,切合实际地制定大学英语教学大纲。用来指导、组织规范大学英语的日常教学、管理及评价工作",《指南》(2020版)建议各高校采取"分类管理和分类评价办法,充分考虑大学英师的职业特点,建立科学合理的教师考核、晋升与奖励制度,对从事大学英语教学的教师实行必要的政策倾斜,激发大学英语教师的活力和工作热情"。

近几年来,大学外语最直观的变化就是课时量的大量缩减。在此背景下,《指南》(2020版)指出,"为确保大学英语教学活动正常开展和教学质量不断提升,各高校应制定相关的行政规定;科学规范生师比、课时安排、教研活动、教学经费、测试体系、软硬件等教学资源和教学设施的配置。"

2020 年面对突如其来的全球性新冠肺炎疫情,各高校积极利用线上教学平台和优质课程资源,开展大学英语在线教学,并确保与课堂面授教学同质等效,实现了非常时期"学习不停顿"的目标,彰显了信息技术与大学英语教学融合的巨大潜力和优势。因此《指南》

（2020版）不仅强调了教学过程和教学管理提高信息化程度的重要性，而且提出了相应的制度、平台建设要求：各高校在大学英语教学过程中应注重信息技术与外语教育的深度融合，建立和完善相关教学管理制度，包括线上线下的学时学分、学习评估、教学档案、教学资源等管理制度；大学英语教学管理本身也要推进信息化，建设好数字化教学管理平台和教学管理档案。

4. 教师发展

在推进我国高等教育强国建设战略和高校"双一流"建设工作中，《指南》（2020版）就如何加强大学英语教师队伍建设和教师发展提出了指导性建议。

第一，各高校须以立德树人为根本，重视并健全提升大学英语教师能力、素养的评聘和激励机制。《指南》（2020版）明确要求各高校"以立德树人为根本，以学生成长为中心，建设一支师德高尚、业务精湛、充满活力的高素质大学英语教师队伍"。

第二，各高校应建立和完善系统、科学的大学英语教师培训和督导机制。《国务院关于加强教师队伍建设的意见》提出"建立教师学习培训制度，推进高等学校中青年教师专业发展"。《教育部2020年工作要点》指出，高校要"建强建好教师教学发展中心"，"组织培训平台，以教学理念、教学技术和方法、教学内容改革为重点，推动实现青年教师上岗培训全覆盖"。基于此前的意见和工作要点，《指南》（2020版）建议各高校"建立和完善大学英语教师培训体系，并将大学英语教师的常态化培训纳入学校教师教学发展中心的整体规划，为大学英语教师专业发展搭建平台，加强教师职业生涯的规划与指导；对不同层次和类型的教师进行分类管理和培训；支持教师开展国内外进修学习活动"。

第三，教师不能只做传授书本知识的教书匠，而要成为塑造学生品格、品行、品味的"大先生"。教师应当在政治认同和国家意识、品德修养和人格素养、科学精神和专业伦理等方面发挥价值引领作用。

《指南》（2020版）首先要求大学英语教师"主动适应高等教育发展的新形势，主动适应大学英语教学的新要求，主动适应在信息化环境下大学英语教学发展的需要，不断提高自身的育人素养、学科素养、教学素养、科研素养和信息素养"。

《指南》（2020版）倡导新时代大学英语教师"掌握扎实的学科专业理论和知识，具备先进的课程理念和教学管理与评价能力，提升在教学中运用现代科学技术的水平"，成为有理想，有道德情操，有扎实学识，有仁爱之心的"四有"好教师。

5. 评价与测试

从2020年2月以来，受新冠肺炎疫情影响，我国高等教育的教学模式已经发生了深刻变革。教育部高教司司长吴岩（2020）指出，抗击新冠肺炎疫情以来，高校组织开展了大规模在线教学，实现"停课不停教、停课不停学"，交出了一份有温度、有技术的答卷。

《指南》（2020版）强调了课程评价体系应包含对在线教学平台的管理和评价，为在线教学过程和教学效果提供反馈，使评价与在线教学深度融合，更有效地反馈和促进在线教学。

随着信息技术在外语教学中的广泛应用，个性化的教育与学已经成为必然趋势。《指南》（2020版）指出，大学英语课程评价应既考虑课程共性，又兼顾地区特色，开发多样化的评价工具，开展多层分类的课程评价。

除了已经比较完善的大学英语四、六级考试等英语能力测试外，《指南》（2020版）指出大学英语教学管理部门和教学单位"应根据自己的办学特色和办学定位，采取选用与开发相结合的形式,制定科学完善的校本大学英语评测体系",同时,"鼓励高校选用多样化的测试方式。包括校际或地区联考以及全国统考等具有社会公信力的考试"。此外,鼓励教师采用科学的方法将学生英语能力测试与语言标准对接,并积极开展语言能力量表在教学中的应用及其后效研究,以更好地理解考试结果并改进教学,促进考试的合理使用。

《指南》(2020版)的修订依据党中央、国务院对教育工作做出的重大决策部署,以及教育部关于深化本科教育教学改革全面提高人才培养质量的重要文件。在修订过程中充分借鉴并吸纳了大规模问卷调查的结果,顺应新时代对高等教育发展的要求,回应师生关切,全面助力高等教育,培养符合国家经济社会发展需要的各类新型人才。

回顾从中华人民共和国成立以来,外语教学从"学苏"时期的萎缩,到建设时期的恢复、特殊时期的中断、改革开放时期的复苏、现代化建设时期的繁荣发展,再到新时代信息技术下的转型,经历了一个曲折复杂发展历程。

随着时代的发展,大学英语教学先后进行了八次大规模的教学改革,每一次改革又都是在前一次改革基础上的深入,教学目标越来越明确,教学要求越来越高,教学争论越来越激烈,教学研究也越来越深入。各版本教学大纲在不同时期对大学英语教学起到了重要的指导作用,不同时期的大纲往往反映了当时的教育理念,但在新的时期已不能满足需要。

每个时期都有可肯定的一面,又有存在缺点或问题,但总体上呈现的是在曲折中的前进。在时代变化下,社会背景的变化必将赋予大学英语不同的内涵,面对国家对外语人才的新需求,高等教育的扩招和全民学英语热等宏观环境的变化,以及教学目的、教学模式和语言环境等微观环境的变化,转型时期的大学英语教学必然体现出与以往大学英语教学许多不同。在这个完全不同的环境中,我国的大学英语课程内容必须要与时俱进,课程设置必须要进行改革与发展。今后大学英语教学必将朝着个性化和多元化方向发展。

第四章　我国大学英语的现状和改革方向

第一节　我国大学英语的现状

经过数十年的改革,我国的大学英语教学经历了探索、恢复、发展、提高、繁荣等多个阶段,逐步形成了自己的教学体系。长期以来,我国的大学英语教学取得了长足的进步,但就大学英语现阶段的定位和发展仍然困难重重。2013 年《光明日报》一篇《大学课堂,缘何吸引力不够?》的文章指出,"上课打游戏、聊天、睡觉,在大学课堂里似乎并不鲜见。"根据该调查,将近一半的受访大学生对大学的看法是"迷茫""发呆",也是其学习不振的原因,一方面归因于学生个人心态,另一方面则是大学教育质量不高,课堂缺乏吸引力。按照二语习得原理,受内在动机影响较大的学习者首先会对学习本身产生一定的兴趣,而基于外在动机而引发的学习行为大多将语言学习视为一种回报或者为了达到一定目标的手段,内在与外在动机同时又受到许多不同因素的影响。许多研究结果表明,具有内在动机的学习者往往对语言学习表现出极大的兴趣,形成有规律的学习习惯,享受解决困难的过程,并因出色完成学习任务而受到激励,促进内在动机的产生,从而成为更有效的学习者,并在第二语言学习的过程中取得成功。同时,外部环境也会强化学习者因没有取得理想成果的挫败感,使学习动机降低。

许多学习者专注于对语言本身的学习,学习内容的难度和过程的枯燥使学习动机逐渐减退。针对学生对于大学英语学习懈怠和大学英语教学质量不高的问题,笔者总结为以下几方面的原因。

一、大学英语的教育成为应试教学

二语学习动机理论中社会教育模式包括二语习得过程的四个方面:社会环境、个体差异变量、语言学习环境和语言学习结果。我国的大学英语教学是定位为基础英语的二语习得,基础英语教学并不意味着应试教学,但是当培养学生的听、说能力没有具体使用的目标,而大纲规定学生必须参加的大学英语四、六级统考这两种情况同时出现时,就必然会把我国大学英语引向应试教学。也就是说,当大纲的教学目标不清楚时,隐性大纲(hidden curriculum)的目标就能够发挥作用。隐性大纲指大纲中没有公开的课程内容具有非学术性质,但在教学上具有系统性而且有实际效果。尽管我国的研究和实践都是从积极方面去看待,但国外有消极的定义和研究。四、六级考试替代大学英语教学大纲或(课程要求)在大学教学诸多方面发挥着这种隐性的消极作用。

《教学指南》明确规定大学英语教学的目标分为"基础、提高、发展"三个等级,基础目标是针对大多数非英语专业的英语学习者基本需求确定的,提高目标是"针对英语基础较好、英语需求较高的学生确定的,发展目标是根据学校人才培养计划的特殊需要以及部分学有余力学生多元需求确定的",但实际上,我国大多数高等院校开展大学英语教学的目标是帮助学生通过四、六级考试。但是在对全国高校调查中发现,学生们仍然将通过大学英语四、六级考试作为大学学习期间的主要目标,而且明确表示"保持或提高学生的大学英语四、六级考试通过率"也是大学教学"重要"和"较重要"目标的学校。可以这么说,除了少数一流大学以外,我国的高等院校基本上都规定学生在校期间要参加大学英语四级统考,虽然在教育部的要求下,不少学校把原来毕业证书或学位证书与四级通过挂钩的做法取消了,但即便如此,还是有许多学校坚持不脱钩。乔梦铎等对黑龙江省 20 所高等院校(3 所部属院校和 17 所省属院校)进行调查时发现,尽管 85% 的学校取消了四级考试与毕业证书或学位挂钩的做法,但仍有 50% 以上的学校在课堂上有老师给学生专门辅导四、六级考试。尽管越来越多的教师开始注重培养学生交际能力,开展任务型教学法等活动,但是对绝大多数高校英语教师来说,帮助学生通过四、六级考试是首要的硬任务。因此上课的安排、练习的设计,测试的内容无不围绕四、六级考试的项目内容和命题形式进行。造成这种情况的原因很简单,大学教学大纲要求我国大学毕业生达到三个要求的水平,而四、六级考试大纲又明确宣布;考试的目的是衡量学生是否达到大纲提出的各项要求。也就是说,只有通过四、六级考试,才能表明该考生已达到了大学英语教学大纲的一般要求。因此,我国绝大多数高校的大学英语教学大纲不得不直接将四级考试的内容和要求作为上课的主要内容。

我国大学英语的课程设置都是最适合或针对各种英语水平考试的。目前各大学开设的大学综合英语必修课程和听力、写作、翻译、口语等选修课都是应对四、六级考试及其他各类英语水平考试的。因此,这些课程名义上说是为了培养学生英语综合应用能力的,事实上则是为了强化学生应试综合英语能力,实际上学生也用学到的英语去应对各种英语考试。就教材方面而言,学生现在使用的大学英语教材也是最适合应付四、六级考试的。

值得高兴的是,近几年外语教学与研究出版社也出版了一系列适合 ESP 发展目标的教材,但是在课程设置和教学上仍然停留在试水阶段,真正开始进行 ESP 教学的大学,甚至专业少之又少,而绝大部分高校和绝大部分专业仍然延续基础英语的教学,也就是基础目标的教学。根据我们对市场上学校使用最多的几套大学英语综合教程的调查。外语教学与研究出版社的《新视野大学英语》、上海外语教育出版社《全新版大学英语》、复旦大学出版社《21 世纪大学英语》等教材课文的选择和编写基本上都是以四、六级词汇为核心的,追求四、六级词汇的覆盖率和复现率,对超纲词任意删除和替代,并且在每个词后面都用符号标明四级词汇、六级词汇和超纲词。不仅如此,教材的练习形式也尽量和四、六级考试题型保持一致,甚至直接编写四、六级考试模拟试题放进教材中。如某套教育部推荐使用的优秀大学英语教材中的前言是这样解释其编写原则的:考虑到学生在读完四、六级后参加大学英语四、六级考试的实际需要,除了在各教程中均设有一定数量的类似四、六级考题形式的练习外,还特地将"综合教程"中的 Test Yourself 设计成四、六级考卷形式,以帮助学生逐步熟悉该考试形式,对其有所准备。一方面是教学目标的模糊性和不可及性,另一方面教学目的、课程设置、教材编写乃至评价体系都是围绕四、六级考试的,学生就很自然地把学习大学英语的目的定位在通过四级考试,把学到的综合应用能力用去对付各种英语水平考试上,先是考四级,后是考六级、考口译、考研、考托福、考 GRE。不论我们承认与否,英语学习对我国大多数大学生而言就是为了考试。

四、六级考试全国都出现了人数上涨的情况,例如四川省共计 66.29 万人报考,其中,四级 40.53 万人、六级 25.76 万人。报考人数较 2020 年下半年考试增长了 23.62%,较 2021 年上半年考试增长了 8.12%,再创新高。江西省 2022 年笔试报名人数 448 468 人,较去年同期增加 47 801 人,增幅为 11.94%,每年四六级考试的报考人数都在大幅度增加,原因多种多样,其一是四级考试以报告单的形式代替四级证书,即使是 0 分也可以再考,即使是按照及格线已经过线,学生只要对成绩不满意就可以继续参加考试工,直至满意为止,这样大学生在充分利用几年的报考机会,不断学习英语,不断报考参加,直到毕业不能考为止,其目的只有一个,就是拿高分以提高自己在企业应聘中的竞争力,各类特殊种类的招考都需要四六级的成绩,例如保送研究生要求、干部选调要求,等等。

四、六级考试的几次大规模改革非但没有改变学生们的学习目的,反而使四、六级考试更加和学生的英语学习紧密联系在一起。

《新闻晨报》记者林颖颖在(2009)在 2009 年 12 月四、六级考试之前发表过一篇文章:

四、六级的成绩单如果对是"4"打头的成绩,求职时多没竞争力啊! 2009 年下半年大学英语四、六级考试本周六开考,大四学生小李决心再战考场刷新分数。这是小李在大学期间的第五次六级考试,即将毕业的他决心背水一战,在此次考试中突破 550 分大关。记者了解到,在四、六级考试不单有合格证还有成绩单的今天,为了简历上的分数好看些,大学生"刷分大战"越演越烈。

记者在采访中发现,在参加本周末的四、六级考试的学生中,不少是已经考过多次的大三、大四的学生,用他们的话来说,"考过 N 次"的这场英语考试,依旧是每学期的必修课,这些"刷分族"有一个大致相同的理由:为简历增色。

大四学生小许虽然目前正忙着找工作、毕业论文,但是这两天他还是抽空在学校的图书馆内奋战,为的是想抓住毕业前刷新六级成绩的最后一次机会。"我自己是学理科的,本身英语就不是强项,现在找工作还是希望成绩能好看点,如果能突破 600 分大关,招聘官也许会比较欣赏,有高分总比没有强啊。"

记者了解到,"刷分族"在高年级中很常见,在低年级中也有不少。同济大学大二学生徐欢(化名),进入大学才一年多,本周末是第一次参加六级考试,但是徐欢却已将自己定位于"刷分族"一员,他告诉记者:"我决定在大学期间将六级考到最后一次,一方面是为了激励我多学英语,另一方面是因为考那么多次总能考出高分吧,到时候就能为简历增色了。"

学习,报考,再学习,再报考,整个大学四年英语学习的目的就是考个好的四、六级成绩。少数水平高的学生除了参加四、六级外,还参加考研、托福和 GRE 等考试。同样我们在2021 年 6 月对大二、大三学生进行调查,通过四级后,还要学习英语的目的如表 4-1 所示,回答参加各类考试的还是占大多数。

表 4-1　四级后还要学习英语的目的(多选)

考六级	78.90%
考托福、雅思、GRE	12%
考研	42.40%
今后找一个好工作	43.80%
读专业文献	18.20%
了解西方文化,提高素质	18.46%
出国	11.3%
兴趣	8.7%

可见,四、六级考试这个隐性大纲已是实实在在地指挥着我国高校的大学英语教学:它影响学生学习英语的目的、学校进行大学英语教学的目的,影响了大学英语的课程设置、教材编写和教学方法。

二、英语教学的内容重复

以基础英语为主要内容的教学,其内容有限。从技能上来说,主要是听、说、读、写、译;从内容上来说,主要是语法知识和词汇知识。前者的语法规则少则几十条,多则上百条;后者的基础词汇,即积极共核词汇也是有限的,在 4 500 个左右(超过 5 000 个的就是学术词汇了)。因此,如果小学、中学、大学都是基础英语教学,那教学内容和教学形式的重复是不可避免的。以下数据引用的是蔡基刚教授 2009 年 5 月 10 对 21 所大学进行的问卷调查。这 21 所包括复旦大学、同济大学、上海海事大学、上海理工大学、华东师范大学、上海大学、徐州师范大学、东华理工大学、南昌大学、黑龙江大学、浙江财经大学、北京交通大学、武汉大学、华南理工大学、福州大学、福建师范大学、福建医科大学、太原理工大学、太原师范大学、山西财经大学等。表 4-2 至表 4-4 是对大四的学生进行的问卷调查。

1. 在三大课程系列中,对我今后最有用的是哪门课程?

表 4-2　学生调查问卷(一)(多选)

大学英语综合课程	技能选修课程	专业英语课程
53.1%	39.8%	36.8%

2. 在这三大课程系列中,对我帮助最不大或完全可以自学的是哪门课程?

表 4-3　学生调查问卷(二)(多选)

大学英语综合课程	技能选修课程	专业英语课程
47.3%	32.1%	29%

3. 整体来说,我觉得自己现在的英语水平较四年之前刚入学时的变化。

表 4-4　学生调查问卷(三)

有很大提高	有些提高	基本没有提高	有些下降
13%	42.7%	23.3%	21%

认为"大学英语教学内容和高中重复"的为 18.4%,"方法和高中无区别"的为 22.3%,"没有学到需要的东西"为 51.0%,"学到的东西无用"为 20.0%,2009 年对 21 所大四学生的调查表明,认为"大学英语内容和高中重复""方法和高中无区别""还是应试教学""没有学到需要的东西"的人分别占到 10.4%、19.2%、32.5% 和 31.5%。

表 4-5 是对高中和大学教材的内容进行对比,确认教材部分重复的内容。

表4-5　高中和大学教材的要求对比

	普通高中英语课程教学标准	大学英语课程教学要求
词汇	运用构词法知识扩大词汇量，结合各种主题积累词汇，深度学习词汇，在表达各种场景中，提高词语使用的准确性和丰富性； 在特定语境中有效运用同义词、近义词、反义词，正确理解和切实表达比较复杂的主题意义和观点； 根据话题、语境、场合和人际关系等因素，选择适当的词语进行比较流利的交流表达； 学习使用一定数量的短语，掌握约4 500个单词	通过1~2年的英语课程学习，学生能够巩固并熟悉中学所教授的英语词汇和基本语法体系。并且，学生能在中学英语七级基础上再拓展2 000~3 000个词汇量，英语阅读速度达到每分钟100个词，阅读长度达到1 000~2 000个单词，学生能够基本听懂VOA特殊语速英语新闻，且能使用英语做简单自我介绍和日常对话
语法	通过在语境中学习和运用语法知识，认识英语语法的基本体系及其特征； 熟练地运用所学的语法知识，准确地理解语篇的基本意义和深层意义，有效地描述真实和想象世界中的人和物情景和事件，表达观点意图和情感态度，进行流畅的人际交流； 在语篇中恰当地理解和使用倒装、强调、同位语从句等结构传达意义，已取得一定的修辞效果； 在语篇中恰当地理解和使用虚拟语气	基础层级课程在中学英语，七、八级基础上重点加强学生语言基础知识的学习，兼顾基本听、说、读、写技能培养； 提高级课程，注意提高学生听、说、读、写能力的全面提升，兼顾语音、语法、词汇、语用等语言知识的进一步巩固提高，以及国际视野的拓展，百科知识的增加和综合人文素质的提高； 发展级课程再进一步巩固提高学生听、说、读、写、译基本功，同时开启旨在提高学生学术思维和逻辑的通用学术英语的系统训练。推动学生国际视野的进一步拓展，百科知识的进一步充实和综合人文素质的显著提高，以满足其跨国文化交际，以及国际交流的需求

　　具体来说，我们看到处在九级水平上的高中毕业生基本上已经掌握4 200个单词了，而对于经过在大学学习两年的学生来说，四级要求掌握4 500个词汇，也就相当于两年的词汇量基本没有增长，仅此可见学的内容多为重复的，虽然在《大学英语指南》中存在提高的要求和发展的要求，但在四级考试的硬性要求下，这些都需要排在基础英语学习的后面。而且对于这样英语能力出色的大学新生，大学英语的四级考试非但没让他们的英语水平提高，反而使其后退了。特别是有些学校"一刀切"式的要求——学生们在大二时统一参加四级考试，这样经过两年的学习，学生们反而觉得四级考试更难了，这里当然还存在其他原因。

　　教材是一个课程最主要的学习材料，对前后学段的教材进行研究，首先，笔者将对比《新视野大学英语》（第三版）第一册的生词表和起点词表，考察该册的生词是否覆盖起点词表中的词汇，是以原词形式复现还是派生词的形式复现，以及复现的比重有多少。

　　大学英语教材第一册中仅仅有1个单词是以原词形式复现（toothpaste），另外有38个单词是以派生词的形式复现，他们分别是 adapt、advanced、characteristic、commentator、comparison、competitive、comprehensive、contradiction、corresponding、curiosity、current、emerge、 exemplified、foundation、fundamental、furnish、generate、historical、humanity、imaginary、lower、media、minor、multiple、morality、necessity、nerve、norm、numerous、personality、poetry、portable、practically、satisfactory、striking、variation、variable。可以看出起点词汇与大学英语教材第一册的目标词汇发生重合。

笔者从大学教材中选取了10个以"a"开头的词汇,其中有5个动词、2个名词、1个介词和1个形容词,还有1个词既能当名词也能当动词,各个词汇以及高中和大学分别出现的用法可以用表4-6表示。

表4-6　以 a 开头的大学教材中的词汇

词汇	高中用法	大学用法
absorb	吸收;吸引;使专心	经受;承受;吸收;吸引某人;使专心
aboard	在(船,飞机,火车,公共汽车)上或上(船,飞机,火车等)	在(船,飞机,火车,公共汽车)上或上(船,飞机,火车等)
acquire	获得;取得;学到	学到;获得(知识,技能);取得;获得
accomplish	完成;达到;实现	完成;实现
accurate	精确的;正确的	正确的;准确的
assess	评估;评定	评价;评定;估价;估计
association	社团;联系;联想	协会;社团;关系;关联;交往
aspect	方面;层面	方面
attach	系上;缚上;附加;连接	系;绑;贴;固定;连接;附上
award	奖,奖品;授予;判定	给予;授予;奖;奖赏;奖金;奖品

从表4-6可以看出,绝大部分单词"aboard""acquire""accurate""aspect""attach""accomplish"在高中和大学时的用法十分类似或基本相同,然而,"award"在高中有比大学更为丰富的用法。在大学英语教材第92页中出现新的义项的还有"association"(出自第四单元"Heroes of our time"),新的义项是"关系;关联;交往",但是,让我们来看一下它在课文中的句子,"Ms. McMahon founded Share the Road, a cycling association, and worked tirelessly until"。显然,课文中的"association"还是"协会"的意思,而这个用法学生在高中时期就已经掌握了。可以看出,大学教材的语料依旧呈现的是高中时期掌握的用法,语言的内容和用法重复现象都比较普遍。

除了词汇以外,教材中的作文练习也存在类似情况。该套教材第一、二册主要是段落写作,形式是给出英语提纲或主题句,要求写一个100词的段落。如第一册第一单元的作文练习要求是:Write a cause effect paragraph on one of the following topics,而参考答案给出的范文是一个85词的段落。查阅一般的高中英语教材,写作的要求无论是在词数还是在类型上,难度都超过我们现在讨论的这套教材。如《牛津高中英语》(上海教育出版社和牛津大学出版社,2007)中写作形式多样,有看图作文练习、写信函、写短文、写评论等。虽然没有规定写多少词,但根据高考大纲至少要写出120词的短文。《牛津》高三(1)第一单元的作文题目是:Submitting a Plan,指令要求是:Your school will hold a charity fair next month. You must submit a plan to your head teacher that outlines the stall you wish to run。参考答案给出的是一篇 212 词、共有 4 个段落的短文。

表 4-7 是 2010 年 6 月,蔡基刚教授对 8 省 16 所本科院校的大学英语的调查结果(其中包括改革的试点院校)。大学英语,尤其是第一、二册和高二,高三的英语教材在_____方面有重复?(没有重复,可不填)

表 4-7　蔡基刚教授对 8 省 16 所本科院校的大学英语的调查结果

课文内容	词汇	句法结构	练习形式
16.6%	28%	30.89%	33.78%

三、学生学习懈怠,学习兴趣淡漠

源于心理学的二语动机理论认为,学习动机是影响语言学习者学习效果的重要因素之一。20 世纪 50 年代以后,二语学习动机理论提出了动机的社会教育模式,二语学习动机理论认为,动机是语言学习的最主要因素,动机包括努力程度、学习意愿和积极的态度。可分为融入型动机和工具型动机。融入型动机反映了学习者对使用目标语言的群体及其文化有极大的兴趣,并希望自己能融入该群体及文化。工具型动机反映的是学习一种新的语言给学习者带来的实际价值和利益。社会教育模式包括二语习得过程的四个方面:社会环境、个体差异变量、语言学习环境和语言学习结果。在此模式中,动机被视为语言学习付出的努力和愿望以及语言学习的积极态度。由此看出,二语学习动机与二语习得被普遍认为是正向相关的。如果没有学习的动机,想要达成二语习得的目的是很困难的。大学英语教学无论是从内容学习重复,教学方法的陈旧,还是学习者的懈怠,学习评价的无效性都使我国的大学外语教学费时低效。

我国学生从小学(一般从三年级,不少大城市从一年级开始)开始学英语,都是在不断地打基础,经过至少三年的小学、三年初中和三年的高中学习,都是学习语法规则和基本词汇,特别到了初中和高中枯燥地大量做题、刷题,任何一个曾经喜欢的学科也很难再喜欢下去。到大学里还是学习相同的语法结构,相同的背诵单词,还是和他们在中学的学习目的一样,还是为了应付考试。这种日复一日、年复一年毫无实用目的、毫无成就感的英语学习必然将学习者最初从中获得的新鲜感和享受感消耗殆尽,造成的结果是,大学生上英语课没有精神、打瞌睡、玩手机或者逃课。

如表 4-8 和表 4-9 所示。

总体,对我校的大学英语教学是否满意?

表 4-8　调查问卷结果(一)

非常满意	基本满意	勉强满意	不满意
20.54%	31.38%	35.39%	12.6%

其中勉强满意和不满意的原因是:(可多选)

A. 学习英语浪费时间,影响其他学科的学习

B. 学习英语看不到成效,没有成就感

C. 英语学习内容无趣,不新鲜

D. 英语教师水平低

E. 没有学习动力

表 4-9　调查问卷结果(二)

选项 A	选项 B	选项 C	选项 D	选项 E
32.54%	43.8%	33.2%	5.86%	18.14%

从此次调查可以看出学生们认为学习英语浪费时间而且效率比较低的比率占到 50% 以上,而教材对应的内容重复问题占到 43.8%。

调查发现,"有 44% 的学生认为准备四级考试所花的时间,与其他学科相比比例太大,影响了其他学科,有时影响是专业课的正常学习"。蔡基刚教授团队对陕西经贸学院已结束两年大学英语课程学习的学生做了一次调查,结果发现、大学英语是学生大学期间费时最多的一门课程,41% 的学生认为他们每天在英语学习上花了两小时左右,17% 的学生花了 3 小时左右,12% 的学习花了 4 小时以上。根据中国青年报社会调查中心与新浪校园频道联合进行的一项关于四、六级考试的调查,在受访的 4 986 名大学生中有 29.7% 的非英语专业的大学生将在校期间的大部分时间甚至几乎全部时间都花在了英语学习上;54.48% 的学生经常利用其他课程的时间准备四、六级考试,有 43.7% 的学生参加过校外四、六级辅导班,有 18.3% 人为考四、六级花费超过千元。专业课老师普遍反映,上专业课时,不少学生在背英语单词,做英语试题,四、六级考试前一个月,几乎没有人来上他们的课。

戴炜栋在研究中发现,"大、中、小英语教学不协调引起了一些不必要的重复(这种现象普遍存在),这不仅造成令人遗憾的学习资源浪费,而且容易引起英文学习的一种懈怠。"

赵庆红等对 12 所高校的 2 283 名大一和大二学生的调查显示,34.8% 的学生对英语学习没有兴趣。束定芳对江苏大学、扬州大学和浙江理工大学非英语专业的 1 408 名学生的调查发现,认为大学英语课"以应试为主,没有兴趣,学不到东西"的人不少。肖芬对 521 名非英语专业学生进行调查,发现目前影响学生英语学习能力提高的 12 个变量因子中,缺乏学习兴趣是首位的。

学生对学习缺乏兴趣,存在普遍的懈怠状况,原因的其中之一就是不断地重复学习基础英语,不断地为考试学习英语。

2010 年蔡基刚教授团队对 16 所院校的 1 246 名大二学生进行调查,调查结果如表 4-10 所示。

总的来说,学习英语的动力:

A. 很大　　B. 一般　　C. 不大　　D. 基本没有

表 4-10　蔡基刚教授团队对 16 所院校的 1 246 名大二学生调查结果

很大	一般	不大	基本没有
12.92%	54.09%	23.03%	9.71%

从小学到大学,学生都是为考试而学习英语,这就"扼杀了大部分外语学习者的兴趣和灵性,贻误了多少人的时间和精力。在这种学习导向的影响下,很多在入学时对英语充满好奇和热情的孩子,在小学毕业时已对英语充满厌烦。经过中学六年的英语学习后,英语和政治再次成为学生的噩梦,为了应试多少学生在各种真题中反复选择,他们发誓一旦过级绝不再碰英语"。

二语动机的三层次,从语言本身、学习者和学习环境三个层面对二语动机进行了界定,强调外语学习动机的多维属性以及二语学习环境即课堂教学实践对二语学习的作用;随后,在整合目标理论、动态系统理论等基础上,指向性动机流这一新的动机理论框架,即学习者在追求某个特定目标或愿景的过程中动机强烈而持续的阶段,强调个体学习者在过程中的正向情感体验,从而获得学习过程和目标实现时的满足和成就感。

我国的基础英语阶段可以说是世界最长的,从小学到中学,再到大学本科,甚至延续到研究生,跨度少则 12 年,多则 14 年。但是和长时段的英语学习相比,我国学生的英语学习效果反而很低,以词汇量为标准与其他国家相比,差距甚远。根据统计,西班牙的大学新生入学时英语词汇量为 6 000 个。日本的大学新生入学时英语词汇量为 5 900 个,大学毕业时的词汇量达到 13 000 个。我国于 2020 年发布的《大学英语教学指南》的基础要求达到的词汇量是 4 500 个,多年的教学实践证明,如此低的词汇量要求,不仅浪费了学生英语学习的黄金时间,而且直接影响了基础教育阶段的教学质量,同时也给大学英语教学造成了很大困难。根据国外权威机构的测定,一个人的英语词汇量低于 6 000 个时,他用英语进行读、写、交际会遇到严重困难。

一个外语学习者究竟掌握多少词汇量才能顺利进行阅读呢? 通过调查分析发现,外语学习者如拥有 5 000 个词汇量,阅读正确率可达 56%;若词汇量为 6 400 个,阅读正确率可达 63%;若词汇量为 9 000 个,阅读正确率可达 70%。美国语言学家 Diller 根据词汇统计特征提出:如果我们认识 25 个最常见的英文单词,那么平均每页纸上的单词我们就会认识 33%;如果认识 135 个常用词,则为 50%;如果认识 2 500 个,则为 78%;如果认识 5 000 个,则为 86%;一旦认识 10 000 个,则可达 92%。他认为,外语学习者如果想比较顺利地阅读中等难度的文章,10 000 个词汇量是最基本的要求。研究者们估计:在第一语言的阅读中,流利读者的可辨词汇范围为 1 万到 10 万个词汇量。而在第二语言的阅读中,只要求总数很低的词汇量,通常为 2 000~7 000 个词。第二语言学习者如要以优秀的第一语言读者的方式进行流利阅读,则需要掌握与第一语言读者一样多的词汇知识。因而,第二语言的研究者们认为,词汇的开发是阅读理解的关键要素。词汇量过低也是我国外语教学"费时较多,收效较低"的原因之一。事实上,12 年的英语学习只要求学习和掌握 4 500 个单词,这不仅违背了外语教学的规律,而且还极大地浪费了青少年外语学习的黄金时间。尤其是在科学技术迅猛发展的今天,作为文化和信息载体的语言也在不断发展变化。作为语言中最为敏感和活跃的词汇,其变化更是日新月异,新词新义层出不穷。在外语教学的基础阶段,每课时最佳复用式词汇输入量为 8 个;而在较高阶段,每课时最少的复用式词汇输入量为 12 个。我们现在义务教育初中三年制规定的是 400 个课时,英语词汇量要求掌握 1 000 个左右,平均每课时仅学 2.5 个左右单词;四年制 536 个课时,词汇量 1 200 个左右,平均每课时仅学 2.2 个左右单词。需要特别指出的是,在中学阶段要求的总词汇 1 940 个中,达到掌握程度要求的仅为 1 200 个。若按六年 750 个课时计算,平均每课时的输入量仅达 1.6 个。而按上述公式的较低要求和现行初高中课时规定,我们可以得到以下数据:$8 \times (400 + 350) =$

6 000,仅仅高中阶段结束就需要达到 6 000 个词汇。

从小学一路拼杀到大学,12 年的英语学习就是为了中考、高考、四级和考研等几个关键性考试,不能不说是对国家资源和个人时间的极大浪费。从小学生到大学生再到研究生,基础英语学习持续不断,但出来的人很少能够用英语开展研究和工作。更严重的问题是,由于学习英语的目的是通过考试,除少数学生需要考研或出国读研外,大多数学生考过四级后,英语学习基本停止。因为大多数学校在学生通过四级后基本不再开设英语课,学生也没有再继续学习英语的动力。

2015 年美国新媒体联盟发布的地平线报告(高等教育版)预测混合式学习是未来 1~2 年内促进高等教育技术应用的核心趋势。混合式学习指的是“电子或线上学习与传统课堂学习相结合的模式”。

2020 年新春伊始我国新冠肺炎疫情蔓延,造成了重大影响。全国各地各类学校纷纷采取了“停课不停学”活动,由于多地开学时间相比以往都有较长的延迟,教育部组织多个在线课程平台免费开放在线课程上万余门,为学生学习提供助力。在特殊时期为了不对学生学习造成较大不良影响,国家中小学网络云平台正式开通供中小学免费学习。许多优质企业,如抖音、快手、钉钉、腾讯和爱奇艺等都陆续推出了高品质的免费在线课程。此次疫情也将起到试金石的作用,让更多互联网企业加入教育的潮流中。在互联网+教育以学生为中心的教育变革中,学生的学习需求和学生的学习方式发生了巨大变化。虽然疫情终将结束,但是大学英语课程的学习不会回到旧的模式下了。而在新模式下,对于学生自主学习的愿望和自主学习的能力都是巨大的挑战。自主学习理论认为,自主学习的程度与学习的效果之间存在着密切的关系。近年来,学术界对大学生英语自主学习的状况进行了调查研究,结果令人担忧,我国大学生的英语自主学习能力较弱。王抒飞调查了哈尔滨商业大学2018 级经济学院国贸专业的 200 名大学生的英语自主学习情况,结果显示:大学生英语学习兴趣、学习动机、自主学习意识和自我效能感比较强,但缺乏意志力和自我管理能力。大学生英语学习的心理和行为之间存在一定的差距,与英语自主学习密切相关的一种现象就是“厌学”。

除以上情况外,在部分高校,因为采用线上自主学习和学分的压缩,大学英语课程的课时量大规模缩减已经经历了几次,加之近几年对于外语教学效果不满等现象,去外语化的观点甚嚣尘上,实际上很多外语教学专家早就担心英语教学一条龙的最终目标是使高中毕业达到现在大学四级水平至六级水平,那么这就产生若干年后大学英语是否继续存在的问题。

大学英语教学承载着历史的使命和国家现实的期盼,正如教育部高教司原司长张尧学所说:“英语教学改革是一种对国家和民族、对子孙后代的责任”。大学英语应该对此有着义不容辞的责任感。课程内容重复性强吸引力不够,学生自主学习能力差学习兴趣缺失,在评价机制不完善的状况下,如何切实提高大学英语教学的趣味性,让有限的课程教学能够带来持续的、健康的效果,这是我们大学英语教育者思考解决办法的起点。

第二节　ESP 是大学英语改革的方向

一、大学英语教育对 ESP 的认识

从前文看到,我国高校的大学外语教学一直是基于一个统一的教学大纲,缺乏分类指导,学习英语通常是为了通过全国统一的考试(当然不排除日常交际的功用)。针对学习效果的检查和监控,全国实行了大学英语四、六级考试。很多学校要求所有专业的学生要通过 1~2 年的学习,最后通过"全国大学英语四、六级考试",四、六级考试主要测试学生的听、读、写、译能力(现在又对部分学生增加了口语考试);一直以来四、六级考试对调动学生学习英语的积极性、提高英语教学水平起到了很大的促进作用。大三、大四两个年级基本上是所谓的专业英语的课程,无论是开设专业英语课程的师资、专门外语课程的开发,还是专业英语课程在整体课程中的重要性问题都阻碍了大三、大四学生继续进行英语学习。而且从社会层面上,多次出现学英语无用论的论调。原因很简单,就是目前大学毕业的学生绝大多数看不懂英文的产品说明书,无法进行基本的英语交流,对于专业英文术语更是无从知晓,在国际交流不断加深的背景之下,大学毕业生甚至硕士研究生无法用英语获取相关的专业知识,这样的教学无法顺应时代需求,也无法适应技术国际化的需求。

随着全球化和我国进一步实行对外开放,社会对外语人才的需求呈多元化趋势,单一外语专业或单一技术技能型的人才已经不能适应市场经济的需要,学生普遍感到在学校中所学英语满足不了实际交际的需要。目前外语界的话题就是"如何培养复合型人才？如何提高学生的英语实力？"这意味着当前的外语教学必须顺应时代要求,由单科的"经院式"人才培养转向"宽口径、应用型、复合型"人才培养模式。要做到这一点,必须大力倡导 ESP教学。

与国外 ESP 的快速发展相比,我国 ESP 相对起步较晚,相对滞后。从 20 世纪 70 年代起,我国一些理工科院校相继成立了外语系或科技外语系,组织和实施大学英语教学,各个省成立了大学英语教学专业委员会,全国成立了大学英语教学指导委员会,专门组织大学英语教学、研究、考试。到目前为止,我国对于 ESP 研究进行了多维度的探索,包括 ESP 在课程设置、教学法、教材建设、ESP 工具书编纂等。为了更好地传授 ESP 课程,对与之关系甚为密切的工具书进行研究,并依据这些研究成果编纂相应的词典,如《英汉自动学及检测仪表词汇》《英汉计算机技术词典》《英汉美术词典》《英汉社会科学词典》《英汉空气动力学词典》等。

ESP 教学兴起于 20 世纪 80 年代初,标志为科技英语和经贸类英语专业的设置以及由此带动的各类专业英语课程的开设。同时一些外语院系也开始尝试开设"科技英语"课程,并尝试与外界交流。1981 年,在联合国开发署的资助下,ESP 教学网在北京外国语大学、上海外国语大学、西安外国语大学的出国人员培训部成立,任务是帮助 ESP 项目学员(主要是科技人员)用半年左右的时间完成语言训练,掌握英语交际能力,然后按中国与联合国有关组织和机构商定的经济技术合作项目派往国外参加学术交流、学术深造或研究。

一方面实践领域付出了巨大的努力,另一方面却不时传来学术界对 ESP 是否存在的种种质疑。对于是不是有"科技英语"(专门用途英语在我国的另一种叫法),我国的外语界从一开始就有一场针锋相对的争论。当时中国科技大学研究生院李佩在向中国科学院各研

究所发出的征求意见书中就记载了这样的意见分歧：

近年来,我国外语界对大学公共英语教学应取向"科技英语"还是"普通英语"一直有所争议。所谓"科技英语"是 20 世纪 70 年代海外开始流行的"专用英语"引进中国后的一种说法。赞成"科技英语"者认为随着科学技术的飞速发展,国际交往的日益频繁,英语已成为国际学术交流所必备的工具,因此,认为"科技英语"或"学术英语"应是大学英语的主攻方向以满足学生的特殊需要。而主张"普通英语"者则认为无论何种专业系统,其所用英语均属于该语言的大体系之中,只有"为科技用的英语",而不存在什么"科技英语",只有让学生打下一个扎实的英语基础,方能真正使其起到得心应手的工具作用。

在李佩所选的中国科学院各研究所所长和研究员的回信中,基本上都反对"科技英语"说法。如:"把外文的基础打好,读科技文章就不成问题";"我偏向于以'公共英语'为基本,只有掌握这门语言的共核部分,才能有利于在科技方面的应用";"我 100%地支持大学公共英语应取向普通英语的看法"。

中国科学院院士,时任复旦大学校长杨福家甚至撰文指出:"不能将语言简单地划为'科学英语',乃至'物理英语''生物英语',等等",并断言"'科学英语'根本不存在"。

学术上意见不同完全可以争论,但当时这场争论已超越了理论上的探索,直接影响了我国大学英语教学课程设置和发展方向。在较长的段时间里,这种观点占主导地位:我国大学英语教学是基础英语即普通英语的教学,不需要也根本没有必要进行专门用途英语的教学。按一般的理解,科技英语是 ESP 重要组成部分,我国的 ESP 教研也是从科技英语开始的,如果科技英语不存在,ESP 存在的理由就必然苍白无力。出现这种尴尬的局面有多种原因,最主要的是长期缺乏理论研究,使得我国高校的 ESP 教学体系多年来一直处于较为混乱的状态,突出表现在教学大纲对 ESP 课程定位不明、ESP 师资匮乏、教材滥用等。

1983 年,上海交通大学受原国家教委的委托,对全国部分院校毕业生在工作中使用英语的情况进行调查分析,这是我国大学英语教学首次对学生的交际需要进行分析,以后又对部分院校新生入校时的英语水平进行调查分析。这些分析虽然不尽完善,却为原国家教委 1985 年颁布的《大纲》的制定提供了重要的数据资料。《理工科大纲》将大学英语分为专业英语阅读阶段和基础阶段。该大纲指出了专业英语阅读阶段的培养目标是使学生能以英语为工具,最终获取专业所需的信息。尽管《理工科大纲》中不少内容的确定都采用了 ESP 的路子,如"微技能表"就是以 Munby 的被应用语言学界誉为 ESP 中最深刻、最严谨的《交际大纲设计》(*Communicative Syllabus Design*)一书为蓝本,但《交际大纲设计》没有明确 ESP 课程,只是遮遮掩掩称是"专业阅读",尽管最初开设的课程以科技英语为主,也没能明确指出它到底是英语课还是专业课,至于到底读什么? 深度、难度如何? 均没有量化的指标。

由于《理工科大纲》对 ESP 教学没有实质性的推动,加之 ESP 本身的跨学科性质和当时社会经济状况对英语要求不高,因此在经历了 20 世纪 80 年代末 90 年代初短暂的科技英语热之后,ESP 教学发展几乎停滞,原本设立的 ESP 专业学校,由于毕业生没有获得明显的优势,不得不放弃 ESP 特色。例如,原华西医科大学曾在 1986 年开设了医学科技英语专业,学生除了学习英语外,每学期还至少学习一门医学课程,学制相应延长至 5 年,其培养目标为医学院校英语教师,毕业生既能胜任公共英语教学,也能承担医学英语教学,甚至医用拉丁语教学。但走上教学岗位的毕业生反馈医学院校有的没有开设医学英语,有的开设了但不是由外语教师任课,因此该校英语专业从 1994 年开始学制也缩短至 4 年。

就教学对象来讲,ESP 和 EGP 一样有着广大的学习者。许多岗位的工作人员利用业余时间参加 ESP 课程培训,从每年有几十万的学习者参加由剑桥大学举办的 BEC(business English certificate)考试就可以看出这种趋势的存在。从原国家教委到外语学界的专家、学者以及一线教师都意识到开设 ESP 课程的重要性。

1996 年出版的高等学校理工科本科用《大学英语专业阅读阶段教学基本要求(试行)》弥补了《理工科大纲》的缺陷。对《理工科大纲》中关于专业阅读课教学的要求和安排做了进一步阐述,制定了课程的教学基本要求,加快了专业阅读课教学规范化的步伐。

同时,外语专业教学内容和课程体系改革也在紧锣密鼓地进行中。1994 年底,原国家教委制定了高等院校面向 21 世纪教学内容和课程体系改革计划,"面向 21 世纪外语专业教学内容和课程体系改革"课题项目由上海外国语大学和北京外国语大学合作承担,并邀请了北京大学、清华大学、复旦大学、南京大学、对外经贸大学、外交学院、华东大学和解放军外国语学院等院校的专家、教授参与工作。为了便于开展研究,分别成立了由上海外国语大学和北京外国语大学牵头的南北方两个课题组,在原国家教委高教司外语处的直接指导下工作。课题组 1996 年正式开展工作,到 1997 年 6 月截止,课题组分两个阶段进行了大量的调查研究、信息数据统计和分析研讨工作。两组分别设计了调查问卷、分析反馈信息,并在此基础上撰写了分析报告。1997 年 6 月课题组成员参加了高等学校外语专业教学指导委员会英语组年会,1997 年 11 月又参加了全国外语院校协作组年会。在两次年会上。课题组成员认真听取了外语界专家对外语专业教学内容和课程体系改革的意见和建议,与会专家肯定了课题组的调研工作以及关于外语专业教学改革的总体思路。

经过对全国部分外语院校(系)人才培养和教学现状的摸底调查,基于各院(系)的总体改革和发展情况,结合 21 世纪对外语人才的需求,课题组提交了《关于外语专业教育改革的建议》(以下简称《建议》)。《建议》的核心内容是:21 世纪是一个国际化的高科技经济时代、信息时代、智力和人才竞争的时代。我们培养的学生作为 21 世纪的社会主义建设者和接班人,应该是能立足我国以经济建设为中心的各条战线,面向改革开放前沿,适应市场经济,利用所学语言和知识,在传播沟通信息和进行科研成果的对外交往与合作、从事教育与科学研究等方面胜任工作,并发挥积极作用。这是 21 世纪的中国和世界对外语专业人才提出的新要求。《建议》还指出,当前外语教育专业改革的当务之急是转变教育思想,更新教育观念。由于社会对外语人才的需求呈多元化的趋势,过去单一外语专业和技术技能型人才已经不能适应市场经济的需要,市场对纯语言专业毕业生的需求量正逐渐减少。因此外语专业必须从单科的"经院式"人才培养模式转向宽口径、应用性、复合型人才的培养模式。其实,英语专业的学生仅仅是 ESP 学习者的一小部分,更大一部分来自非英语专业的学生以及专业工作人员。

ESP 课程得到进一步明确是 1999 修订的《大学英语教学大纲》(以下简称《大纲》(1999 版)),正式提出了"专业英语"的名称,对"专业英语"的地位与重要性给予了充分的肯定,并规定为必修课。明文规定:"专业英语是大学英语教学的一个重要部分,是促进学生完成从学习过渡到实际应用的有效途径。各校均应在三、四年级开始专业英语课⋯⋯切实保证大学英语学习四年不断线。"《大纲》(1999 版)明确了大学英语第二阶段即提高阶段的教学方向(第一阶段为基础阶段),为大学高年级阶段的 ESP 教学定了位。

但《大纲》(1999 版)的问题依然存在。虽然专业英语课理应属于公共基础课,但是由于《大纲》(1999 版)规定"专业英语课原则上由专业教师承担,外语系(部、教研室)可根据具体情况配合和协助"。在实际操作中,外语教学部门的配合和协助基本上是一句空话,ESP 课程完全成了专业课教师的副业。可能是《大纲》(1999 版)对 ESP 的定位不明导致各个学校教务部门对它的认识五花八门。以同济大学为例,在 42 个开设有 ESP 课程的专业中,有 21 个把它列为专业基础课,15 个把它列为专业课,还有 6 个把它列为公共基础课。同济大学的情况在全国高校中很有代表性。作为专业课或专业基础课,ESP 课程理所当然应该由专业课老师来组织教学。而作为公共基础课(大学英语课程的一个分支),则应该由英语教师来组织教学。从 ESP 的全称 English for Specific Purposes 来看,它首先是一门英语课,应该由英语教师承担教学。无论是英、美等英语为母语的国家还是新加坡、罗马尼亚等英语水平较高的国家都把 ESP 课程作为英语教学的一个分支,英语教师来承担教学工作,而在我国,由于定位的不明确,ESP 小部分由英语教师承担,其余大部分由专业课教师包揽,使得从事 ESP 教学的教师有两类:

第一类教师,在服务前(pre-service)以学语言文学为主,后涉 EGP 教学,由于教学计划改变,或为满足学习者新的需要,转向一些较热门的专业英语,如法律英语、商务英语、科技英语等。由于本身不是某一话语共同体的成员,给教学带来了一定的局限性,如不完全熟悉该专业的业务,便无法了解学习者的各种需要,不精通该语言体裁的特点或词汇特点,容易将专业学科教学上成英语的辅助课,使语言教学易走弯路,不但费时、低效,甚至误导学习者。

第二类教师,在许多高校专业英语都是由某一系或专业的英语水平较高的专业教师承担,这些教师的优势是熟悉本专业的词汇与交流机制,既是目标话语共同体的成员,又是该专业的行家里手。但是专业课教师讲授 ESP 课程有很多缺陷。首先,教师自身的英语应用水平和教学水平值得怀疑。不能否认少数专业课教师有较高的英语应用水平,就如汉语讲得好的人不一定会教中文一样,他们是否有能力组织有效的 ESP 教学,还很难说。更何况,英语应用能力强的教师不一定被安排去教 ESP 课程,这就不可避免地使相当一部分教学任务落到了英语应用能力本身还存在问题的教师身上。同济大学的相关调查表明,不少从事 ESP 教学的专业课教师对自己的英语能力信心不足,多数老师只用传统的语法翻译法教学。同济大学作为全国排名靠前的重点大学,情况尚且如此,那么众多排名靠后的高校情况如何,就不言而喻了。其次,专业教师无论是教学还是科研,都把主要精力放在自己的专业上,ESP 课不过是"副业"而已,花在上面的精力非常有限,这直接导致 ESP 教学方法呆板、教学效果差、科研停滞不前。面对 ESP 兴趣的英语教师则苦于没有机会从事教学实践,搞科研也只能纸上谈兵,无法理论联系实际。

另据调查,许多高校的专业教师,由于他们自身语言底子不足又缺乏语言教学经验,选择的教学模式主要还是"翻译+阅读",很少涉及语言综合技能的全面训练,在课堂中扮演的角色仍然是"以教师为中心"的"传道授业解惑者",学生也只是知识的被动接受者。ESP 师资选择陷入两难的境地。陈冰冰对温州大学师生的访谈发现,许多教师对 ESP 教学没有组织设计交际任务或活动,仍使用传统的呈现式、灌输式教学法或使用精读或阅读的教学模式进行教学,整个课堂只有来自教师的输入,忽视了学生对所学语言的输出。受英语四、六级全国统考的影响,全校外语教师普遍重视基础英语,从事 ESP 教研的教师寥寥无几,这在该校立项的项目数量就可以看出:总共 39 个项目中,有关大学英语的有 6 个,而有关 ESP 的只有 1 个。同样,其他高校也存在着厚此薄彼的现象。

《大纲》(1999 版)中要求的各校"要逐步建立起一支相对稳定的专业英语课教师队伍,

成立由学校领导和专业英语教师组成的专业英语教学指导小组,统筹、协调、检查专业英语教学方面的工作",明示了ESP师资力量不稳定的突出问题。一般院校很难找到既懂某种专业又懂外语的"全科教师"。一般的英语教师缺乏必要的专业知识,讲授的深度和广度受限,加之基础教学任务重,压力大,无力担此重任;专业教师于大学英语教学的内容不熟悉,对学生在基础阶段所接受的训练及掌握的语言知识、技能了解不多,在讲课中出现该讲的没讲,不该讲的又讲的现象,加之自身英语水平的限制,不利于指导学生的专业英语阅读。

尽管专业课教师和语言教师的合作一直为ESP研究者所提倡,可是王蓓蕾在对同济大学ESP课教师情况调查中发现,ESP教师都是专业课教师,其中只有两位和其他教师合作教学。他们的教学重任仍在专业课上,他们认为ESP对教师有专业和语言的双重要求费时费力,不如上专业课有成就感,且师资队伍不稳定。甚至一些高校或推迟开课的时间,或索性根本不开设ESP课程。

事实上,由于长期以来ESP在高校英语教育中的定位模糊,像前文提到的选择教师的尴尬仍在继续发生,围绕着这个话题的讨论也在继续进行。章振邦教授指出:"现在的问题是我国的普通英语教学太长,对专业英语重视不够,从小学到中学再到大学学的都是普通英语,所谓'四级''六级'测试,都是在测试普通英语的水平。高校英语教学迟迟不与专业挂钩,怎能要求学生毕业后走上需要专业英语的工作岗位能够愉快胜任?"刘法公指出,中国英语教学界对基础英语和专门用途英语教学之间存在不少模糊的认识,认为英语教学的任务就是培养学生基础英语的技能。目前我国许多高校的现状是重视基础英语,忽视ESP教学,极大地影响了学生综合英语能力的培养。

著名学者秦秀白教授(2003)认为我国ESP教学尚未进入成熟阶段的一个主要原因是没有解决好ESP语言教育的定位问题。

许多专家、学者都曾就此提出自己的解决方案,刘润清建议给大学英语教师举办师资培训班;黄建滨和邵永真认为应"选派英语功底好的优秀专业课教师担任专业英语课的教学任务,并在待遇上给予特殊政策";蔡基刚(2004)则认为"ESP教学应主要由外语教师来承担,而双语课可由专业教师授课";还提出鼓励年轻的具有硕士学位的外语教师攻读其他专业的博士学位,加强和双语课程专业课教师的业务合作等。

笔者认为,最根本的原因还是因长期以来我国外语师资培养结构不合理、ESP教师教育专业空缺造成的。传统的师范外语专业知识结构单一,偏向纯语言知识的传授,学科知识与跨学科知识互不挂钩,外语师资与专业师资培养各自为政,忽视了"ESP作为一项多学科活动"的事实,缺乏对英语作为国际性语言应与时俱进、与世界经济全球化同步发展的前瞻性考虑。当然,我国个别高等院校已经注意到这一问题,并实施一些对应措施,广东外语外贸大学就开设了法律英语的博士点;其商务英语学院每年还派送商务英语教师赴英国兰开夏大学攻读国际商务英语教学或工商管理硕士学位;上海外贸学院定期派送英语教师到英国进行ESP师资培训。这些做法当然值得极力推荐,可是就国内大部分高校目前的条件来讲,还是不太现实,即使能够做到,也是杯水车薪,解决不了整体问题。

除大纲和师资问题外,教材的问题也相当严峻,不容乐观。开展专门用途英语教学必须依靠合适的系列教材。没有一系列科目适当、难度适中、语言适宜的专门用途英语系列教材,就无法保障教学质量。原国家教委没有组织各系统、各专业统一编写专业英语教材。基本上每个学校以自行编写或选编为主,教材没有统一的教学目标,缺乏统一的指导思想,存在着较大的盲目性和主观性。各教材之间缺乏内在的连贯性与系统性,更少考虑到所选教材之于教学法的可操作性。有的教材是国外专业书的片段拼凑;有的只有课文,没有练习;有的只注重专业知识,完全忽略英语语言的训练。大多数是民间自发独立或联合编写的逻辑混乱的教材。部分 ESP 教材的编写者没有受过有关 ESP 知识的专门训练,"对 ESP 核心指导理论真实性"的理解不够完全,认为真实的语料仅指真实的书面语篇,忽略了听、说等真实的语篇,真实的课堂活动的运用,对语言教室交际场景文化真实的设计以及对学生真实学习策略的培养。一些教材虽然运用了真实阅读语篇,但内容陈旧,不能充分调动学习者的积极性,教学效果不理想;某些教材练习仍然以语法、词汇、翻译等传统练习为主;还有一些则全盘采用外国杂志中的原始材料,难度大大超过学生已有的语言与专业水平,阻碍了课堂交际活动的安排。更严重的问题是,教材几乎全是由教师在课前选定,学生对教材的选择没有发言权。任何 ESP 课程的设计都要以学习者需求为基础去进行,而在我国,ESP 需求分析对绝大多数课程设计者来说还是一个陌生的概念,更不用说有人去做了。如果没有需求分析,课程设计者就会对各个领域开设 ESP 课程的必要性缺乏概念。比如,使学生达到什么程度为培养目标,达到这一目标需要多少学时,应该采取大班上课模式还是小班上课模式等。因此,就出现有的专业安排 ESP 课程,有的专业没有,学时差异很大,无论专业本身对听说读写要求如何,都采取大班上课模式。

鉴于师资匮乏、教材滥用等问题,很多院校的专业阅读课迟迟不能开设。即便开课,课时也不能保证,收效甚微,形同虚设。王蓓蕾在对"同济大学 ESP 教学情况调查"中指出:"调查表明,从总体来看,62% 的学生能看懂原版资料,但遗憾的是,80% 的学生无法用英语交流相关信息。另外,学生专业的差异也较大,如地质学专业 70% 的学生能看懂原版资料,而给水排水工程有 50% 的学生看资料有困难"。

ESP 课程具有边缘性,是专业内容与英语语言技能培养的结合,各个领域的内容差别很大。目前我国多数 ESP 课程缺乏教学大纲,2020 年新的《大学英语教学大纲》修订版对 ESP 课程做出了一些指导性的规定,但过于笼统,不能作为真正意义上的教学大纲,况且每个领域(如医学、法律、计算机、金融等)的 ESP 内容各不相同,不可能共用一个大纲。教学大纲的缺乏使得教师对教材的选取和讲授内容的多少自由度过大,责任心欠缺的教师可能"偷工减料",使教学内容大打折扣,即使责任感强的教师,也会由于对课程认识的不一致而影响教学内容和效果。教学必须要有相应的评价机制,ESP 教学不同于一般的教学,不能用一般的教学评价机制衡量,需要建立客观、公正、符合 ESP 教学规律和特点的评价机制,而大多数高校还没有建立起相应的 ESP 教学评价措施,使得教学长期处于无人监管的状态。

2003 年,教育部为适应 21 世纪国家经济建设和社会发展对人才培养的需要,启动大学英语教学改革,针对当时英语教学的薄弱环节,提出要重视听说、能力的培养,重视计算机技术在大学英语教学中的应用。教学改革的成果之一是制定了《大学英语课程教学要求》。《大学英语课程教学要求》提出以学生为"主体"、以教师为"主导"、个性化教学、必修课程和选修课程有机结合、形成性评估与终结性评估相结合、增强学生自主学习能力、以培养学生终身学习能力为导向、教师发展等。ESP 是满足学习者特定需要的英语,于是我国设计开发了商务英语、法律英语、体育英语、科技英语、海事英语等课程。

《大学英语课程教学要求》有专门一节对课程设置的描述,总的指导思想是以学生为本,"必修课程和选修课程有机结合",课程设置要"充分体现个性化","有利于学生个性化的学习,以满足他们各自不同专业的发展需要"。

由此可见,ESP 最能体现"个性化"教学,符合《大学英语课程教学要求》的改革理念,是我国高校大学外语教学发展的重要方向。

《大学英语教学指南》(2017 版)提出:"大学英语在注重发展学生通用语言能力的同时,应进一步增强其学术英语或职业英语交流能力和跨文化交际能力,以使学生在日常生活、专业学习和职业岗位等不同领域或语境中能够用英语有效地进行交流。"

进入 21 世纪之后,国家语言战略研究逐步升温,多地举办了高层语言政策论坛,南京大学"中国语言战略研究中心"和上海外国语大学"中国外语战略研究中心"也于 2017 年先后揭牌成立,国家"十三五"规划更是明确指出,语言文字事业必须"以服务国家发展需求为核心"。这些都标志着中国在研究宏观语言战略、落实语言战略行动计划方面迈出了坚实的一步。

应对新形势下的变化,教育部审时度势,组织专家学者广泛研讨,修订发布了新版《大学英语教学指南》(2020 版)(以下简称《指南》)。《指南》主要对课程思政、教学要求、教学内容、教学方法与手段和教师发展 5 个方面进行了较大修订,明确将通用英语、专门用途英语、跨文化交际三大类课程纳入大学英语课程设置。截至 2021 年 1 月,在"中国大学慕课"学习平台上开设的英语类国家级精品课程达到 90 门,其中涉及 ESP 课程有 10 门,占比11%,涉及一般职场用语、学术、商务、经贸、航海、科技和警务共 7 个领域。例如,国防科技大学的"大学英语口语"参加人数达到 134 万人,是外语类国家级精品课程参加人数较多的。以下为"中国大学慕课"学习平台上 ESP 类国家级精品在线开放课程汇总表(表4-11)。

表4-11 "中国大学慕课"学习平台上 ESP 类国家级精品课在线开放课程汇总

课程名称	开课院校	参加人数/人
职场沟通英语	电子科技大学	3 682
职场英语	西南交通大学	3 272
科技英语语法	西安电子科技大学	2 922
通用学术英语	北京科技大学	2 827
外经贸英语函电	福建农林大学	2 825
商务英语	中南财经政法大学	2 374
航海英语听力与绘画	大连海事大学	1 805
市场营销英语	广东外语外贸大学	1 540
国际学术交流英语	哈尔滨工业大学	1 312
IT 行业职场英语	大连理工大学	105
警务英语	江苏警官学院	790

课程参加人数都在 1 万人以下,与热门的外语类课程相比,影响力相对不足。一些外语类线上课程是"新瓶装旧酒",以传统教学法为授课理念,对事实类的信息进行传输,把线下课程稍加改良后变成线上课程。由于 ESP 涉及具体学科的专业知识和行业操作,更需要学习者学会在具体语境中解决实际问题,这就需要 ESP 课程同时承担思维能力的培养任务,

包括批判性思维、创新性思维和自主思维。

国内的 ESP 课程研究经历了 40 年之后,无论是在理论上还是在教学实践上都取得了很大的成绩。但要真正解决 ESP 学中存在的问题,并切实将其应用于教学实践中必须要做深入细致的研究,提出具体而又切实可行的对策,有待进一步扩大研究方法的种类和研究对象的范围。根据国内 ESP 研究论文的统计,非实证性论文有 99 篇,占 90%,实证性研究论文仅有 11 篇,占 10%,而研究 ESP 证性论文则少之又少,表现为研究方法种类不均衡。而且到目前为止,大学英语教学依然沿袭通用英语一统天下的套路,虽然强调教学要与学生未来工作需要相结合,遗憾的是出于种种原因,它依然未能挣脱大学公共英语和专业课程的羁绊。传统的"语言中心"和"教师中心"的教学法仍然根深蒂固,ESP 课程不免处于尴尬的境地。

二、ESP 教学是大学外语改革的方向

ESP 方法的四个"支柱":需求分析、学习目标、材料和方法以及评估。

1. ESP 的需求分析

2014 年《中国经济周刊》,刊登了记者曹昌、李永华所写的一则题为《我国高铁出口曾因翻译错误丢订单:刮雨器译成抹布》的报道被广泛转载,该报道称:2012 年底,中国南车株洲电力机车有限公司(以下简称南车株机)海外营销团队在一个北欧项目的竞标中,因方案翻译错误,将刮雨器译成抹布,从而遭到对方技术专家的否定,竞标失败。报道指出:"'高铁出海'语言是第一道门槛。一个既懂技术,又能用英语顺畅交流的人才就是最大的宝贝。"该报道从四个方面说明"国际化人才稀缺:语言与文本是胜败细节"。首先,语言是"高铁出海"的第一关。我国在海外的每一个项目都需要大量反复地沟通,如果依靠翻译人员,效率会减半,而且翻译人员往往不懂技术,容易造成沟通误解。所以,在南车株机海外营销经理许波看来,"一个既懂技术,又能用英语顺畅交流的人才就是最大的宝贝","但由于在国内,我们学的是中式英语,刚出国的时候,与人交流很困难。而主要竞争对手基本上都是讲英语的发达国家,这是他们的天然优势"。面对困境,如何解决? 许波认为"只能在实践中学习,没有别的办法。"其次,语言能力不足会直接导致更严重的后果。在和对手竞争中,我方提供的技术文本与商务文本不及对手的标准文本质量好,这几乎是我方的最大短板。2012 年底的一个北欧项目,南车株机海外营销团队经过两年多的艰苦努力,离竞标成功只有一步之遥,最终却因方案翻译错误而被对方技术专家否定,比如将刮雨器译成抹布。而这并非南车株机一家企业的困境。该报道指出,"尽管高铁出海已成举国共识,我国却至今没有一套完整的英文版中国高铁标准规范",各家企业均是自行翻译,无所依从。该报道引用许波的话:"进一个新市场难,守住一个市场更难,最有效的办法就是本地化,努力融入当地。"尽管如此,"文化差异带来的沟通问题仍难避免。"该报道引用南车株机马来西亚生产基地负责人王璐科的话:"中国员工不懂海外当地的情况,当地员工又不太理解中国企业的做法,管理和沟通的成本高。"这个报道中提到的"懂技术"又能"用英语交流"的人才正是大学英语教学的对象:广大非英语专业的学生。他们比英语或翻译专业培养出来的专门翻译人才更重要的原因,就在于他们有自己的专业,也就是"懂技术",语言对他们来说,犹如飞行的翅膀或者汽车的车轮,掌握了英语这样一门交流工具,便可以助他们飞得更远,走得更自由。他们需要具有的能力,包括使用英语进行日常工作交流和沟通,能够胜任专业沟通的任务,懂得尊重不同的文化并能采取恰当的方式进行有效的沟通,完成工作任务。简

单地说,他们需要具有通用英语能力(或者称为生存英语能力)、专业英语能力、工作英语能力,以及跨文化交际能力。现实告诉我们,国家的经济建设与发展仍然需要大量的外语人才,"走出去"战略提醒我们培养大量懂外语的专业人才是大学英语教学的使命。

2. 国家发展需求

自2009年起至2021年,中国已经连续12年蝉联全球第一大出口国地位,这12年期间出口总额翻了200%。经过十多年的发展,我国正在逐渐撕下"世界加工厂"的标签,从"贴牌"到"品牌",从"制造"到"创造",从"跟跑"到部分领域实现"并跑""领跑",中国在科技创新发展方面与欧美间的差距正逐渐缩小。2020年主要出口商品为机电产品、家用电器、医疗仪器及器械、纺织服装等。东盟十国是我国第一大贸易伙伴,日本、韩国是我国第四和第五大贸易伙伴。欧盟统计局日前发布的贸易数据显示,中国在2020年首次超越美国,成为欧盟最大贸易伙伴。一方面,越来越多的跨国企业和机构落户中国,另一方面越来越多的中国企业走出国门进行国际跨国并购和投资,并且并购的领域也向多元化发展,中国企业跨国并购的足迹已经遍布世界五大洲。无论是引进来还是走出去,都需要大量既懂小专业又懂英语的人才,也就是说用人单位要求毕业生具有一定的专业英语能力,要求他们一上岗就能立即用英语承担起与自己专业相关的工作。这种要求不仅体现在外资企业,还体现在新闻、法律、医学、生物化学、环境软件、电子、海事等领域。

最近几年托业考试在中国走红,也从侧面证明中国的社会发展对既懂外语又懂专业人才需求的迅速上升。托业考试由美国教育考试服务中心(ETS)开发,专门针对在国际工作环境中使用英语交流的人们的英语能力测评标准。如今,托业考试是世界知名的商务和职业英语考试,160个国家和地区约有14 000家企业、机构、政府和大学承认并使用托业成绩。2013年,托业考试全球报考量逾700万人次。其内容涵盖了广泛的日常交流和商务活动,其主题包括商务会见、合同、谈判、市场营销、产品销售、企划、会议、制造、工厂管理、金融、预算、银行、投资、董事会议、求职、客户沟通等。2002年11月11日,中国劳动和社会保障部职业技能鉴定中心(OSTA,现更名为中国人力资源和社会保障部职业技能鉴定中心)宣布:中国劳动和社会保障部职业技能鉴定中心引进作为全球职业英语能力测评首选标准的托业考试,并主持托业考试业务在中国开展。这标志着托业考试首次在中国得到承认,代表我国政府授权的权威考试机构首次承认来自海外的职业英语能力认证标准,是我国劳动职业技能认证领域与国际接轨迈出的重要步伐。中国劳动和社会保障部职业技能鉴定中心根据ETS的建议,组织专家制定出职业英语水平等级标准。

2018年底,根据国务院"放管服"改革部署要求,自2019年1月起参加托业考试的考生,人力资源和社会保障部(以下简称人社部)职业技能鉴定中心将不再发放《职业英语水平等级证书》。根据对引进国外职业资格证书的相关规定,2019年起参加托业考试的考生,人社部将在符合要求的考生成绩证书上加贴人社部国际证书注册证签(听力阅读考试成绩不低于220分,口语写作考试不低于120分)。此注册证签一证一码,与国家职业资格证书具有同等效力,证签由人社部相关部门审核发放,在人社部国外职业资格证书查询平台可进行查询。最近几年,托业的报考人数增加很快,主要原因是随着经济全球化,许多跨国公司在中国的代表机构、合资企业等都把托业考试用于招聘员工和培训员工,甚至一些中国企业为了增加其全球竞争力,也在招聘中采用托业考试成绩。例如:政府部门,大量的国企、跨国企业及机构都将托业考试成熟运用于员工招聘、海外派遣、员工培训和内部选拔。

2018年上半年起,由北京外国语大学中国外语测评中心确立的国际人才英语考试

（English test for international communication，ETIC，以下简称国才考试）。国才考试的实行是在中国特色社会主义进入新时代，"一带一路"倡议大步推进，各层次国际交往日趋频繁，我国参与全球治理能力不断提升，国际影响力不断增强的大背景下研发的英语沟通能力认证体系。国才考试的目标是为国家和用人单位培养、选拔具有国际视野，熟练运用外语，通晓国际规则，精通国际谈判的"国才"。国才考试充分体现了"分类优秀"原则，服务于各级各类、各行各业的人才培养与选拔，满足不同层次国际交流活动的不同需求。到目前为止国内有一百多所院校设立国际人才培养基地，与一千所院校建立合作关系，共同培养国际化人才。众多院校将国才考试纳入人才培养方案，改革课程设置与学分制度。国才考试在设计研发过程中得到亚洲基础设施投资银行、国家开发银行、中国南方航空集团有限公司，以及一些国家机关、国际组织、跨国公司、外资企业、国内大型企事业单位管理层和人力资源部门的认可与支持，并被众多企事业单位作为招聘、遴选和内训依据。国才考试立足中国、沟通世界、服务职场、推动教学，是评价新时代人才国际传播能力的"行业标准"。

国才考试的理念是立足中国、沟通世界、服务职场、推动教学。

1. 立足中国：国才考试的任务设计体现了中国特色与中国实践，融入社会主义核心价值观和中华优秀传统文化，展现了当代中国发展伟大成就和先进经验，引导考生熟悉党和国家方针政策，了解中国国情，理解中国文化，真实立体地展示中国发展，自信得体地沟通中国方案，为各行业中外交流架起桥梁，为中华民族复兴伟业贡献力量。

2. 沟通世界：国才考试聚焦真实的跨文化沟通场景，设计真实的跨文化沟通任务，将考生置身在不同领域进行国际交流合作的情境中，引导考生以世界眼光和开放视角看待问题，以发展和共赢理念协商合作，以跨文化同理心和批判性思维进行跨文化理解与表达，以逻辑的、系统的、有序的方法分析和解决实际问题。

3. 服务职场：国才考试考查在国际职场交流场合使用英语完成实际工作任务的能力，贴近真实职场需求，涵盖重要流程典型任务，服务于各行各业、各级各类岗位的人才选拔，为国际组织、政府机构、企事业单位等用人单位招聘、选拔人才提供参考依据，助力院校培养面向未来、具有就业竞争力和国际胜任力，为全面建设社会主义现代化国家做出贡献的复合型人才。

4. 推动教学：国才考试搭建了育人与选人的平台，发挥了检验教学成果、反拨教学改革的抓手作用。国才考试任务驱动的设计理念、学用结合的语言教学观，有助于推动外语教学由知识传授向能力提升的方向转变，帮助教师创设具有高阶性、创新性、挑战度的高效课堂，提高学生的参与兴趣度和学习成就感，实现以测促教、以测促学，对院校外语学科建设、专业发展、课程设置、教学模式、人才培养和教师发展均产生了有力的推动作用。

此外，国才考试架设院校与企业沟通桥梁，推动院校与企业合作，形成集人才培养、人才测评、人才输送于一体的国际化人才培养体系，为国才考生提供实习实践和就业的机会，培养学生使用外语认识世界、探索新知、解决问题、创新创业的能力，为院校建设高质量人才培养体系、健全就业育人支持体系贡献力量。

据中国网报道，2022年4月1日，中国翻译协会第八次会员代表大会在北京举行。会上，《2022中国翻译人才发展报告》（以下简称《报告》）正式发布，这是中国翻译协会首次组织开展全国翻译行业人才发展状况调查并发布关于翻译人才发展的专题报告。

《报告》指出，当前我国翻译人才队伍增长幅度较大。截至2021年12月31日，我国翻译服务人员已达538万人，比10年前增加144万余人。

我国翻译人才队伍呈现"年轻化""高知化""梯队化"等特征,翻译人才队伍以本科以上的中青年为主,广泛分布在全国各地。京沪两地翻译人才占全国总数的43.58%,东部城市聚集效用凸显。

翻译人才队伍发展对各领域起到了重要支撑作用。其中,教育培训、信息与通信技术、知识产权是最主要的翻译业务领域,分别占比41.1%、40.8%、38.3%。翻译人才分布如图4-1所示。

翻译人才聘用趋势从重学历向学历能力并重转变,具备"一专多能"素质的复合型人才需求日益迫切。从近五年趋势来看,复合型人才需求占多数,学科融合发展成为必然趋势,因此,对掌握相关语种和其他专业知识的复合型人才的需求日益迫切。图4-2为BTI和MTI学生毕业去向主要占比。

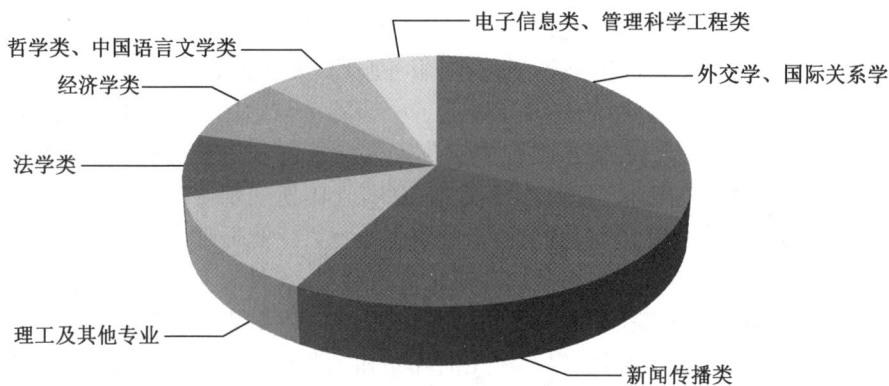

图4-1　2021年复合型翻译人才需求

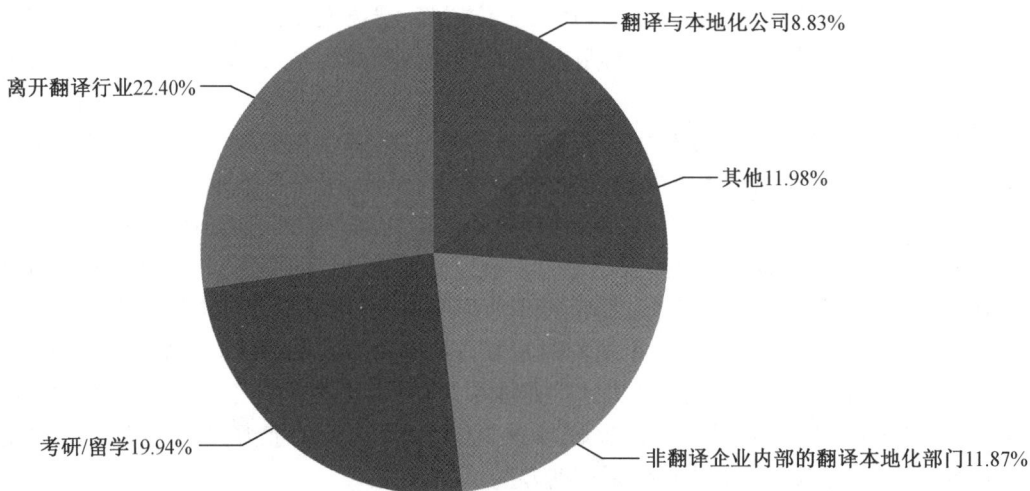

图4-2　BTI和MTI学生毕业去向主要占比

《报告》提出,我国翻译人才队伍建设存在高端翻译人才匮乏、非通用语种翻译人才不足、实践能力欠缺、激励不足、培养机制不活等问题。调查显示,有67.3%的行业专家反映高端翻译人才稀缺;66.3%的行业专家反映非通用语种人才匮乏;65.4%的专家认为学科教育与实践需求脱节;57.7%行业专家认为现有人才无法满足多个专业领域翻译需求、缺乏有效激励和完善的晋升体系、人才待遇过低及人才供给不足,存在年龄断档问题。《报告》建议,针对高端翻译人才和非通用语种翻译人才不足等问题,要从国家层面加强统筹布局,加大对高端翻译人才和非通用语种人才的培养,继续建立和完善汇集不同语言、不同专业方向的翻译人才库。从"中国文化走出去"的战略视角出发,有意识地培养一批青年翻译家。

日本的 ESP 机构研究表明,日本 Sony 之所以能够成功,在世界上具有很强的竞争力,其中一个原因就是他们的产品说明书和技术文献都是以规范的英语写成的,大部分员工都能讲英语,能够读英语技术文献和资料,能够写英语技术报告。可见无论是企业还是教育部门都认识到专业领域或特定行业的英语工作能力的人才的重要性。正因为如此,北外新出台"国才"考试,以考试推动教学;《报告》建议国家在政策、资金和人才队伍上给予必要的支持;大学英语课应该推动 ESP 内容的英语教学。

3.学科的需求:引用蔡基刚教授 2011 年 12 月对复旦大学、上海交大、同济大学和上海财经大学的 927 名大学生进行的调查。如表 4-12 所示。

表 4-12　蔡基刚教授对 927 名大学生进行的调查结果(部分)

你现在和今后的学习是否有下列的需求(可多选)?	选修全英文或双语课程	阅读英语读本专业的文献和文章	用英语听国外学者、专家的讲座和讲课	出国留学或作为交换生、交流生,出国学习	没有任何需求
	56.5%	69.0%	62.9%	58.1%	5.0%
你的专业课老师是否要求你读本专业的英语文献资料	基本没有	偶尔有	时常有	以后会有(高年级时)	
	21.8%	37.5%	24.2%	16.5%	
你认为能够用英语直接搜索和阅读本专业文献资料,对你学习和研究是否重要	非常重要	无所谓	不重要		
	86.5%	12.6%	1.2%		
你专业课老师要求你用英语写摘要和文献综述和实验报告或小论文吗	基本没有	偶尔有	时常有	以后会有(高年级时)	
	39.2%	27.8%	9.4%	23.6%	
你认为能够用英语写摘要、文献综述、实验报告、小论文,对你的学习和研究是否重要	非常重要	无所谓	不重要		
	79.3%	18.0%	3.7%		

此数据表明我国高等教育的国际化使各高校的全英课程越来与普及,大学生参加国外专家的讲座频率越来越高,专业院系要求学生用英语直接阅读专业文献也越来越普遍,出国交流的机会也越来越多。

国内现在全英文授课的专业越来越多,现以重点大学为例:北京大学的光华管理学院的宏观经济学是中英文授课,财务课程也是中英文授课;清华大学的教学改革,把全校七百多门课程,均改成全英文教学,并引用英文教材,教授用英语授课;华中科技、华南理工大学、西安交通大学也都提出了要建设一批基础性的、前沿性的、交叉性的,且受益面广的共享的全英文课程;中国科学技术大学和中国人民大学也曾经表示过,力争在若干个一级学科上建立起与国际接轨的全英文学位课程体系,并且实现与国际高校的课程学分互认;复旦大学医学院设置全英文教学、全英文查房等。除了重点大学外,扬州大学开展了全英文专业课程建设项目,并为此举办了全英文教学的大赛,齐齐哈尔医学院的医学英语课程等,都在不断探索和发展中。

更值得一提的是:东南大学建立多元化的国际育人模式在教育部网站上进行刊登,通过联合授予学位、国际学院、交流学习项目等多种方式,加强国际联合培养和合作教学。采取"3+1""2+2""1+3"等联合培养模式,实施国际化管理体系,引进国外知名教授团队,将建筑学院打造为国际化示范学院,着力培养具有国际水准的一流建筑人才。建筑学、软件工程、国际经济与贸易、临床医学等7个专业推进全英文教学,建成150余门全英文授课课程,建设250门高质量双语课程,每年约500名本科生参加校际间交流(交换)学习。

国际化的课程的意义还不仅仅局限于学术上,也成为国家的重要战略。截至2002年底,全国共有中外合作办学机构和项目712个,覆盖了28个省、自治区、直辖市。从地域分布来看,相对集中在上海、北京、山东、江苏、广东等经济、文化较发达的东部沿海地区的大城市;从合作对象来看,外方合作者主要来自美国、澳大利亚、加拿大、日本、法国、英国等经济发达、科技及教育先进的国家和地区;中合作者如北大、清华、复旦、同济等名牌大学;在高等教育国际化的背景下,全英语课程的普及已成为现实。

在2021年北京外国语大学建校80周年庆典上,"深化中外交流,增进各国人民友谊,推动构建人类命运共同体,讲好中国故事,需要大批外语人才,外语院校大有可为。希望你们继续发挥传帮带作用,推动北外传承红色基因、提高育人水平,努力培养更多有家国情怀、有全球视野、有专业本领的复合型人才,在推动中国更好走向世界,世界更好了解中国上做出新的贡献!"体现着国家对语言学习的重视。

教育部高教司副司长在一次讲话中提道:我们建设的新工科、新医科、新农科、新文科建设,需要的一个核心就是创新。其中创新性地把我们的专业教育和大学外语教育很好地结合起来,通过这样的创新来提高我们整个人才培养的职能。培养既懂外语又懂专业这样的人才,是我们可能在新时代面临的一个重要问题。只有这样,我们才能真正培养出合格的社会法治人才、国际传播人才、国际组织人才等。如果跟专业结合不起来的话,大学外语就会慢慢地被边缘化。

20世纪70年代需要外语是为了引进技术,赶上世界发展的步伐;而今天需要外语就不仅仅是为了"引进来",还要"走出去",向外输出我们的科研成果,向外输出我们的文化、和世界分享中国的进步。那么时下大学英语教学就应该能够为国家战略提供人才上的支撑,这就要求大学外语的教学效果定义应更长远、更全面,因为大学英语"是一门和社会需求化及国家形势密切相关的课程"。以"雨刮器翻译成抹布"的新闻为例,这不仅仅只是一个语言翻译问题,更包含了跨文化交际、跨学科学习的理念等。大学英语帮助学生在校期间掌握良好的语言基础仅仅是学习的开始,进一步的学习获得解决跨文化交际问题的能力,掌握能进行专业外语的沟通,使他们应对和胜任未来的挑战。这样的教学才是大学英语教学应该追求的目标,才是名副其实的大学英语教学。

(三)如何确保 ESP 课程成功实行

ESP 建立在需求分析、学习目标、材料和方法、评估和评价四大支柱之上。为了确定ESP 课程是否成功就应从这四方面着手评判(图 4-3)。

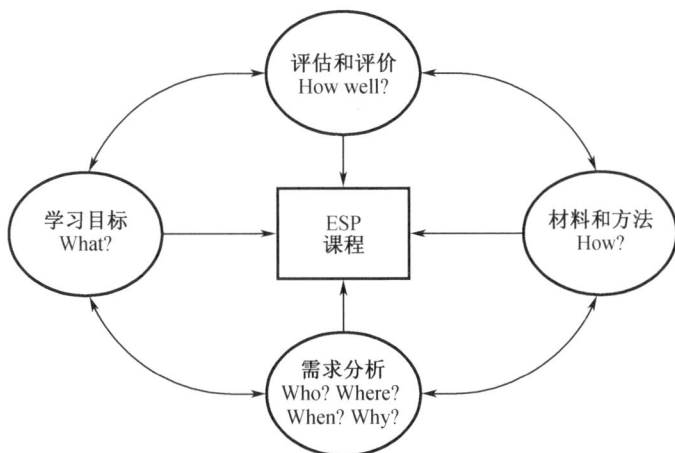

图 4-3　ESP 的四大支柱

1.需求分析

在此之前我们已看到什么是需求分析,为确保 ESP 课程成功施行,你首先需要确定为什么需要提高英语水平。以呼叫中心为例:首先,你可以询问管理团队的期望,例如,你可以询问呼叫中心员工需要多长时间来接听一个电话,决定行动计划,或将呼叫转接给高级工作人员。你也可以询问员工通常收到的问题类型,以及顾客评价员工的方式;你还可以向他们询问员工通常收到的问题种类,以及客户对员工的评价方式;例如,在礼貌、易于理解或愿意倾听方面。接下来,你可以向管理团队询问员工的教育背景、员工之前的英语接触情况、员工的年龄和经验以及他们的一般英语水平。这些信息将帮助您了解员工可能存在的潜在不足,并帮助您预测课程成功的可能性。最后,您还可以询问员工自己的愿望,以帮助您了解他们在公司的需求。例如,你可以询问员工是否真的想参加培训课程,或者他们是否认为自己的英语需要提高。如果这些需求与必要性和不足有很大分歧,您可能需要考虑如何激励员工积极参与课程。除了这些问题之外,你可能还想知道课程将在什么样的环境下进行。有多少工作人员会参加?培训会持续多长时间?是否有播放音频材料的设施?房间是否足够大,可以让参与者四处走动?所有这些问题的答案都会影响你在课堂上能做什么和不能做什么。所有 ESP 课程都从目标学习者的必要性、缺乏和需要以及学习环境的问题开始。但想确定具体的需求分析还是很困难的,例如关于需求有些问题是客观的(例如,根据对写作目标的观察确定的必要性),另一些是主观的(例如,根据对第一堂课的学习者的调查确定的需求);一些需求与目标情况有关(例如,通过分析客户对酒店接待员的投诉确定的缺乏），另一些与学习者的现状有关（例如，通过英语熟练程度测试确定的缺乏）；其他需求将与学习过程和学习成果有关（例如，为了掌握餐厅菜单项目的英文名称进行的词汇学习）；一些需求将与学习方式或方法有关（例如班级规模、学习时数等）。然而，无论如何困难，在开始课程之前至少要考虑以上诸如此类的问题，并尽可能进行需求分析。一个全面、详细的需求分析范围通常非常广泛，涉及许多不同的数据收集方法和资源，其中最常见的方法有：

（1）研究文献和最佳实践活动的回顾；

（2）对当前学习材料和教科书的回顾；

（3）学习者、讲师、管理人员、专家和雇主的问卷/调查；

（4）与学习者、讲师、管理者、专家和雇主（结构化）的采访/讨论；

（5）在目标语境中对学习者和专业人士的观察；

（6）学习者语言和目标语言的存储和分析；

（7）在课程之前、期间和之后测试学习者的表现。

2. 学习目标

学习目标是对学习者在完成教育活动后必须或是能够做什么的描述。好的学习目标概述了学习者将从教育活动中获得的知识、技能、态度，并以可测量的方式实现目标。在许多现实环境中，学习目标由 ESP 课程和课程设计师决定。但是，在有些情况下，ESP 设计者可能只给教师一个非常笼统或模糊的课程名称，并期望他们根据小规模的"及时"需求分析设定自己的课程目标。无论上面哪种情况，一旦确定了课程或计划的学习目标，ESP 设计者或教师都需要以某种方式对其进行排序，并向学习者解释这种排序。通常，这是以教学大纲的形式完成的。

一旦你设定了一套学习目标，就需要考虑如何以一种不仅清晰和逻辑的方式对内容进行排序，同时具有趣味性。

例：

一节课中，你将以以下摘要（摘自应用化学）为例，教学习者如何阅读和撰写研究文章摘要。你在课堂上的目标是使用什么语言（如词汇、语法、组织模式）和技能（如何阅读要点，如何简洁地写作）？你会把课程作为一个整体放在什么位置（例如课程的早期，课程的结尾）？课文中有哪些方面你很难向学习者解释？

Synthesis and Surface Modification of Highly Monodispersed, Spherical Gold Nanoparticles of 50~200 nm

Steven D. Perrault and Warren C. W. Chan *

Institute of Biomaterials and Biomedical Engineering, Terrence Donnelly

Centre for Cellular and Biomolecular Research, University of Toronto,

160 College Street, Toronto, Ontario, Canada M5S 3E1

J. Am. Chem. Soc. , 2009, 131(47), pp 17042−17043

DOI: 10. 1021/ja907069u

Publication Date(Web): November 5, 2009

Copyright © 2009 American Chemical Society

http://pubs. acs. org/doi/abs/10. 1021/ja907069u

Elucidating the impact of nanoparticle size and shape on biological systems is of fundamental importance to Nano toxicology and biomedicine. Currently, the ability to determine this is limited by the lack of a model nanoparticle system having a narrow size and shape distribution over the relevant size range (2～200 nm). Hydroquinone can be used to produce 50～200 nm gold nanoparticles that are relatively monodispersed in size with nearly spherical shapes.

这里的模型摘要是应用化学中相当典型的摘要:它使用一个情境-问题-响应的形式;它同时使用主动语态和被动语态;它完全是用现在时写的;它包含技术术语、科学缩写和长名词短语。如果学习者希望快速准确地阅读和书写类似的文本,他们需要了解科学家使用的不同类型的词汇,在科学文本中经常出现的语法形式和组织模式,阅读和写作策略,以及大量其他语言和学习点。显然,作为一名 ESP 教师,你不可能比一位经验丰富的化学家对应用化学语言的知识更为熟悉。但你不必担心,你对 ESP 的了解将帮助学习者实现重要的学习目标,最终使他们能够满足自己的需求。

在许多通用英语(GE)项目中,学习目标是用传统的语法和词汇类别来表达的。课程目标建立在掌握过去时态、现在时态和未来时态等概念之上;正确使用主动词、情态动词和助动词;构建简单、复杂和复合句型;用主动语态和被动语态表达思想;学习文章的使用规则;将想法与逻辑连接起来;形成名词化等。大学英语课堂上的学习者通常被鼓励解释和练习语法规则,并学习课本阅读和口语段落中出现的大量词汇。当然,在很大程度上可能与他们在现实世界目标设置中所需的语言无关。

相比之下,ESP 课程和项目很少以这种抽象的方式建立在语法规则和词汇表上。相反,ESP 的学习目标已与需求分析结果直接相关,并建立在一些重要的理论基础原则之上。

3. 材料和方法

20 世纪和 21 世纪之交,国际上流行的 content-based instruction(CBI)教学法是。基于内容的教学是一种语言教学方法,它关注的不是语言本身,而是通过语言教授的内容,也就是说,语言成为学习新事物的媒介。CBI 教学将特定的学科内容与语言教学目标结合在一起,同时教授学科知识和语言技能。语言课程的开设是基于学习者对某一学科知识的需求,语言教学活动也是在围绕解决学科知识学习过程中所遇到的语言问题进行的,也就是说,CBI 将目标与作为获取学习内容知识的工具,而不是作为直接的学习目标。学习者在学习学科知识的同时学习语言。这种教学模式将语言形式与学科内容知识学习统一起来,把语言作为学习学科知识的媒介和工具,这就消除了在大多数外语教育环境中人为地分割语言学习和学科知识学习的状态,因而教学效率往往会大大提高。例如,在使用法语语言的同时研究法国大革命。学习和使用的语言是在内容的上下文中教授的。CBI 教学背后的理论是,当学习者参与更多内容时,会促进内在动机。学在学习新信息时将能够使用更先进的思维技能,并将更少地关注语言的结构。这种方法常以学习者为中心,因为它完全取决于学习者使用语言的能力。英国文化委员会在 20 世纪末进行了一项名为英语 2000 的大型调查,一个含有 112 个问题的问卷被 95 个国家和地区的英语教育专家通过对问卷调查(共 2 000 份,实际回收 1 398 份)的统计时发现,接近 90% 的英语教学专家认为 21 世纪英语教学将会发生很大的变化,其根本的变化将是未来的英语学习不再是单纯的英语学习,而是与其他学科结合起来,未来的英语教学是越来越多地与某一个方面的专业知识相融合,或者说与另一个学科的知识相融合起来。

ESP 设计者和教师面临的最困难挑战之一正是决定课堂上应该使用什么材料。分科英语特指学术英语,分科英语则注重学术交际技能,其内容偏向于一般的学科知识,比起专门学术英语的教材具有更大的宽泛性,接近科普文章。语言是学科文章的共性,其教学目的是培养学术技能,"是提供给学生的一种手段,以满足他们使用英语学习专业课程的要求"。这里提到的专科英语或者 ESP 不能和目前很多高校开展的专业英语教学混为一谈。ESP 的教材内容比较宽泛,也就是说 ESP 的学生不需要特别强的专业背景。就如刘润清(2010)这样说:"原来我们擅长用外语学玄学翻译,外国文化的,这就是专业课。现在时代变了。有人能用外语开新闻课、法学课、经贸课;今后还应该有人用外语开办更多的理工类课程,按照十二大学科门类开设英语课(哲学、经济学、法学、教育学、文学、历史学、理学、工学、农学、医学、军事学、管理学),然后再细分到一级学科,如物理学、化学、光学、力学、材料科学、电学、海洋学、地理学、天文学、机械工程、电气工程、土木工程、计算机科学等,这就是所谓的专门用途英语。"

专门用途英语内容必须广泛,如医学方面的内容应适应医学院所有专业学生,新闻方面的内容应适应新闻学院所有的专业学生,法律方面内容应适应法律学院所有专业学生。如为法学院的学生开设的分科英语的课文主题,就可以是"什么是法学""法学的历史""法学界的成就""法学中的现代化技术手段""基本法学学科""法学的未来发展""法学的基本原则"等。英语的教学目的是通过学科文章为媒介来提高学生语言能力,尤其是学术口语能力和学术书面能力。正如上 2006 年 Song 提出的"以内容为依托的语言课程,主要的目的是让学生掌握各种学科中所需要的学术素养,能力和题材知识,以便他们能在学术上获得成功。"

以香港大学开设的 discipline-specific courses 为例,这些分科英语中根据不同专业有 42 门课程,如 Speaking skills for architecture students, Professional English for art students、Professional and technical communication for engineers、English skills for legal students、English for problem-based learning in medicine、Professional writing for social work students 等。这些课程都是根据学生的专业情况为他们提供专业方向的交际技能培养,如讨论策略、口头陈述、论文写作和报告写作等。

在英语教学领域许多教学方法都得到过推广。这些包括有声语言方法,语法翻译法与交际语言教学(CLT)、任务型语言教学(TBLT),以及更深奥的方法:暗示疗法、全身物理反应(TPR)、静息疗法方法、自然方法和词汇方法。

尽管所有这些方法在某些情况下都有价值,但你会发现,在 ESP 课堂上,最成功的教学和学习方法通常是那些与你选择的材料紧密结合的方法,而且该方法适应你的教学环境。与目标学科中使用的教学方法紧密匹配的教学方法也更有可能取得成功。例如:a result,在商业或法律环境中,案例学习法可以很好地发挥作用,而在科学或工程环境中,更具实验性、以数据为中心的方法可能会成功;在医疗领域和酒店业,角色扮演可以作为一种有用的教学方法。在建筑和设计,基于任务的方法或基于项目的方法很可能被证明是成功的。

4.评估和评价

学业的评估和评价往往是许多学习者,课程设计者、教师最关心的问题。选修 ESP 课程的学习者,如果通过学业的评价,获得选修或必修学分,从而可以进入下一阶段的学习,最终毕业;还有的学习者可能需要成功完成 ESP 课程才能找到工作、加薪或升职。显然,评估的结果会对学习者的生活产生直接而真实的影响。ESP 课程的教师和设计者也关心评估,因为评估可以让他们确定学习者进步,以及教师促进或阻碍进步。最后,该评估可能决定是否应该缩小或扩大 ESP 课程或计划的规模,保持不变,或完全终止。

对于学业的评价,其中有很多必须考虑的问题,例如,课程对学习者有多大的改进? 这显然是一个重要的问题。因为,在 ESP 环境中,评估 ESP 课程本身的成功以及教学质量都很重要;需要确定学习者成功实现课程目标的程度,一种方法是让学习者执行一项现实任务或模拟现实任务,并评估他们在这方面的表现,例如,可以让公司管理团队的一位成员进来,评估员工在接听真实或模拟电话时的表现。

为了评估课程的成功,你需要考虑:有多少参与者开始了课程,有多少人完成了课程,以及成功率是多少。可能还需要获得课程成功的定性数据。例如,应该了解学习者对课程的看法:他们觉得课程有用吗? 他们是否喜欢这些活动,并有动力学习更多内容? 他们认为课程太短还是太长? 他们是否认为课程中缺少一些重要的语言技能? 如果大多数学习者在语言表现上取得了巨大的进步,并且成功地完成了课程,那么这个课程就是成功的,当然功劳是属于课程设计者、教材、教师的共同努力。

大多数学习者不喜欢期末考试。他们通常将这些考试视为最后的、重要的、有压力的障碍,必须克服这些障碍才能获得完成课程的奖励(例如毕业学分、在某一领域表现出能力的证书、从事工作的许可证),并进入学习或职业生涯的下一阶段。由于考验是用来评判他们的,因此他们经常担心他们面临的障碍的性质、范围和困难。他们也会担心自己能否达到克服障碍所需的水平。他们还可能担心自己的表现是否会得到准确、公正的评估。大多数教师喜欢期末考试,教师通常通过考试可以了解课程在哪些方面有助于学习者掌握目标、学习目标,以及课程的哪些方面可能阻碍学习过程。他们通常对评判学习者和给他们分配及格或不及格分数不太感兴趣。从这些不同的角度来看,你可能发现课程结束考试对课程的方式有巨大的影响。它们会影响课程中涵盖的内容,以及如何教授和学习。测试也会影响学习者和教师投入教材中的动机和强度。最后,测试与需求、学习目标、课程材料和方法的一致程度将对学习者、教师和整个课程的成功产生重大影响。

在客观和主观评估中,这种评估被称为标准参考评估,设置中使用参考评估的标准作为一种诊断工具,将学习者分为不同的课程级别,按照评估的结果比较它们对照标准,并确定结果已经达到的等级。这种类型的评估称为标准-参考评估。同样,你可以在课程中使用,它用作总结确定学员及格/不及格分数的工具。这种评估方式也被用于许多领域正式的英语水平考试,如英语水平测试外语(托福),国际英语语言测试雅思考试(IELTS)。

这里的评估需要包括总结性评估和形成性评估,例如:我们可以通过多项选择测试对学习者进行形成性评估,也可以通过基于调查的总结性评估对 ESP 项目进行评估。为了使评估程序成功,它应该表现出同样的效果需要分析的三个特征:可靠性、有效性和实用性。

可靠性需要做到为学习者提供尽可能多的关于评估他们的方式的信息,以便他们能够做好准备,确保学员对评估结果不感到惊讶,并且能够尽力而为。测试完成后,理想情况是,学习者的每一篇文章将由多个评分人使用双人考试方式进行标记系统。而且你应该留出足够的时间让评分员没有感觉到压力。

有效性要求评估程序也必须有效。这意味着评估需要精确地测量它设计出来测量的东西。评估有效性的一种证据是测量评估内容在多大程度上足以代表调查对象的组成部分。所以,如果你在设计阅读评估时阅读所有组件,例如,略读、扫描、近距离阅读等,那么这种评估将更加有效。

实用性要求所有评估都需要考虑空间和财务方面的成本,所需的人力,执行评估、分析评估、对评估进行评分、涉及的培训都需要具有实用性,这是最后一个需要考虑的,但绝对不能忽视。

实用性、可靠性和有效性三者之间相辅相成,所以平衡三者的关系在设计评估方法和内容时都是需要考虑的。例如,内容简短的测试内容长篇的评估更可靠;自动机器评分的评估没有人工评分更有效,但人工评分会偏于主观。

第三节　ESP 教学的作用和意义

大学英语的外语教育全世界都在进行,如果我们期望与世界接轨,建设一流的大学,建设一流的专业,共享世界最先进的技术和创新,那我们的大学外语教学也要与时代一起进步,一起改革。

其他国家和地区的大多数高校,大学外语教学主要是和专业有关。欧美大学的外语教学主要是 EAP 教育(English for academic purposes),为此,1975 年,英国伯明翰大学召开专门研讨会。会议的结论,在英国留学的英语非母语的学生在正式开始各专业课程学习之前,非常有必要接受一段时间的英语语言强化训练,为他们今后的专业学习做好语言准备。英国还专门成立了专门用途英语教师协会。

EAP 教育不仅出现在以英语为母语的国家,如英国、美国、加拿大、澳大利亚、新西兰等国;也出现在以英语为外语的国家,如德国、芬兰等;还常常出现在以英语为官方语言或以英语为教学语言的国家,如非洲的埃塞俄比亚以及亚洲的印度等。在中东地区的大学由于不少专业课程如医学工程学等现代科技相关的学科都是用英语授课的,因此那里的 ESP 教学也非常盛行,如阿联酋撒哈拉大学向非英语专业的学生提供的 ESP 课程有技术英语、商务英语、基础英语和医学英语;在东南亚地区、如新加坡、菲律宾、马来西亚大学也广泛开展 ESP 课程。目的是除了有利于用英语进行专业学习外,还有就是让学生在毕业后从事相关工作时有较强的口头表达能力和书面表达能力。

美国:在哈佛大学,加州大学,麻省理工学院等著名学府,留学生占学生总数的 1/4 以上,这些留学生也学英语,主要是 ESP。

英国:ESP 在英国大学的外语教学中一直占有显要的地位,受到广泛的重视。不少著名的学府都设有 ESP 课程或研究中心,例如英国的伦敦大学、伯明翰大学、南开斯特大学。

德国:为了适应国际化课程的建设,许多大学都推出了与全英语专业课程相结合的高级语言课程及专业语言课程,如专业英语(Fachenglisch,即特殊用途英语)。

日本:日本的大学开设 ESP 非常普遍,尤其是日本的一流大学,如东京大学和京都大学一年级本科生就开设学术英语,二年级到四年级有专门学术英语,基础英语学习在高中就已完成。日本的大学英语已从"学习英语"转向"用英语学习"。

俄罗斯:2001 年启动了一个类似于我国大学英语教学改革的项目,改革的目的就是加强 ESP 教学,这个项目包括加强对 ESP 教师的培训,开发 ESP 教材,努力提高 ESP 教师在大学中的地位。

希腊:在希腊,非英语专业的学生在大学不再学习公共英语,而是学习专门用途英语,也就是我们国内所说的专业英语,比如经济学英语、医学英语、法律英语。

罗马尼亚:对于基础教育在中学已经完成,在大学没有公共英语课,而是直接开设专业英语课。

巴西:1977 年,巴西启动了"国家 ESP 项目",经过十几年的建设,巴西大学开设了各种类型的 ESP 课程,甚至在大学入学考试中还有 ESP 的内容,直至今日,巴西全国的 ESP 项目堪称典范。

香港地区:香港大学基本是全英语教学。因此,非英语专业学生的外语教学除了为基础较差的学生提供的基础课程、大学英语等通用英语课程外,基本都是围绕两个方面展开:学习全英语课程应具备的学术英语技能,如何讲听讲座、记笔记,如何做演示和撰写学术论文等;专业工作中所需要的特定英语技能,如何在商业谈判中做演示,做报告的等。

台湾地区:从 2005 年起,台湾地区 70 所公立和私立大学借助教育主管部门公布的2005—2008 年施政主轴计划,在全岛掀起一场全英语教学热。在这个背景下,台湾的 ESP 迅速发展。台湾地区大多数高校除了大学英语一年级开设的通用英语以外,从二年级开始起开设英语。如成功大学专门成立了 ESP 教育中心,把 ESP 课程设定为大二学生的必修课程。

2019 年 2 月引发的《中国教育现代化 2035》要求高校"调整学科专业结构。加强创新人才特别是拔尖创新人才的培养","加大应用型、复合型、技术技能型人才培养比重",新出台的《大学英语教学指南》(2020 版)明确指出,将提升大学生用英语从事专业学习和科研能力作为主要教学目标,充分利用有限的学分(现在压缩到全国平均 8 个学分),致力于培养大学生这种英语能力,以及学术素养和科学素养,把为达到这一教学目标而设置的学术英语和专门用途英语课程扶正为选修课程。

2019 年 3 月 23 日第四届全国高等学校外语教育改革与发展高端论坛在北京开幕。论坛聚焦高等外语教育新使命、新格局、新举措,2 000 多位全国各类型高校、各语种专业的专家学者、教学管理者、骨干教师以及国际组织与跨国企业代表聚首京城,共享中国高等外语教育年度盛事,共话新时代高等外语教育新使命,共商国际化人才培养新举措。在本次活动上,教育部高等教育司司长吴岩(2020)就高等外语教育改革与发展做了题为"新使命大格局新文科大外语"的主旨发言。

高等外语教育是我国高等教育的重要组成部分,其发展至关重要。吴岩司长指出,高等外语教育发展要准确识变、科学应变、主动求变,着力培养"一精多会""一专多能"的高素质国际化复合型人才。吴岩司长强调,高等外语教育肩负新使命,胸怀大格局,要在大有可为的新时代大有作为,推动高等外语教育创新发展!

第五章　世界高校的大学外语教学和我国的大学外语教学

第一节　世界高校和中国高校的 ESP 英语教学

大学英语教学存在于世界各个国家的高等教育体系中,甚至连欧美这些英语国家的大学课程也存在大学英语,当然,与其他国家不同的是,英语国家高校的大学英语课程是为留学生开设的。那么,其他国家高校的大学英语教授的是基础英语、通用英语,还是专门用途英语或学术英语? 如何将我国的大学英语教学与世界接轨,争创世界一流大学,就需要研究国外高校的大学英语教学。

一、亚太地区高校的大学英语教学

(一)中国香港特别行政区和台湾地区的高校大学英语教学

1. 中国香港特别行政区

香港高校采用的是全英文授课形式,对于非英语专业的学生英语教学主要分为两个方面:针对英语基础较差的学生、专业课程学习以及未来工作所需的英语技能。后者主要包括全英文课程所具备的学术英语技能(听讲座、记笔记、做报告、撰写学术论文等)和工作中所需的特定英语技能(商业谈判中演示稿的制作、报告的撰写等)。由此可见,香港高校的非英语专业的英语课程针对性极强。为了详细地了解香港英语授课情况,蔡基刚教授率领研究团队于 2011 年 2 月奔赴香港,实地考察了香港 5 所大学。

香港高校的应用英语研究中心为全校 10 个学院的非英语专业学生开设一个学年 6 学分的 EAP 课程和 Workplace English 两门必修课程,其他几门课程也都与专业有关,如 Speaking Skills for Architecture Students、Professional English for Arts Students、Clinical Oral English for Dental Students、Professional and Technical Written Communication for Engineers、English Skills for Legal Students、Professional Writing for Social Work Students 等。学生在 12 周内完成这些课程,每周 2 课时,共 24 课时,每门课程是 3 学分。从 2012 年起实行的新课程 General University English(6 学分)是大一学生的必修课,重点训练学术英语的基本技能,也就是各专业的共同核心学习技能。第二学年由各个专业自行开设 6 学分的 Workplace English。因此,与实行新课程之前相比较,香港高校的大学英语教学发生了以下变化:General University English 替代 Workplace English;由原来的 6 学分增加到了 12 学分;每门课的课时从 24 课时变为 40 课时;学习英语的时间由原来的 1 年延长至 2 年。鉴于入学时学生英语水平不尽相同,英语水平达到一定标准的学生可以选修一门第二外语,用以代替 General University English。

香港理工大学的非英语专业学生的英语则是由校英语教学中心(English Language Center)负责。校英语教学中心为全校开设的大学英语课程分为三类:为大陆学生开设的Foundation courses 中包括 English for University Studies 和 Extended Writing Skills;为英语基础差的学生开设 Enhancement courses;将英语与专业相结合的 Profession Related Language Training(大约 55 门),如 University English for Business Students、Workplace English for Business Students、English for Engineering Students、English for Effective Workplace Communication、University English for Design Students、University English for the Faculty of Construction and Land Use、Professional English for Design Students、Professional English for Social Administration、Business Presentation Skills 等。这些课程教授学生如何用英语进行学术写作、学术交流,如何写商务计划,如何参加商务会议等。为各专业设置 Profession Related Language Training 开设在第一学年,2 学分,28 课时。每个学院会要求学生必须选修 2~9 学分。2012 年实行新课程后,Profession Related Language Training 课程不变,移到了第二学年,而第一学年则主要是 EAP 课程,学习共性的英语学术技能,共 6 学分。

香港科技大学的教学中心为学校三大学院(Business,Engineering,Science)的非英语专业学生与大陆学生和基础较差的学生分别开设了大学英语。根据 Business、Engineering 和 Science 三个学院的专业性质开设了专门用途英语课程(ESP)中的学术英语课程(EAP),如 English for Engineering Students、Business Communication 等课程,旨在教授学生在专业课程中所需的英语技巧。目的是训练大陆学生和基础较差学生的英语学术交流能力,如小组讨论、做报告、写论文等,开设了 English for University Studies,或称为 Foundation English。在 2012 年实行新课程后,语言学习中心分别在第一学年和第二学年开设了 EAP 课程和 discipline-based English 课程,每门课程均为 6 学分,由此,非英语专业学生的英语学分由原来的 6 分增加到了 12 分。

香港城市大学的非英语专业学生的大学英语课程则根据学生的英语水平进行专门的设计。针对基础较差的学生(Grade E,占 50%左右),英语教学中心开设了 180 课时的英语课程,第一学年开设门通用英语必修课,其中 48 课时(1 学分)的 Spoken Language 和 60 课时(2 学分)的 Written Language。第二学年则开设 3 门选修课程(3 学分),学生从以下 8 门选修课(每门 24 课时,1 学分)中选择 3 门:Presentation Skills、Current Issues、Grammar in Use、Independent Learning、Writing Academic Essays、Writing Effective Lab Reports、Pronunciation、Debating Skills。基础好的学生(Grade D 以上),则由 English Department 开设 72 课时(3 学分)的基于学科专业的 General Education English,其中包括 English for Science、English for Business Communication、English for Engineering。2012 年的新课程设置中,English Language Center 更名为 The Center for Academic English Courses。对于英语水平为 Grade E 的学生,新成立的学术英语课程中心为其在第一年的上学期开设了 72 课程(3 学分)的 EAP 课程,下学期则开设了三门 EAP 课程(每门 24 课时,1 个学分),如 Presentation Skills、Reading and Writing、Usage。完成上述 144 课时的 EAP 课程后,中心又开了一个学期的 General Education English,共 78 课时。Grade D 学生的课程基本不变。因此,在新课程设置中,学习英语的时间由 180 课时增加到 220 课时。

香港中文大学所设置的大学英语课程较为单一。原来,学校的语言学习中心为全校非英语专业学生提供的是 3~6 学分的 EAP 课程(至少修满 3 学分)。在 2012 年的新课程中,实行了 4/3/2 学分课程,即第一学期开设 4 学分的 Foundation courses,第二学期开设 3 学分的 EAP courses(大约有 9 门供选择),第三学期则再增加 2 学分的 EPP,属于 ESP courses(大约有 13 门可供选择)。在新课程体系下,非英语专业学生的英语必修学分由原来的 3 学分增加到了 9 学分。

对比 2012 年实行新课程体系前后的 5 所香港的大学的非英语专业学生英语课程设置可以看出,大学英语课程的学分、课时都在增加,且分类更加精细,足见香港的大学对大学英语教学的重视程度。

2. 中国台湾

台湾地区大学的非英语专业英语课程内容是以通用英语为主。除了在校大学生外,岛内还实施全民英语能力分级检定测验,简称"全民英检",共分五级,分别为初级、中级、中高级、高级、优级,每级都有明确能力指标。测验项目包含听、说、读、写四项。大学本科学生要求通过中高级。然而,这种用以衔接高中英语的通用英语教学,或是用以日常交际的实用英语教学,很难提升大学生对学习英语的兴趣或符合它们未来的职业规划的需要。其实,早在 1977 年,台湾地区立师范学院杨景迈教授就提倡英语教学应该"术业有专攻",英语的讲授应该与专业学科知识的讲授相结合。

21 世纪初,台湾地区教育主管部门公布了"2005—2008 四年施政主轴计划"(以下简称"计划")。该"计划"中的第一条就是推动师生英检,详细列出了 2005—2008 年每一年的全民英语课程教学计划,其中包括 ESP 教学。借助"计划"的出台,台湾地区 70 所公立和私立大学修改了本校的英语授课计划。修改后的英语授课计划都侧重于推广和发展 ESP 教学。此外,2005 年 ETA 会长戴维杨推动成立 ESP IS 并出席美国 TESOL 年会,与其建立关系。同年,台湾地区召开了第 14 届英语教学国际研讨会,会上宣读了一大批研究 ESP 教学的论文。会议结束后,出版了一本关于 ESP 教学的论文集。台湾地区的 ESP 委员会负责人戴维杨为这个论文集写了一篇题为《英语老师的前途:迈向专业英语 ESP 时代》的序。文中号召台湾地区大学英语教师转型,从教通用英语向教 ESP 转移,由此拉开岛内 ESP 教学的大幕。ESP 教学在台湾地区的各大学的推广主要用以满足观光、餐饮、医护、企管等产业在日渐竞争的全球化职场上的需求。

成功大学的大学英语教学改革始于 2007 年正式启动的"成功大学提升全校英语能力计划",简称成鹰项目。该项目旨在提高学生的英语能力,以应对学生的学术需求和职业需求。根据该项目的既定目标,重新规划了专业英语课程:大一为课程引入、大二为必修课、大三大四为选修课程。ESP 教学中每门课程的设计内容均以配合各教学单位的主流课程为主,所有课程均以训练阅读及口语技巧为主。成功大学的 ESP 教学主要分为两部分:以英语语言技能、学术词汇习得为主的学术英语和以为职场沟通为主的前职场英语课程。学术英语课程主要包括本科生的课堂英语笔记撰写、听讲及讨论技巧;研究生的论文写作、研讨会发表训练等课程。前职场英语课程涵盖了一般性工作场合的职场英语沟通训练。前者包括经贸英语(English for economics)、商管英语(English for business management)、基础科学英语(English for basic sciences)、基础工程英语(English for general engineering)、信息英语(English for information technology)、高科技产业英语(English for Hi-tech industries)、生物科技英语(English for biotechnology)以及医学英语(English for health and medical care)。前职场专业英语课程则有商业沟通英语(English for business communication)、餐旅英语(English for tourism and hospitality)、职场英语(English for careers)及创意产业英语(English for creative industries)。课程试行一年后的调查问卷结果显示,学生很满意此系列课程。与一般英语课程相比较,ESP 教学更符合学生需求,确实提高了他们学习英语的意愿和兴趣。

台湾政治大学的大学英文课程属于外国语文通识课,由外语教学中心统筹规划,针对一般学生(除免修资格学生外)分为大学英文(一)、大学英文(二),每门课程各 3 学分。2018 年起不再开设大学英文(三)选修课程,但增加选修英文课程。如表 5-1 所示,大学英文(一)主要以基础的听、说、读、写为主,提升英语文理能力。大学英文(二)则以进阶听、说、读、写为主,使学生能独立学习及互相学习。

表 5-1　大学英文(一)和大学英文(二)课程对听、说、读、写的不同要求

	大学英文(一)	大学英文(二)
听	简单英语对话;日常对话、教材相关议题	日常对话;教材相关的议题;广泛的议题
说	清楚地自我介绍;开始、持续并结束简单对话;完整叙述事件;对阅读题材的讨论及表达意见	提问及访谈;对阅读题材相关与相关议题发表意见
读	进阶的阅读策略	进阶的阅读策略
写	基础文法习作;段落写作	摘要与评述听讲及阅读内容;简短地阅读思想汇报

2008 年,南台科技大学校课程规划会议修订并通过了"南台科技大学英语学分学程设置要点",旨在提升本校非英语专业学生的英语能力,增强学生毕业后升学或就业的竞争力。该课程分为四类:英语听讲沟通、英语阅读、英语写作、中英文翻译。每一类别课程中都包括四门课程。英语听讲沟通类课程包括英语口语训练、英语听力、英语商务简报、英语发音训练。英文阅读类课程包含英语阅读、第二语言习得(以英语教材为主)、英文青少年读物选读、媒体英语。英语写作类课程包括英语写作、英语语法(习作)、英语修辞学、英语商务应用文四门课。中英翻译包含汉英翻译实务、翻译理论与写作、基础口译、英汉翻译实务四门课。选修英语学分学程的学生要至少修满 15 分,每个类别的课程至少选修一门,所修的学分中至少有 9 分不属于学生主修、辅修的专业或所选的其他选修课程。所有南台大学非应用英语系的学生皆可选修英语学分学程。

依据产业需求、国际接轨、学生需求和学校系所发展目标,云林科技大学应用外语系制定了培育学生专业外语能力及职场智能、培养专业涉外文创商务人才、培养专业语言教学人才的大学部人才培养目标,开设了专业必修和专业选修两大门类课程,专业必修包括 27 门专业基础课程,专业选修包括英语创意教学组(24 门课程)和文创商务沟通组(26 门课程)。文创商务沟通组的 26 门课程包括故事行销与文案、人际与组织沟通、谈判实务与演练、新闻英语与编译、中西文化概论、管理概论、语言学习机器人、绘本创作与编辑、观光行销、活动企划及行销、影视翻译、商业文书翻译、英语戏剧演练、商业谈判心理学、英语简报与发表、国际事务专题、英语戏剧表演、商务财经英文、电子商务、国际贸易实务、青少年小说与电影评析、商务法律英文、国贸与会展、物联网英语教学、英文领队与导游、国际会展策划及行销。这些课程的设置主要针对职场需求,以培养学生的职场专业能力为重点进行的。

(二)日本

日本高校的大学英语授课对象为在校的非英语专业的学生,不开设英语基础课程,聘请在日本工作的母语为英语的外籍认识兼职大学英语教师,开设英语口语和写作课程,主要目的是培养学生的英语交际能力,日本高校大学英语教学模式的设置主要基于与中学英语教学模式的衔接。为适应全球经济一体化的发展,日本开展了一系列的英语教学,于2003年正式开始实施提升日本国民整体英语水平的纲领性文件《培养能使用英语的日本人的战略构想》。该文件提出高中的英语课不仅是一门必修课,还应用英语作为授课语言进行高中其他学科的教学,国家为此拿出了1.8亿日元(约982万元人民币)用于相关师资培训。根据这份纲领性文件,大学生进入大学后要将"学习英语"转向"用英语学习",重点培养学生在各自专业领域内的英语研究和交流能力。在日本,学生的基础英语学习是在高中阶段完成的,进入大学学习,非英语专业学生的英语教学以 ESP 教学为主,东京大学和京都大学,从大一起非英语专业非英语学生的英语课程就已经与专业挂钩,一年级是(general academic purposes,GPA)阶段,二至四年级是(specific academic purposes,SAP)阶段。在这些课程上,学生会根据自己所学的专业范围选择课题,自己查找资料,做演示。

蔡基刚教授对日本四所大学的大学英语教学情况做了调查研究。这四所大学中有两所公立大学和两所私立大学,在英语课程设置上虽然各有特色,但也有很多相似之处。

1. 东京大学

东京大学设有"教养系",专门负责一二年级非英语专业学生的英语教学。2006 年实施的教学改革中规定必修英语课程共 10 学分,分为英语Ⅰ和英语Ⅱ。英语Ⅰ课程的班额是每班 100 人,授课内容为听力和阅读,然后根据听力和阅读的内容进行写作。根据不同的专业内容授课教师自行编写教材,教材内容涵盖文理各学科。英语Ⅱ授课模式相对复杂,分为(reading,R)与(presentation,P),其中 P 还可分为(presentation/oral,PO)和(presentation/writing,PW)两类。英语Ⅱ采取小班上课,其中 R 平均每班 40 人,PO 平均每班 25 人,PW 平均每班 15 人。英语Ⅱ—R 课的阅读课内容由授课教师自行决定,注重培养学生的阅读能力:阅读时,学生应注重把握文章大意和作者态度,运营注重提取和概括文章的关键信息。PW 课程专注于学术论文中的引用、翻译、参考文献等学术规范知识。PO 课程内容主要包括小组讨论、辩论和演示等,其中演示类似模拟学术研讨会,同学们不仅要发言还要记笔记,互动性较强。P 类课程内容也是由授课教师自行规定。P 类的课程 active learning of English for science students(ALESS)是专门为理工科学生设计的,平均每班 15 人,课程要求学生自行结成小组,进行一项科学研究,并用英文撰写论文,用英文向班内老师、同学报告研究成果,论文还要发表在校内的杂志上。英语Ⅰ(2 学分)、英语Ⅱ其中的一门 R(1 学分)和一门 P(1 学分)为第一、第二学期同时必修课程,一门 C(comprehension)课程为第三学期必修课程之一,C 类课程则主要培养学生听力和阅读的综合能力。

东京大学理工科英语选修课则由理工学部自行开设,共两类:科技英语 A、B、C,英语演示进阶;英语与专业相结合的研讨班,在后者的课堂上还可聆听到学科前沿学者的演讲。

2. 京都大学

京都大学的"综合人间学部"负责新生英语必修课的设置。英语必修课共 6~7 学分,课程设置为一年级开设英语ⅠA(2 学分)、ⅠB(2 学分);二年级开设英语ⅡA(1 学分)、ⅡB(1 学分),其中英语ⅠA、ⅠB 包含两门必修科目 academic reading(1 学分)和 academic writing(1 学分),每班 35 人。这两门课程的重点都是学术英语,但每个学期都会阅读多个主题的英语学术论文。二年级英语ⅡA 和ⅡB 的 academic reading 根据不同学科和专业开设各 58 门课程,而 academic writing ⅡA、ⅡB 分别为 3 门和 6 门。除了 academic reading 和 academic writing 外,英语Ⅱ中还包括 academic listening ⅡA(2 门)、academic listening ⅡB(2 门)、seminar participation strategies and debate ⅡA(2 门)、seminar participation strategies and debate ⅡB(2 门)、academic oral presentation ⅡA(2 门)、academic oral presentation ⅡB(2 门)和 test taking ⅡA(4 门)、test taking ⅡB(4 门)。这些课程都是 1 学分。英语Ⅱ课程的设置主要为了提升学生在其专业领域内的综合读写能力。如同东京大学一样,京都大学的英语选修课也是由各系自行开设。

3. 庆应义塾大学

庆应义塾大学的每个系都设有自己的外语教学部,必修英语课程按学期分为英语Ⅰ、英语Ⅱ、英语Ⅲ、英语Ⅳ,学分为 8 分。根据每门课程的授课内容和难易程度分为不同的班级。学生则按照入学英语水平分级考试结果和所学专业选择适合自己的级别和班级。上课采用小班授课,每班约 30 人。授课内容和所用教材由教师自行选定,大多与学科知识相关联。

4. 日本早稻田大学

日本早稻田大学的英语教学也是由各系自行承担的。如,该校的科学与工程系专门成立了英语语言教学中心,承担着该系从本科生到博士生共 3 000 多名学生的英语教学工作。该中心旨在使学生熟练运用科学与工程领域英语,使其成为具有国际交往能力的科学家和工程师。科学与工程系的英语语言教学中心根据学生、专业教师和科学家/工程技术人员的英语需求,结合物理、化学、生物、计算机软件等学科中的共性特征,设计出了四年不间断学习的学术英语课程。在一二年级开设 GAP 必修课程,为 8 学分,三四年级的 SAP 选修课程,4 学分。本科生至少要修读 12 学分。每门课程是 1 学分,1 学分为 15 次课,每次 90 分钟。一年级开设学术讲座理解Ⅰ和学术交流策略Ⅰ和Ⅱ(academic lecture comprehension)、学术交流策略Ⅰ和Ⅱ(academic communication strategies)。二年级开设学术阅读Ⅰ和Ⅱ(academic reading)、概念建立及讨论Ⅰ和Ⅱ(concept building and discussion)。三四年级主要开设专题功能英语(special topics in functional English)、技术写作(technical writing)和技术陈述(technical presentation)三大类课程。大学四年的英语教学从听英语学术讲座到用英语撰写学术论文,以螺旋上升式连续不断提升学生学术英语的综合运用能力。

二、母语为英语的国家大学英语教学

(一)美国

美国高校的大学英语教学与英国高校有相似之处,大学英语的授课对象都是母语非英语的外国留学生,目的是帮助外国留学生提高学术英语技能,完成本专业学习。为了能够在专业学习和研究中取得好成绩,有学者对在美外国留学生提出了两个"必须":必须学会用英语阅读专业文献、撰写专业论文、搜索信息;必须学会处理在不同学术论文中经常出现的语言结构和词汇、学会如何选择和组织语言材料来表达自己的观点、进行科研和汇报研究成果等。

早在 20 世纪 50 年代,密歇根大学工学院在内的一些理工科院校就开始面向所有在校生,当然包括外国留学生开设技术交流课(program of technical communication)。到了20世纪90年代,约有50万来自世界各地的学子在美国各个高校求学,多以理工和经济管理为主。留学生们除了学习专业课程外,还要学习ESP课程。

历史悠久的美国林菲尔德学院(Linfield College)从20世纪70年代以来,招收了相当多以英语为第二语言(ESL)的外国留学生,且逐年递增。为满足ESL学生的专业需求,帮助他们培养熟练的语言技能,林菲尔德学院成立了ESL中心,该中心开设了DBI(discipline-based instruction)基于专业的英语教学,其目的在于帮助学生满足美国大学主流课程的学习需要。

美国加州大学洛杉矶分校的在校留学生来自125个国家,让学校的各国大学生学习英语与文化具有非常重要的意义。UCLA的大学英语教学系注重发展和利用策略用于促进学生的英语语言文化学习,制定了5个英语教学目标:一是用英语获得信息和知识,用所获得英语知识和技能在社会和学术情境中有效进行沟通;二是用英语进行文学评论、欣赏和表达,用英语对文学作品做出口头和书面的解释;三是用英语进行批判性的分析和评价,针对口头和书面不同文本,使用不同的准则评价和解释文本;四是用英语进行社会交际和课堂互动,掌握英语实现真实的交际情境和学术情景;五是用英语学习和理解跨文化知识,促进交流,获取各个文化层面的知识,在文化层面上探索自己以及他人的文化。美国威斯康星大学麦迪分校的ESL中心为学校的国外本科生以及国外研究生提供英语语言课程,以满足他们在校学习生活的需要。ESI中心根据学生参加中心组织的听力、阅读、写作测试成绩分班。外国留学生在中心进行为期一学期或一学年的英语学习。学习期满,本科生会拿到6学分,作为获得本科学位的重要依据,对于研究生来说,在中心学习英语的目的主要是提高语言水平,学分与硕士学位没有直接的关系,因此,研究生不会在该中心取得学分。威斯康星大学麦迪分校的ESL中心重视学生学术能力的培养,为此开设了9门课程,这些课程分别从听说、阅读、写作等方面提高外国留学生的学术英语水平。

(二)英国

1960年12月在英国伦敦召开了有关于第二语言教学的国际学术会议。本次会议专家学者就亚非拉国家的英语教学情况进行了讨论。大家一致认为,在这些国家,人们是带有某种特殊需求而学习英语的,交际才是他们学习英语的最终目的。如果这种需求出现在高等学校的学习中,英语教学就可以与其他学科教学相结合。基于此,英美国家的应用语言学者提出了ESP教学理论。其中,英国学者对ESP教学理论的研究较为先进。

英国的大学最早为留学生开展的是EAP教学。20世纪70年代,大批母语为非英语的留学生去往英国求学,但他们语言水平较低,难以跟上专业学习。1975年,就在英求学的国际留学生语言问题召开了专门会议。会议上得出结论,为了保证专业学习效果,留学生在开始各专业学习前非常有必要接受一段时间的英语语言强化训练——ESP。本次会议结束后,英国文化委员会收集了大量有关于ESP教学理论与实践的学术论文,编辑出版了名为《学术英语》(English for Academic Studies)的论文集。从此,ESP教学在英国的大学开展起来,成为外国留学生的必修课程。英国还专门成立了一个专业用途英语教师协会。

英国伦敦大学城市学院(City, University of London)大学设有语言学习中心(the centre for language studies),这个中心的功能类似于我国普通高校的大学外语教学部门。在英国的巴斯大学(University of Bath),对于母语为非英语的学生来说,ESP课程的学习是从普通英语技能学习向全英文的专业学习非常重要的过渡。根据该校要求,入学时未能通过英语水平测试的学生必须参加前两个学期的 ESP 与交际技能课程学习,只有通过英语水平测试才能接受专业课程的学习。

三、欧洲高校大学英语教学

(一)俄罗斯

在西方发展 ESP 理论基础的时候(1970—1980 年),莫斯科国立师范大学地理系第二专业外语系的教师已经在使用跨学科的方法,为"地理与生物学"和"地理与外语"的学生开设英语课程。在"地理和生物学"专业的非英语专业班级中,学生的外语水平普遍较低,因此,不得不讲授基本的英语知识,这门课程只能是一门基础英语课,而谈不上专业英语课,至少可以帮助学生在学习的第一阶段可以读懂与地理相关的文献资料。1990 年,针对"地理和英语"专业英语高水平的学生,编写并使用了《大不列颠自然地理》(大学二年级)和《北美自然地理》(大学三年级)系列教科,这两本教材为未来的地理和英语教师提供了真正的有关于地理术语和相关专业论述的材料。与这两部教材所对应的课程也被纳入了地理学科的课程设置中。该系的教师广泛使用了《国家地理》杂志、《自然》杂志和美国国家公园管理局的录像,以及互联网上的真实的口头的和书面的话语。在"俄罗斯—美国:生态与教育"(1992—2008 年)交流计划的框架内,邀请美国大学、环境教育中心和美国国家公园的特邀专家举办讲座。

实践表明,在"地理和英语"专业学习的高年级学生和该专业的毕业生无论是在中学担任地理英语教师期间,还是在美国国家公园环境中心教育实习期间,都能够将在"地理和英语"专业学习中所学到的知识、技能应用到实践当中,并取得了非常好的效果。在美国实习期间部分学生参加了参加宾夕法尼亚州东斯特劳德斯贝格大学的研讨会和讨论,并根据在美国的实习成果用英文撰写了学年论文和毕业论文。该专业的毕业生任职于不同的俄罗斯院校,用英语教授地理和国情课程。

目前,莫斯科国立师范大学地理系实施着一系列的才人培养计划(学时学位),这其中包括"教育"方向("地理"专业、"地理与生物学"专业、"地理与生态学"专业、"地理与外语"专业),"地理"方向("地理学"专业),"旅游"方向("旅游经营者和旅行社服务的技术和组织"专业),"生态与自然管理"方向等领域。很明显,在各种培训项目中,在某种程度上都与自然地理相关,这便可将地理系学生的专业英语归类于"科学和技术英语"中的"教育和科学活动英语"和"科学活动英语"。值得注意的是,地理教师、生态学家、旅行社员工和外语教师的专业领域完全不同,因此,针对不同领域都需要研发不同的专门用途的英语课程。而这一艰巨任务正摆在旅游与跨文化交流教研室的教师的面前。该专业的部分教师毕业于地理系的"地理和英语"专业,掌握地理、地质、生态学等领域的知识。他们可以胜任 ESP 教师。然而,学生的学习需求不强,英语水平较低等原因,使得"此专门用途英语非彼专门用途英语"。现如今的地理专业英语课只是"专业英语"和"教育和科学活动英语"的某些要素(了解教育和科学文献文本的科学风格、英语口语表达技能的形成、学术写作的初步技能等),并非关于完整的 ESP 课程。

除此之外,学院的硕士研究生课程也得到了长足的发展,且朝着建立完善的 ESP 课程体系方向发展。与本科生相比,硕士研究生能够更清楚地意识到他们未来对职业外语的需要,并且更有动力学习"专门用途英语"。

为了教育、科学和职业活动而学习英语的跨学科方法,可以将 ESP 元素融入地理学院现有的外语课程中,旅游和跨文化交流教研室的教师面临着分析学生的"专门目标"和研发新的教学材料的任务,未来还将要开设面向所有学士、硕士培养方向的专门用途英语课程。在专门用途英语课程中将体现现代高等教育对学生的最新要求,运用最新的计算机技术手段。

贝加尔湖国立经济与法律大学的世界经济和公共行政学院的"商务英语"课程属于 ESP 课程。根据专业课程要求,外语学习的年限为四年。大学第一年开设通用英语,大学第二、三、四年开设职业英语(经济英语或者商务英语)。大学第一年除外语课外,还开设人文、社会和经济等学科课程,旨在利用交际法使用语言国情素材在培养学生外语交流技能的同时拓展学生文化和社会视野。对于学生外语语法、词汇的掌握情况则是通过 FCE、托福、雅思测试考查的。

随着学士教育的引进,"世界经济"专业的授课计划也有所改变,外语的授课时限被缩短了整整一年的时间。现在大学一年级学生英语课使用的教材是《商务英语导论》。这套教材主要以经济和管理中的商务语言为主。然而大部分学生对这些专业知识是没有任何概念的,因为他们才刚刚开始用俄语学习这些知识。因此,专业英语课上,英语教师还要用俄语讲解与专业相关的知识。对于词汇和语法的学习主要借助 BEC Preliminary。

在其他年级,外语课程学习的主题、语法和词汇材料变得更加复杂,理想情况下,学生的英语水平应达到 BEC Higher 水平。考试则是以交际和实践的形式进行:独白——将从真实的新闻中选取新闻进行摘要式概述,对话—在交际中解决个案。然而,教科书中的习题、案例研究、经济评论和文章分析的作业是由没有实际业务知识的学生根据他们的理论知识,以及与父母和年长同志沟通的经验,猜测完成的。

对于具有专门语言需求的学习者来说,还可使用不同的英语学习方法,例如,在为俄罗斯联邦国民经济企业培训管理人员的项目中,所有的学员都是在职人士。尽管专业英语的所有教科书的内容大致相同,但学习目标却不同。在校学生外语知识主要应用于假设情况,在职学员的外语知识则是应用于实际的言语交流中。在职的学员较少关注语法错误,而更善于交际,并十分高兴与同班同学一起交流工作中外语使用的经验。

在对外国学员的短期培训(培训语言为英语)前,专业教师都要进行英语水平测试,只有达到相应的英语水平才能有资格参加针对外国学员的短期培训项目。授课教师会根据学员的外语水平以及对专业知识的需求,选择适当教材,制定个性化的教学方案,开设有针对性的课程,校方还会邀请相关领域专家为外国学员讲座,使外国学员在较短时间内获取相应的专业知识。培训结束时,学员用英语制作课件,并就相关主题进行讲解。

现代专业理论和方法领域研究表明,高校实施的语言教育政策能够满足个人的需要、社会的需要和国家对高等教育的要求。大学职业教育的质量与大学语言教育的质量密切相关。在职业培训框架内提高语言教育的地位,一方面有助于提高各级教育——专家,学士,硕士,研究生的教育质量,另一方面,它将激励特殊专业的成长。教师语言能力的增长将有助于增加学术流动性,这是高等教育国际化进程和大学融入国际教育空间的最重要方面之一。大学教师的高度学术流动性有助于发展新的研究领域,建立新的国际教育体系和国际研究项目。这一切都将有益于教育质量的提高,提高大学声望,增强对学生的吸引力。

（二）德国

在德国，英语教育主要在中学完成，大学则以专业教育为主。学生从 5 年级（近几年，有些州将时间提前至 3 年级）开始学习英语，直到 13 年级。大部分德国中学生的英语水平能达到 B2，好的学生可以达到 C1。正因此，德国大学一般不开设大学英语课程。近几年，为了适应国际化课程的建设，部分大学开设了"专业英语"，用以帮助一些选修全英语专业课有困难的学生提高英语水平。当然，英语专业的部分课程也会与专业课相结合，如"文化与经济"课程。

（三）希腊

在希腊，得益于私立英语学校的 5～18 岁的英语教学，中学毕业时，学生的英语水平就已达到了大学水平。因此，希腊的大学没有开设大学英语课程，学生只学本专业的课程，且全部英语授课。无论是英语专业的学生，还是非英语专业的学生，用英语交流都没有问题。

四、国内的 ESP 教学

宁波诺丁汉大学成立于 2004 年 9 月，是中国第一所经教育部批准引进的与浙江万里学院合作并具有独立法人资格、独立小区的中外合作大学。作为英国诺丁汉大学的海外分校，宁波诺丁汉大学所有课程用英语讲授，通过全英式学习培养学生目标是，培养熟悉中西文化，熟练掌握和运用中、英两种语言，具有独立思考、创新能力和团队精神，具有国际化思维与视野，达到英国诺丁汉大学专业水平与能力的高层次人才。可见，宁波诺丁汉大学的英语教学是为培养专业人才而设计的，与现行我国大学英语教学的性质相同，但其教学目标、课程设计、课堂教学却大不相同，为我国高校大学英语教学提供了弥足珍贵的经验。

（一）教学目标

宁波诺丁汉大学的英语教学大纲与中国国内其他大学的英语教学大纲形式上似乎没有什么不同，但内容上的差异却十分明显。中国大学的英语教学大纲总体来说比较笼统、模糊，教师在使用和把握上有一定的难度。而宁波诺丁汉大学的英语教学大纲可以说更加人性化，更加具体，更便于教师和学生操作。更为特别之处是，它不仅可以为教师所掌握，同时也便于学生掌握。在宁波诺丁汉大学，不仅所有教师清楚教学各个阶段的目标，每个学生也十分清楚自己每个阶段所要达到的具体目标。

第一年的英语教学目标总体上是为了帮助学生在大学期间顺利完成学业而提供语言支持和学习技能培训。其课程设计强调学术英语（EAP）学习，以便学生在不久的将来能够进行独立学习，独立参与学术活动并为今后三年打下坚实的语言基础。同时，还要帮助学生理解英式教育体系，熟悉英国文化、熟悉国际学术标准。以宁波诺丁汉大学 2005—2006 学年为例，其基本做法是把一学年划分成三个教学阶段或教学模块。模块 1 是纯语言训练，不计学分；模块 2 和模块 3 的课程计学分，分学术英语模块和学术课程模块两类。

学校在其《基础学年英语教学大纲和教学目标（试行）》中是这样描述第一学年的英语教学目标的：为学生提供必要的学术英语语言和学习技能，使他们在学术课程中取得成功。激活现有的英语知识。让学生了解英国的高等教育体系。让学生熟悉英国的文化和学术规范和经验。为学生提供他们的学术科目的介绍，以形成高中文凭和 2 年级课程之间的桥梁(相当于在英国诺丁汉的三年 UG 学位的第一年)。

为了实现以上目标,学生必须学会广泛地在学术领域内使用英语,在后续的课程项目中能广泛阅读教材和杂志,参加学术演讲,完成众多的课程学习项目,并且在各种课程项目中学会做笔记,将所获得的各种信息应用到作业和讨论项目中,并能与教师和同学进行广泛而有效的交流、讨论。学校通过一系列由英语语言中心提供的学术英语课程,帮助学生进行语言闯关,同时强化英语技能的训练,其内容涵盖了宁波诺丁汉大学各个院系、各类专业的学术演讲和专题报告。每个学生都有一个导师,导师对学生的学习和生活提供帮助和指导,并有针对性地扩展和提高学生的英语能力和学习技能,以便达到专业学习所需的语言和技能的基本要求。

第一年学生所要达到的英语水平相当于雅思(IELTS)6.5 分的水平,大纲中对学生的英语水平的描述是:学生必须在学年结束前达到雅思 6.5 分的水平,才能进入二年级。这将通过第二和第三模块的英语学术目的(EAP)模块所获得的学分来衡量。雅思等国际认可的考试成绩的确切英语水平将在年初获知。为了弥补这一点,在模块 2 和模块 3 的时间表中,为那些需要提高英语水平的学生提供额外的英语学时,特别是在其实际应用方面。而以上目标又被具体地分解为"学术目标"和"技能目标"。

宁波诺丁汉大学一年级英语教学大纲明确规定,学生在英语语言准备阶段结束时要完成的学术目标共有 20 条:

1. 学生应具备语言和文本方面的写作能力,以便在长达 1.5 小时内,提供简短的、描述性和分析性试题的有效答案。

2. 学生应具备必要的语言和文本组织写作技能,以便完成 1 500 字的书面课程作业。

3. 学生应该了解如何管理书面课程作业的过程:计划、定位、选择和合并资料来源、结构、起草,以及重新起草、编辑。

4. 学生应该了解何为学术剽窃,清楚其原因和避免发生类似事件。

5. 学生应该了解学术写作技巧,特别是如何写作。收集来自各种学术来源的信息,用以创新复杂的论点,并避免剽窃。

6. 学生应该熟悉适合于学术背景的语法结构和词汇类型的知识,并理解如何使用它们。

7. 学生应该坚持词汇的积累,以便在他们今后的学习中提高自身的英语水平。

8. 学生应该具备有效的学术阅读和记笔记技能。

9. 学生应该发展必要的学术演讲技能,与同学一起进行小组项目,并参加学术研讨会和相关教程。

10. 学生应该具有发表一个简短的口头研讨会报告的能力。

11. 学生应该为学术讲座制定有效的听力策略,并有能力做出教学笔记,对学术讲座的内容分析、总结、整理。

12. 学生应该能够区分学术演讲和非学术演讲,识别各种母语者的口音,并应对不同的演讲速度。

13. 学生应该对流行观点的临界性有一个基本的理解——具有区分事实和观点的能力,以及对文学的批判性研究和应用。

14. 学生应该有能力在各种学习形式中有效地获取知识——讲座研讨会、研讨会、一对一的辅导课或咨询。

15. 学生应该有能力在课堂上和课外时间内分组合作学习。

16. 学生应该熟悉某些学术主题,这些主题将在以后的模块中进行扩展,特别是主题之间的跨文化问题。

17. 学生应该有能力识别和采用一种学术风格,其写作方法符合一般学术流派的惯例。

18. 学生应该发展一种自主和自力更生的学术学习方法:能够管理自己的时间,为自己的学习负责。

19. 学生应能够充分利用宁波诺丁汉大学提供的自助访问设施、呼叫和 IT 设施,以促进他们的独立学习。

20. 学生还应该能够与其他学生和工作人员进行正式和非正式的互动。这些会议可以在本系或在大学的其他工作领域举行。

上述目标的实现又细分到各个阶段目标中,并且融合在各项具体目标之中,主要集中在模块 1 和 2。常用的目标技能通常贯穿于完成各个具体项目的过程之中。这些综合技能只有通过艰苦的实践才能获得。课程中的各种教学材料强调在实践中学习,强调学会自我负责,强调自主学习,提倡通过小组学习或其他形式的合作学习来共同完成学术科目。这些途径和方法是英式教育所普遍采用的,但处于强大的中国传统教育方式包围之中的宁波诺丁汉大学,在推行这些途径和方法上面临着巨大的挑战,所以学校必须开发出能够和谐共存、综合有效的途径和方法,来实现某种程度的平衡。因此,宁波诺丁汉大学专门设置了跨文化交流课程,以便最大限度地鼓励学生研讨英式学术惯例与中国传统的差异,寻求平衡,培养学生学术英语的基本素养。

"技能目标"主要包含以下内容:

学生完成一年的教学课程后,要求获得的能力包括知识和理解能力、智力技能、专业或实践技能以及可转换或关键技能。

1. 知识和理解能力

学生已经达到了要求的书面和口语交流的能力水平,能够充分和成功地参与学校的学术课程。了解英国文化的规范和期望,尤其是在高等教育的背景下,能够用注意细节的文字处理材料。

2. 智力技能

学生能够分析和解决一系列主题领域的问题,具有运用学术学习和询问所需的关键技能,能够清晰而有效地沟通想法。

3. 专业或实践技能

4. 可转换或关键技能

学生能够在团队环境中与他人有效地沟通和工作,反思和监控自己的进步,识别自己的优缺点,组织和管理学习时间,安排作业,并完成最后期限。

以上是第一学年学生需要达到的整体目标。为了使教师和学生在不同的阶段有更为明确的教学目标,宁波诺丁汉大学还对每一模块的目标进行了具体的描述。

第一阶段的教学目标是让所有学生在没有学分压力的情况下,广泛接触英语,感受英式教育、英语教师的教学风格和英语使用环境。其内容以一定数量的核心课程和辅助性课程组成。

为了让学生在进入宁波诺丁汉大学后迅速树立新的学习观念,在中学教育和英式教育之间架起一座过渡的桥梁,学校通过各种英语语言学习内容的导入,使学生明白自己在宁波诺丁汉大学学习所需要的学术英语能力和专业学习技巧,学习并了解英式教育的教学风格和大学学术文化。同时,尽快使学生适应新的生活环境和学习环境,明确自己的努力方向,适时做出自我调整。

需要特别强调的是,模块 1 的目的是培养学生在以英语为语言工具的大学中的学术文化意识,使学生有机会实践和提高英语的听说技能,而这些技能是学生将来在宁波诺丁汉大学进一步学习和研究中所必须掌握的。为使学生完成这些转变,学校通过一系列的演讲课、综合性技能项目、讨论课(如英语角)、各类电影和由英语语言教育中心辅导人员组合的学术英语课堂教学模块来实现。对学生在这一阶段的学习情况的评价仅具诊断意义,目的是验证学生承受学分课程所需语言支持的能力。

因此,我们看到,宁波诺丁汉大学在该阶段英语教学的基本目标是在学生的中英文之间,在学生已知、但尚不能精确表达的英语能力和需要达到的学术英语能力之间架起一座桥梁。具体要求有五个方面:学生有一个合理的英语的语言体系,但不指导如何应用它;学生对语言系统的了解将是一般性的,而不是学术性的;学生们对大学水平的学习并不陌生;学生将不熟悉英国的文化和学术规范;学生们对他们将在 UNNC 学习的学科并不陌生。

这个阶段结束时,需要对每个学生与学术英语相关联的技能进行描述,以便确认学生是否能进入模块 2 学习,因此,教学过程中有 18 个明确的学术目标:

1. 学生应该能够理解一般学术性质的阅读文本,并选择适当的阅读策略来处理不同类型的文本和任务。

2. 学生应该已经掌握了学术词汇和搭配的核心,以及基本技能,使他们能够在一定程度上独立地扩展这一核心。

3. 学生应该能够运用解释文章问题、头脑风暴和计划撰写一篇 10 篇短文(150~250字)的技巧。能够在举例、简单比较或优缺点的基础上提出观点,在句子结构、段落结构和整体组织上应清晰连贯。

4. 学生应该牢牢掌握简单、复合和复杂的句子结构,并意识到如何表达。

5. 学生应具备小组学术讨论所需的基本功能性语言知识。

6. 学生应该掌握基本的宏观和微观听力技能,以便在正式和非正式语域中跟踪英语对话、讲座、新闻和采访。

7. 学生应该具备完整的听说技能,能够在意识到口语话语惯例的情况下成功地进行沟通和互动。

8. 学生应该能够向小组做简短的口头陈述。

9. 学生应该熟悉他们在大学课程中将遇到的项目工作或小组项目。

10. 学生应该能够提出基本的研究问题,进行适当的信息搜索,并以口头和书面形式报告研究结果。

11. 学生应该熟悉 ICT 在学术研究中的应用,包括查找信息和制作自己的作品。

12. 学生应该对学术主题有一定的了解,这将在后面的模块中进行扩展。

13. 学生应该熟悉在英国高等教育背景下学习方法的规范和严格要求。

14. 学生们应该理解团队合作和支持工作的重要性。

15. 学生应该对学术研究的"批判性"方法有一个基本的理解。

16. 学生们应该理解满足死线的重要性,并对自己的学习和进步负责。

17. 学生应该能够充分利用自学的机会。帮助他们进一步学习,提高学习者的独立性。

18.学生还应该能够参加正式和非正式的活动,与其他学生和员工的互动。这些会议可能在系里或大学的其他工作区域举行。

这18个学术目标,实际上是对学生模块1综合考评的一个标尺。达到目标的学生,就可以顺利进入下一阶段的学习,否则,就要进行补课。事实上,宁波诺丁汉大学在模块1结束后,重新拆分班级进行分层教学,就是一种补救式教学。

第二阶段和第三阶段强调学术英语的学习,其中超过一半的学分课程是由英语语言教育中心承担的。一些增加的部分内容属于补救措施,是针对前阶段学生的学习需求而增加的。对于结束模块2学习的学生评估成绩要求达到雅思6分的水平,而当模块3结束时,要求学生英语水平上升到雅思6.5分。这两个阶段的教学目标都能够细分到具体的教学模块中去。

(二)课程设计

通过对中国教育及中国学生的需求分析,英国诺丁汉大学与宁波诺丁汉大学的CELE共同制定了第一年的英语教学计划和教学大纲。宁波诺丁汉大学对于课程的开发是持续和不断变化的,每年都会有所不同。但总的原则始终不变,即进一步满足学生的需要。

第一学年的课程设计主要针对经历了11或12年基础教育阶段学习的中国高中学生,为他们提供高等教育的基础课程,同时参照中国高等教育对英语的一般要求,结合英式教育所必需的语言要求和文化特征、文化环境,进行补缺。对于没有学分压力的模块1课程设计,主要是以培养学生的语言技能和英语活动所需知识技能为目标,重点是介绍进入学术模块时学生所需要的基本的语言能力。课程设计中包括了非正式的学业评价,目的是让学生克服内在的学习困难,适应新的学习环境。该模块的成绩虽然不计学分,但要求学生以积极的姿态投入各项活动中。在这一模块,导师将密切注视学生的表现,以便下个阶段能够对某个学生的适应性做出判断。

模块2和模块3的所有内容都是大学阶段的基本要求和必修课。在模块3中有一个10学分的模块是专门为商学院学生设计的。这两个阶段的总学分是120分,每10学分要求学生必须学满75个学时。每个模块结束时都会对学生进行评价。

1.第一阶段

第一阶段课程内容总体内容分两大块:学术英语课程和英国文化系列讲座。

正式上课前有一周是导入课程,也称学前培训周,它是根据学生的需求设置的一种介绍性的培训步骤,是一种带有明显的学习策略培训性质的英语学习活动,目的是让学生的大脑获得一种强刺激,因而产生一个巨大的信息差。"学前培训周"在信息内容和表现形式上体现了教学的客观需求和实际可操作性,兼容了语言知识、应用技能和文化素养诸因素,在内容和学习策略上能够给学生以刺激和启迪,帮助学生重新认识英语学习。

(1)核心课程-学术英语课程

①学术文体写作:主要介绍学术论文的写作程序和过程,培养学生对论文的结构意识及对短小论文的内容安排,介绍学术文体、格式、风格和要求。

②学术文体阅读:培养学生的阅读技巧、阅读策略,使学生能够理解学术文本。

③学术文体语法和词汇:这部分根据学术写作和阅读的具体内容,将语法和词汇结合起来,重点是把握在学术环境下英语语法和词汇使用的准确性。

④学术文体听说:培养学生在专业语境下的听说技能,引导学生参加小组讨论,进行听

说和记笔记训练。

（2）辅助性课程——英国文化系列讲座

学生必须参加一系列专为宁波诺丁汉大学设计的"英国文化系列讲座"的演讲。这个系列主要介绍英国历史的重要篇章，涉及英国国家的本质和特征、政府体制、内外关系和显著的文化特征，帮助学生了解英国历史，锻炼听力技能，从而获得良好的输入效果。演讲每星期进行一次，共四次。对于系列演讲课程的测评，将在EAP模块的口头技能中进行。

（3）测评

在整个模块1的学习过程中，辅导老师始终监控学生英语技能的进步与发展。在这一阶段结束后对学生进行正式测评，内容包括写作-限时论文、阅读-阅读测试、演说-导师单独面试、听力-听力测试。测评的目的是发现学生在应用学术英语过程中的优缺点，分析学生对英式教育的需求，以便将学生划分到不同层次的班级，进入第二阶段的学习，同时最大限度地获得不同方式的帮助。测评的成绩不作为年度考核成绩。

测评通过诊断性考试和学习进度报告进行。诊断性考试：模块1结束时，学生要进行以语法和词汇为内容的考试。目的是让导师对每个学生在这一阶段学习中所获得的总的能力有一个清晰的了解和掌握。考试的具体内容不一定与模块1的教学大纲要求掌握的内容完全吻合。学习进度报告：在第一阶段结束时，学生会收到由导师撰写的学习进度报告，内容主要是考试成绩和整个模块1学生完成作业项目的情况及对学生个人能力的评价。

2. 第二阶段

在第二阶段，所有学生进入学术英语基础课程的学习。这些课程涉及不同的专业和部门，课程算学分。主要内容有五个方面：书面交流与研究1、口头交流和研究1、定量分析方法、英国文化与传媒以及信息技术入门。

（1）书面交流与研究1

这部分占15个学分，由英语语言教育中心负责授课。内容主要介绍在学术写作中应用的基本技能，以描述文体为主，适当加以评论文体。课程分为两块：测试写作和作业写作。测试写作的重点是不同结构和文体在限时问题和论文测试文本中的运用。作业写作的内容着重培养学生的阅读能力、整理笔记能力，并要求具备撰写较长作文的技能。除了完成教师正常的作业外，还要求学生花大量的时间自学。

（2）口头交流和研究1

本部分占15学分，由英语语言教育中心负责授课。内容主要介绍口头表达的关键技能。课程分为两块：大讨论、小讨论技能和听、记笔记技能。大讨论、小讨论技能重点培养学生的开口能力和在文本讨论、演示过程中英语使用的流利性，鼓励学生制订学习讨论计划，独立参与学术研究。听、记笔记技能主要训练听学术演讲时的实践技能，以及资料研究、案例分析时需要使用的技能，同时，要求学生有一定的概括技能，以便正确地把握各项目的内容。在此期间除了要求学生完成教师布置的作业外，还要求学生花大量的时间自学。

（3）定量分析方法

本部分占10学分，内容主要是介绍学生完成学位课程所需要的统计学原理，让学生掌握用英语处理数学问题的能力，掌握数据的采集、样本的确立、概率与分布、假设检验及其他与统计学相关的方法，包括预测与判断理论。作业的内容是完成相关教学内容的科目，即用自己采集的数据来检验一个假设的真伪。课程结束考试为数学运算。

（4）英国文化与传媒

这部分占 10 学分,目的是要求学生通过对不同类型英国传媒,包括报纸、电视、广播（公共和经济）和网络的考察,加深对英国现代文化的理解。通过这些媒介让学生洞察各种不同的文化层面,如青年文化、运动、阶级和政治,鼓励学生进行中英两国文化异同比较。

（5）信息技术入门

这部分占 10 学分,课程分为两块:大课和讨论。讨论所要涉及的问题不在大课内容中。大课涉及如"outlook"在 IT 产业的演变发展及该产业在过去几十年的先进性,与其他产业的融合和衔接。讨论课的内容有一本指导手册,主要有三大内容:Word,Excel 和 PowerPoint。

3. 第三阶段

第三阶段的 EAP 课程主要涉及社会科学、跨文化交际和当代电影研究。商务专业的学生还要进行商务研究学习。主要内容有六方面:书面交流与研究 2、口头交流与研究 2、社会科学基础:定性研究方法、跨文化交际、商务研究入门、当代电影研究。另外,辅导课也可以帮助学生解决问题。

（1）书面交流与研究 2

本部分占 15 学分,由英语语言教育中心负责授课。课程内容的模式与模块 2 相同,也是测试写作和作业写作。但与模块 2 相比,模块 3 的测试写作要求更多,并不再是描述性地回答问题,而是注重在描述中的评价。模块 3 的作业写作鼓励学生熟练引用资料,掌握规范的写作方式,写 1 500 字的本学科论文。要求学生除完成教师正常的作业外,还需花大量的时间自学。

（2）口头交流和研究 2

本部分占 15 学分,由英语语言教育中心负责授课。课程内容的模式与模块 2 相同,也是分两块:大讨论、小讨论技能和听、记笔记技能。讨论技能除了要求继续运用模块 2 所学的交际策略和口头表达技能外,着重训练学生在引用资料、完成项目、案例分析等更多的实践操作中,系统运用各种交流技能。听、记笔记技能向听记更高一级、更复杂的方向发展,要求学生掌握概括技能。要求学生在完成教师正常的作业外,花大量的时间自学。

（3）社会科学基础:定性研究方法

这部分占 10 学分。课程的目标是培养学生在学术伦理道德,特别是在商业和组织环境中的伦理道德,以及基本的定性研究的技能。要求学生在校园内寻找一个由 4~5 名学生组成的按照学校规定创办的辛迪加组织,选择一个适当的课题,确定一个有简单文字说明的研究方案。运用小型的调查问卷和其他调查方法,选择数学方法处理数据,按照学术指导手册进行研究,形成分析报告。

（4）跨文化交际

本部分占 10 学分。内容主要介绍在社会交往中口头和非口头语言在不同文化中的使用情况。不同文化的交流方式的研讨作为考试的内容。要求学生学会判断影响交流的各种典型因素、定势思维和种族歧视。本课的目的是通过学习不同语言潜在的内容、不同文化的价值观和不同文化的文化特征,培养学生跨文化交流的能力,在不同文化的交流和互动中学会发现跨文化关系和转变的相关问题。

（5）商务研究入门

这部分占 10 学分。目的是培养学生关于商业管理的基本知识。通过逐步模拟商业计划的实施,培养学生商务管理的基本技能和基本原则。通过由 4~5 个学生组成的辛迪加组建一个模拟公司,完成从概念到零售对一个产品的开发或服务。由于公司的成长需要各种各样的管理和运作能力,因此可以进行自己的案例研究,从中了解一个商业机构的成功所需要的基础知识和基本技能。

(6)当代电影研究

本部分占 10 学分。主要内容是与演讲主题相关的一系列电影。要求学生在一定的时间内观看这些电影,并将此作为将来口头和书面交流的素材。

(7)辅导课

除了学生正常的教学课时安排,全年要求学生参加一对一的个别辅导课。这是学生单独与 CELE 导师交流、解决学习上以及其他问题的机会。

(三)课堂教学

1. 教学模式

(1)学前培训

学前培训是宁波诺丁汉大学入学教育的一个特色。从学生报到到正式上课,大约一周的时间。它是一个前期教学活动,是整个教学活动的引子。它是根据学生的需求而专门设置的一种导入性的培训,目的是使学生尽快适应新的生活环境和学习环境,明确自己的努力方向,适时做出自我调整,进入新角色。学前培训又是一种带有明显的学习策略培训性质的英语覆盖活动,让学生的头脑得到强刺激,产生巨大的信息差。同时,每个学生要接受英语听、说、读、写等各个方面的测试。学校以此诊断学生的实际英语水平,分析学生的实际需求,进而对学生进行分类,并对制订的教学计划再次做出调整。同时,测试还有利于学生集中注意力,让学生有一种压力,从而使他们增加学习的动力,产生强烈的学习需求。

为了让学生尽快适应英式教育,学校给每位新生分发了“一年级学生手册”,详尽介绍第一学年的学习内容、计划、课程设置、教师安排、教学方法、教学大纲、学生的权利,以及信息反馈途径和处理程序。

学前培训过程中,老师明确告诉学生,英式教育完全不同于他们以前熟悉的中学或中国大学的教学。学校将引入英国诺丁汉大学的 EAP 教学。他们将专门为中国校区编写教材,配备最优秀的教师,实行小班化教学和分层次教学,并有专门研究人员对学生的学习状态进行跟踪研究,提出教学对策。从诺丁汉以往的实践来看,中国学生是完全能适应全英文教学的。英语教学的形式既有大课、讨论课,也有个别辅导课。教师要求学生做好充分的课前准备,以便积极踊跃参与课堂讨论和提问。从模块 2 开始,每门课程要求学生上交做好的学习计划,并且对每个项目都要求有一个任务和计划。

学前培训在信息内容和表现形式上体现教学的客观需求和实际可操作性,兼容了语言知识、应用技能和文化素养诸因素,在内容和学习策略上能给学生以新鲜的刺激和启迪,帮助学生重新认识英语学习。

宁波诺丁汉大学的新生入学报到、注册的过程和内容与国内大学无异,唯一不同的是其工作语言为英语。入学注册结束的第二天即进入“学前培训周”。这阶段有非常详尽的进程表,如“课时计划表”和“学生手册”,并在注册时就发放到学生的手中。前者相当于国内的课程表,但它的每一个步骤都非常明确和细致,让学生完全明确日程安排,后者主要将学生要面对的各种问题加以解说。

为了保持和完善学校的学术和行政管理标准,保证学生公正顺利通过所有的课程和项目,宁波诺丁汉大学专门编制了学生质量手册,分发给学生以便他们了解有关标准和处理程序,维护并确保自己应有的权利和公正待遇。1997年英国正式成立高等教育质量保证委员会(QAA),并于1999年出台了新的高等教育质量保证框架-HG6,旨在建立一个教学质量保证体系,给高等教育资助者提供可靠的质量绩效指标,降低外部审查的负担,促进高校内部评价的有效进行。宁波诺丁汉大学也采用了这一质量保证体系。从中国学生的实际需要出发,该表增加了面谈、测试及学会学习三个内容。其中,面谈和测试是诊断性的,同时建立的一个档案旨在对学生做长期跟踪,详细记录每个学生的各个阶段的各种测评和需求,以便对中国学生不同的需求进行分析,按学生的不同层次划定班级,实施因材施教。《学生手册》可理解为学生学习、生活指导手册,主要内容分为两大块:课程信息和一般信息。第一部分内容主要与学习有直接关联,如课程目标、内容、结构、专业的申请、学习评估、时间及日程安排;此外还包括学习的辅助设施如教室、自学设施、图书与文具、语言中心及其成员的职责、学生投诉的程序;此外有学生职责、义务、权利、学习责任和到课率。第二部分内容主要涉及学校服务功能细目介绍,如语言中心的申请、注册、通信(书信、传真、电子邮件)等;还包括大学的服务与设施,如住宿、银行信贷、健康保健、学生福利、宗教信仰、社团组织、俱乐部、运动及娱乐设施、购物与交通、网络服务等。如果将这两部分加以综合分析,便可发现对学生的需求分析已经做到了不能再细的地步,学生的任何微小需求都可以从中得到满足,真正体现了以人为本,以学生为中心。

学前培训结束后,学生被分成17个班(每班15人),每个班级均以一个诗人或城市命名。当然班级的人员并没有因此而固定,而是随着学习进程的变化、学生需求的改变和阶段性需求分析评估随时调整。同时,学校要求每个学生完成一份学前培训阶段结束后自己的真实感受和测评情况反馈调查表,以备学校安排下届学生的教学时参考。

学前培训设置一开始,学校实际上就是在认真分析英语学习环境的需求问题。所有人员在各个方面为学生营造英语学习环境和氛围,让中国学生完全投入、沉浸在学校为之创设的子环境或子文化中,使中国学生更好地能融入西方大学教学的氛围中,填补中国学生对中外文化差异了解的不足,满足中国学生对西方文化了解和认同的需求。宁波诺丁汉大学对学生的生活小环境(宁波诺丁汉大学的学生公寓)、学习环境(宁波诺丁汉大学的教学楼和行政楼)都按照英国诺丁汉大学的风格布置。每个教室都是欧式吊顶,采用诺丁汉大学的标准颜色和大学标志,墙上张贴世界地图、英国地图、英国诺丁汉大学地图以及英国文化特色图片(定期更换),教室里安放了可折叠桌椅,安装了白板、电脑投影仪、现代通信设备和语言实验装置,使学生能够享受到英式教育和信息技术所带来的好处,并且保证教师能够获得最现代化的教学手段。

为了保证宁波诺丁汉大学的教学质量,保持英国诺丁汉大学的教学风格和教学特色,所有教师均为受过"学术英语"培训的英语为本族语老师。为了弥补中国本土英语语言环境的不足,为学生创造运用语言的机会,满足中国学生的英语语言交际需求,行政工作人员大部分来自英国,聘用的部分中方人员均为"海归"。另外,图书资料也来自英国诺丁汉大学本部,学生自主学习中心直接连线英国本部。

学前培训的另一个重要目的是让学生在正式进入大学专业学习前就接受全天候的纯英语语言文化的"轰炸"尽管多数学生还听不明白。所有任教教师轮番上阵,主要内容是介绍学习计划、学习目标和英美文化。这样,一方面让学生对英语有了强烈的全新的感性认识,从文化角度帮助和激发学生的学习欲望,使之产生强烈的融入型动机,从而缩短其在社会心理方面与目的语的距离。教学的根本目的不是传播知识,而是"授人以渔",让学生学会学习、学会思考;另一方面,迫使学生对先前的高中英语学习策略的适用性进行思考,并做出相应调整,帮助他们跨越式地经历"Think-Choose-Live-Learn"这四个阶段,使他们能够比较自觉和明确地开展学习活动。

学前培训具有教学目标的导向作用。具有导学、导教、导测评的功能。在目标导向教学中,目标的设置与适当陈述是极为重要的,是教学科学化的第一步。教师的"教"、学生的"学"都必须针对目标。在学前培训阶段,虽然中国学生面对超量的英语轰炸有些应接不暇,"学生普遍感到开始的1~2周很不适应,非常困惑,感到学不到东西,无所适从,甚至怀疑教师的水平"。但是,通过具体的操作和书面手册,学生仍能正确理解教学目标的要求,明白自己现有的能力和今后需要努力的方向。学生在外界的强刺激下能够基本保持眩而不晕,迅速融入用英语思考、交流、做事、做人的环境。

学前培训具有产生信息差的作用。学前培训阶段的各种刺激,一方面使学生对自己的英语能力产生怀疑,感到强大的学习压力,进而产生积极的学习动机。"没有人强迫,我能经常到图书馆看书,掌握更多的词汇句型以备后用。"(学生语)。另一方面使学生产生某种兴奋和自豪感,因接触到先进而地道的西方文化而产生强烈的求知欲望和融入需求。当然也不能排除承受不了这种刺激而被淘汰的可能。但目前来看中国学生的适应能力都比较强,不但能适应,而且都能比较积极主动地融入。

学前培训使学生对原有的学习策略做出调整。由学前培训中各种刺激产生的信息差,迫使学生对高中阶段的学习策略进行反思,产生融入性动机,改变原有的学习策略,接受和采用新的学习策略。因此,学前培训具有正面强化刺激作用,是一种催化剂。使学生的学习主动性得到了加强,"在课堂上尽量主动地争取回答问题,有意识地使用所学的新单词或词组,不然面试就有可能不行。"(学生语)。学生为了适应全新的英语教学、考试、课程论文、小组讨论、合作项目等,需要进行大量的课后阅读。

学前培训为学生创设了英语学习环境。学生走进宁波诺丁汉大学的5号教学楼,马上就进入了被英语包围的小环境中,感受英语文化的氛围,在各个层面参与不同风格教职员工英语交流活动。为进一步学习打下良好的基础。"从小学到中学,从来没有接受过如此多地道的、不同风格的英语,受益匪浅。"(学生语)。

(2)常态教学形式与内容

学前培训结束后,学生马上进入三周的课堂教学,其间还设立了阅读周,之后又是一周的课堂教学。第五周为第一阶段考试,第六周是学生分班和教师辅导周。模块1课程的内容有语言回顾,关注语法和语言的准确度;学习技能,侧重于独立学习、时间管理、学习计划、讨论技能、个人陈述、团队合作和学术范式等;学生合作项目;阅读,包括技能和策略;写作,主要是学术规范的写作;听力,主要是技能和记笔记;听演讲报告,主要涉及听讲前准备和听讲中的记录及听讲后的整理。模块2和模块3课程教学涉及英语语言的内容大致相同,有书面交流与研究和口头交流和研究。

宁波诺丁汉大学课堂教学的课型大致有大课、讨论课、导师个别辅导课。大课模式,一般也是单向教学,讲授知识性材料或接受性技能,但一门课往往有几位主讲老师轮流讲授,且每周的教学任务、内容和课程安排,学生的阶段任务、目标和所要完成的作业,都事先明确到每个学生。讨论课有详细的计划和目标,教师只起辅导和引导作用。课堂上始终以学生为中心展开各项活动,并要求学生将英语作为沟通交流平台,充分体现团队精神,几乎所有项目都需要合作完成。讨论课的活动,读、听、说、写融为一体,使学生的综合应用语言能力得到锻炼。导师个别辅导课每周一次,导师与学生一对一交流,时间为20分钟,主要解决学生学习生活中遇到的困难,指导学生学习策略的应用和师生的情感交流。

课堂教学通常是教授和讲师讲授主要课程。课上,教师告诉学生他讲课内容的要点,所需解决的问题和课外需要阅读的参考书、期刊和报刊文摘。随后,学生再参加研讨会或导师指导课。这是个有教师参与的小组讨论,目的是让学生探讨专业课题,并就课堂或个人研究中遇到的问题进行讨论。许多课程会涉及小组活动,由导师布置课题,三五个学生合作完成。

课堂教学中强调让学习者明白要做什么,为什么,以便选择最有效的学习方法,并把所学的技能运用到课外学习中。课前,教师提前讲明任务活动要旨、授课目标、论文范围、授课方法以及阅读书目,以培养学生独立思考的能力及分析问题的技能。课堂中,教师运用一系列程序和活动来提高学习者对学习策略培训的意识。教师在课堂中会花一定的时间鼓励和引导学生,让学生完全进入角色,并对自己的学习负责。教师还会对学生的课后活动提出建议。学生上完课,往往需要进行小组讨论,在很多情况下,还让学生做个人陈述,以考查学生的综合素质。教师课堂授课时间只占教学时间的1/2,其余时间留给学生自学、开展讨论。学生可以与教师自由交换意见和观点,允许不同观点的争论。小组形式的项目活动频繁,其目的是锻炼学生的思辨能力、分析和解决问题的能力,通过冲突来达到对事物的深层次理解,同时培养学生的团队意识。

宁波诺丁汉大学教学上以培养学生的独立学习、独立思考、主动学习的能力为主。教师的主要目标是培养学生的学习能力,不是单纯地教授学生知识,而是激发他们的学习兴趣,鼓励学生学习和思考各种事物,培养他们对于各种问题的敏感性。教师还注重培养学生的分析式思考能力和运用知识的能力。教师的教学风格可以分为深入浅出、轻松活泼等,可能采取课堂讨论、兴趣引导等不同的形式。教师会经常问学生“为什么事情会这样?发生这样的事情时我们该怎么办”等这一类问题,从而使学生能主动思考问题。除此之外,教师十分注重学生在课堂上的讨论。在名目众多的讨论中,教师要求学生分别阐述各自的观点并与同学进行交流。同时,教会学生实用的交流技能,而且要求学生学会评价他人的观点,从别人身上学到独到的见解。如果老师和学生在观点上有冲突,学生可以大胆地阐述自己的观点。

第二节　以 ESP 理论为基础的其他语种教学研究

目前,我国高校外语类专业共涉及 67 个语种。2018 年,由教育部高等学校教学指导委员会编写的《普通高等学校本科专业类教学质量国家标准》(以下简称《普通国标》)对外语类专业进行了概述,“外语类专业是全国高等学校人文社会科学学科的重要组成部分,学科基础包括外国语言学、外国文学、翻译学、国别与区域研究、比较文学与跨文化研究,具有跨学科特点。外语类专业可与其他相关专业结合,形成复合型专业,以适应社会发展的需要。”《普通国标》对外语专业人才培养目标提出了以下要求:“应培养具有良好的综合素质、扎实的外语基本功和专业知识与能力,掌握相关专业知识,适用我国对外交流、国家与地方经济社会发展、各类涉外行业、外语教育与学术研究需要的各外语语种专业人才和复合型外语人才。”从《普通国标》中对高校外语类专业的概述以及培养目标的确定可以看出,新时代外语专业的教学已不再局限于单一外语理论的学习,而是要与其他专业相融合,打造"外语+专业"的教学模式,培养适应国家、地方的经济社会发展的复合型外语人才。专业外语教学注重培养学生扎实的外语基本功和专业知识与能力,而大学外语教学则侧重培养学生的外语应用能力,增强跨文化交际意识和交际能力。

新时代社会经济发展对外语的教与学提出了更高地发展要求,因此,在大学学习的基础阶段课程中,无论是专业外语教育,还是大学外语教育,在大学基础教学阶段具有重要意义。为适应快速的社会经济发展,教育部组织专家对专业外语与大学外语的教学大纲不断修订。虽然教学大纲在不断完善,但是学生实际外语水平与社会对大学生外语综合应用能力要求仍然相差甚远。为了提高学生外语综合运用的能力,建构主义提出了多元互动教学模式,要求大学外语教师在不同教学阶段、不同课型开展不同的教学设计,科学应用多种教学方式。信息技术的高速发展促使外语教学(专业外语和大学外语)模式的转型,构建适合新时代社会经济发展需要的全新教学方式。

以教师主导的教学模式是20世纪70年代中期到90年代中期我国高等教育外语教学的主要模式。课堂语言教学方法为语法+翻译法,课后则是学生自行开展的反复语言训练,方式有背单词、背句式、背课文。进入信息高速发展时期,传统的大学外语教学进入了计算机辅助教学时期,多媒体计算机辅助外语教学优化了外语教学环境,激发了学生的学习兴趣,借助不同的教学手段向学生呈现不同的教学知识,从而获得不同的教学效果。虽然计算机辅助教学有如此多的优点,但它仍然代替不了传统的外语教学方法,尤其是课上师生互动交流。21世纪是信息技术光速发展的时期,为了提升学生的外语能力,改善外语教学资源严重匮乏的问题,国家相关部门大力推动信息技术在外语教学中的应用。在新时代背景下,要求推广以教师为主导、以学生为主体的大学外语教学模式,极大地调动了学生的学习积极性,学生逐渐发展成为信息加工的主体与知识主动建构者。

在全球经济发展背景下,外语学习目的不应该是以拥有语言知识为价值引导,要突出其实用功能性、工具性,要培养专业学习必备的技能。所以,要对大学外语教学训练活动进行具体探究,有针对性地调整相关内容,对课程目标进行重新定位,注重其实用性发展,以此提升学生的核心竞争力,实现其全面可持续发展。相比较其他语种,高校英语教学理论研究始终走在最前面,引领着高校外语类专业的发展。目前高校学生学习的英语课程主要是共同科目,教师所传授的课程比较倾向于通用英语,即以日常实用英文为主,难度不大,且不利于激发学生的英语学习积极性,难以实现学生全面发展的教学目标。目前大部分高校英语课程的设置都不能满足学生的具体学习需求,很难实现学生的个性化发展,忽略了学生的差异性特点,造成英语教学实效性难以提升,不利于学生语言能力的发展。与通用英语不同的是,专门用途英语教学则是从学生的语言需求分析、专业语言分析、评估学生英语能力等方面出发进行课程设计,专门用途英语的课程设计不单以语法教学为目标,而是以跨文化交流和专业化语言的应用为主。

ESP教学注重突出师生之间的双向沟通,教师在教学过程中注重学生的个性化学习需求,有针对性地编写相关教材,强化师生间的沟通与交流。在编写教材过程中,通过研究专业领域语言模式,为学生提供专业外语知识的训练,教会学生独立自主学习的方法。ESP教学语言材料多出自学术期刊、学术会议等,涉及专业学术领域,语言晦涩难懂,为了让学生能够更好进行语言学习和专业训练,ESP教师往往会选择便于学生理解和记忆的难度较低的语言材料作为教学内容。除此之外,ESP教学还注重教学情景的设置,帮助学生熟悉在真实情景中可能出现的问题。注重学生的语言发展需求,有针对性地设计相关活动,提升学生专业化英语能力,常见的情景演练包括撰写报告、角色扮演等。

传统的外语教学方式与目标已经不能适应社会发展的具体需求,亟须全新的高等教育外语教学新模式。ESP 理论与教学模式根据学生具体的语言学习需求,有针对性地选择教学内容,积极地调动学生的学习积极性,为其创建真实的语言环境,促进其专业化外语素养的提升,为其后续工作学习奠定坚实的专业外语语言基础。由此可见,ESP 理论与教学模式正适合于当下我国高校的复合型人才培养。

一、ESP 理论与高校日语专业教学

结合牡丹江师范学院东语系日语专业学生的问卷调查结果,从日语专业教学大纲和教材两个方面探讨 ESP 理论在日语专业教学中的应用。在设计教学大纲之前,应以需求分析为切入点,根据不同阶段学生的不同需求,了解地方经济发展特点以及学生实际的语言需求,只有从根本上打好基础,日语专业的人才培养才能具有实效性。文中拟设商务方面、语言方面、文学方面、文化方面、综合素质等方面的需求。本次问卷调查的调查对象是日语专业大四学生。共发放问卷 56 份,实收 56 份。问卷内容包括学生的需求、课程设置、对教材的满意度三个方面。就需求方向来说,56 名学生中有 22 名学生倾向于商务方面,3 名学生倾向于语言文学方面,2 名学生选择了文化方面,44 名学生选择综合素质方面。基于问卷调查结果可以看出,大部分学生倾向提高自身综合素质,意欲获取各个领域的知识,成为复合型日语人才;学生们期望在学习日语的同时,可以学习其他专业知识,形成"日语+专业"的教学模式;学生们对商务日语的学习有一定的需求,注重专业的实用性。

教学大纲是人才培养的"设计规划"。大纲中既要体现教师的主导作用,又要体现学生的主体地位,是理论与实践相结合的具体表现。在设计教学大纲时,必须深思熟虑,力求体现各方面的平衡,同时也必须体现人才培养的方向和特点,以及课程的实效性。在需求分析的基础上进行课程设置。ESP 理论在对教学大纲设计程序的理论制定上明确指出要从教学对象、教学目的、教学要求、教学内容、教学方法,以及大纲类型等方面制定。有关于课程设置的问卷调查中,85.6%的大四学生认为应该在大一时开设"日语听力",46%的学生认为"日语阅读"课应开设在大二,51.8%的学生认为应在大二时开始专业选修课程,60.7%的学生认为大三时应开设"商务日语"。将此结果与同行院校相关专业设置进行比较可以看出,在课程设置方面,学生们更注重听力能力,希望在学习理论知识的同时提升语言运用能力;学生们希望选修课开设在大二。学生认为大二既掌握了基础的知识,有了一定的自学能力,又想培养自己的兴趣爱好,为今后工作打下良好的基础;有关于阅读课程是否使用尚存争议。除此之外,学生认为,每一个时期都应对调整人才培养做出适当的调整。每一届学生的需求是不同的,每一阶段的社会发展需求也是不一样的,制定人才培养方案应顺应地方经济社会的发展和学生个人语言需求。

调查问卷当中,也对日语口语的课时分配也进行了相应的调查。超过半数的(51.8%)调查对象认为,日语口语课的课时应为每周五学时。由此可见,学生对口语的重视程度。该人数比例仅次于选择精读课的人数,因此,考虑在上精读课的同时,一并开设口语课程。69.8%的被调查学生认为,大学三年级应继续开设精读课程,表现出了学生们注重自身的外语基本功的迫切需求。

分析问卷中对所选教材满意度方面的调查,得知:(1)实用性较高的课程所用教材获得

满意度高,符合功能意念和情景体系。例如商务日语、日语听力、日语口语。(2)学生们注重基础语法的学习,语法书的逻辑性、系统性都很强,利于学生们接受并理解。

基于 ESP 理论,编写或选择日语专业教材时应从以下几方面出发:

(1)从需求角度分析,了解所教学生的学习能力、学习兴趣以及思维方式。教材还要同教学课程的体系保持一致。要体现结合专业和激励学习的原则。

(2)从教材体系上看,在学生学习的初级阶段可以考虑以语法结构为主的教材,因为具有语法结构的教材系统性强、易被接受。在学生掌握了基本单词和语法之后,则应选用具有功能性和情景性的教材。

(3)从教材内容上看,要注重文章的出处、作者、时效性、逻辑性、难易度。教材内容要与日本的文化、经济、社会等方面相关联。换句话说,就是应该从各个领域进行取材,最大限度地融合各个领域的知识,体现出包容性、先进性、科学性的原则。

结合学校实际情况,在将 ESP 理论运用到日语专业教学大纲的制定和专业教材的选择中时应注意:

(1)明确学生们的需求,掌握时代发展的动向;

(2)考虑专业人才培养目标,阶段性的培养重点。商务日语专业教材的编写时要注意编写的背景,即符合学生需求,有针对性地编写;

(3)在教材的选择上要注重综合知识的融合;

(4)定期检验成果,不断完善。

二、ESP 理论与高校俄语专业教学

为扩大我国教育对外合作交流渠道,引进较为先进的教育资源,增加我国教育供给的多样性,满足社会日益增长的多样化教育需求,教育部推行中外合作办学。中外合作办学"语言+专业"的人才培养模式为专业复合型人才的培养拓宽了途径。但如何从通用俄语学习过渡到专业俄语学习则是现在面临的最大难题。江苏师范大学江苏圣理工学院学院的闫欢欢将 ESP 理论运用到中外合作办学的俄语教学中,用以提高学生在专业领域的俄语语言应用能力。

不同于国内高校俄语专业的教学目标,中外合作办学的俄语教学具有双重性:一方面,培养学生扎实的俄语基本功以及跨文化交际能力,使学生达到俄方院校要求的《俄罗斯联邦对外俄语等级考试》(ГТРКИ)一级水平;另一方面,提升学生专业俄语语言水平。中外合作办学通常为"国内+国外"的授课方式,国外专业课程为全俄语授课,其中涉及大量专业词汇,因此,除扎实的俄语基本功外,还需帮助学生用俄语掌握相关专业知识,使其将来能听懂俄方授课。中外合作办学的培养目标是培养学生既掌握专业知识,又具备良好俄语交际能力,并能熟练运用俄语进行专业技术交流。

ESP 教学的显著特征便是兼顾了语言技能训练和专业知识学习两项任务,这与中俄合作办学俄语教学目标是一致的。因此,运用 ESP 理论来指导合作办学理论俄语教学具备可行性。

ESP 理论首先从学习者的学习需求开始,根据需求分析,确定教学目标、教学内容,从而进行教学设计。选择中外合作办学教学的学生对俄语的学习需求主要是掌握相应学科的术语和语言表达习惯,能熟练阅读本专业的俄语文献,听懂国外教师讲课,满足将来出国学习专业课的需要。根据学生的需求,在选择教学内容和课程设计时,应紧贴学生所学的

专业课程,这不仅能唤醒其学过的专业知识,也能增加专业术语的积累,提升俄语实际应用能力,最大限度地满足学生的学习需求。

优秀的教材是提高教学质量的保障。目前合作办学机构众多,但是实用的专业俄语教材并不多,相关的辅助教材更是少之又少。针对该情况,不少合作办学院校也积极组织俄语教师自编教材,但是由于语言教师对专业知识的把握不到位,编写出来的教材与学生所学专业课程内容脱节,缺乏系统性和实用性。此外,由于合作办学机构大多为理工科专业,物理和数学是这些理工科专业的基础课程。可针对物理和数学编写专门的俄汉术语对照手册,方便学生查阅和自我学习。

ESP 发展关键是建立各行业各专业的语料库。语料库的开发和使用对提高课堂效率、教材编写以及教学评估等方面都发挥着重要的作用,已成为影响 ESP 最有影响的教学手段之一。近年来,专门用途英语语料库建设取得一定进展,呈现"专门化、本土化、多模态化"三大发展趋势。

与英语相比,专门用途俄语语料库建设则明显滞后,无论是在理论研究还是在实践经验方面都存在明显不足。因此,可借鉴专业英语语料库建设的经验来指导俄语语料库建设。教师之间也可通过这些网络资源相互借鉴交流经验,及时更新教学理念。

教师在教学环节中发挥着重要的作用。在传统外语课堂中,外语教师主要扮演传授者的角色,是课堂知识的重要来源。而 ESP 领域专家 Dudley-Evans 和 St. John 更倾向于把教师称为"实践者",提出了合格的 ESP 教师应该扮演以下五种角色:(英语)教师、课程设计者、研究者、合作者和评估者。

与通用外语相比,ESP 的专业性和实践性更强,集语言教学和专业技能提升为一体。但这并不意味着 ESP 教学的主要任务是专业知识的传授,ESP 教学归根结底还是语言教学。因此语言教师作为教学的实施者,首先必须要具备扎实的语言教学理论知识和技能,掌握外语教学方法,拥有较高的语言综合能力,并能将这些知识有效传授给学生,提升学生在专业领域的语言沟通能力。ESP 理论将需求分析作为教学开展的关键,这就要求外语教师应在分析学习者需求的基础上来选择教材、确定教学内容、进行教学设计。

传统的专业俄语课堂通常是教师占据主体地位,采用的方法大多是"直接翻译法",即教师讲解生词,学生机械记忆,内容枯燥,师生互动少,不利于激发学生的学习兴趣。而 ESP 教学则"要求以学生为中心",改变传统授课中教师为主导的授课模式,让学生成为课堂的主人。专业俄语教材专业术语多,句式结构复杂,学生在学习中通常表现出"畏难"情绪。因此,在授课过程中,教师切记不要一味地进行专业词汇的灌输,而是采取循序导入的方法,积极引导学生将专业俄语词汇、句式和一般俄语进行对比。对比分析后让学生自己总结出专业词汇的构词方式和句式特征,帮助学生掌握一套快速进入专业俄语的学习方法。

教学评价是教学过程中不可或缺的一环,对检验教学目标的达成情况发挥着重要的作用。ESP 作为多元化的教学理论,在评估形式上很多 ESP 专家主张采用形成性评价体系,即降低期末考试成绩所占的比重,突出过程化评价。在授课过程中,通过多媒体展示、辩论、调查报告、论文和小组汇报等形式对学生的表现、能力和态度等方面进行多维度考核。结合期末成绩和平时表现,科学全面地评价学生对语言知识的掌握和运用情况。

要增加学生的社会实践活动,实现理论与实践的完美结合。校外实习是理论与实践相结合的有效方式。由俄方专业课教师带队,对学生进行全程指导。俄方专业课教师用俄语介绍相关设备名称、操作方法等,对部分项目进行现场教学。同时鼓励学生用俄语与专业课教师进行沟通交流,这样不仅有利于学生学习专业外语知识,还能巩固专业知识。

将 ESP 理论的教学方法应用于中俄合作办学的俄语教学实践中,为合作办学的俄语教学改革提供了思路。希望借助 ESP 理论来指导合作办学的俄语教学,能为专业课学习打下良好的语言基础,有效衔接国内语言学习和国外专业学习,满足学生出国深造的需求。

除中外合作办学的俄语教学外,"俄语+专业"的教学模式也可以运用 ESP 理论,根据地方经济发展需求和学生个人学习需求,科学合理有针对性地设计课程,培养俄语专业学生"+专业"的能力。

结合当今中国社会高质量发展的新要求、各学科交叉融合的新趋势,从新文科的视角审视俄语专业发展的模式有三个:"文理交叉""文文交叉""复合型模式"。"文理交叉"可理解为俄语与理工类专业的融合,"文文交叉"即为俄语+贸易、新闻、国际关系、金融、市场营销等专业,而"复合型模式"则为俄语与区域学专业的融合。以上三种人才培养模式是现行的全国高校俄语专业人才培养模式的升级版。

哈尔滨商业大学俄语专业现行人才培养模式为"俄语+商务",即"文文交叉"1.0 版。依托哈尔滨商业大学国际贸易学、金融学、会计学等学科优势,除俄语专业基础课外,开设多门经贸类课程。与俄语相关的实践类经贸课程(经贸俄语、商务应用文写作等)由俄语专业教师讲授,而理论类经贸课程则由我校国际经济与贸易专业、金融专业、会计专业教师承担授课任务。这是目前商科类院校俄语人才培养的主流模式。但从毕业生就业情况来看,这种"俄语+商务"人才培养模式的效果并不理想,毕业生对经贸专业技能的掌握较差,俄语和经贸总像是两条平行线,找不到交点,不能够融合在一起。而造成这一现象的主要原因在于俄语专业并未高质量融合本校优势专业,专业课程设置不合理,既懂俄语又懂经贸的教师资源匮乏。如何将商科类院校的俄语学科与商科融合在一起,这是摆在商科类院校俄语教育工作者面前的一大难题。

决定多学科高质量融合的因素有很多,其中最主要的专业课课程设置。现行的哈尔滨商业大学俄语专业人才培养的课程设置是以增设经贸类课程为主,旨在培养具有扎实的俄语语言文学基础知识和基本理论,具有系统俄语商务专业知识及理论,具备俄语语言技能和良好的俄语商务能力,能从事俄语语言、对俄经贸、管理、教育、科研等方面的工作,具有较强创新精神和创业能力的高素质应用型、复合型高级专门人才。目前实行的"俄语+商务"人才培养模式并没有完全照搬国际贸易专业或国际商务专业的课程设置模式,而是只开设与经贸活动密切相关的课程,这些课程涵盖经济学、管理学、法学、金融学、信息技术学等,突出办学特点。虽然所开设的经贸类课程基本满足了人才培养的专业理论需要,但值得注意的是,这些课程中缺少对俄经济类课程,致使俄语知识类课程与商务知识类课程彼此之间缺乏联系和呼应,出现"两层皮"的现象,俄语是俄语,经贸是经贸。

简单地增设经贸类课程,在一定程度上弥补了学生在这一专业领域知识上的空白,但治标不治本,俄语与经贸依然是两条永不相交的平行线,没有实现真正的学科交叉。这一问题的存在制约着商科院校俄语专业未来的发展和人才的培养。针对这一问题,可以运用 ESP 理论,基于地方经济需求和学生个人学习需求,进行专业课课程设置,真正做到"有求必应"。除语言文学类和跨文化交际类课程外,有针对性地开设与本省对俄合作相关的金融贸易类课程。从当前黑龙江省对俄贸易、对俄合作的走势来看,哈尔滨商业大学俄语专业应将人才培养重心放在"俄语+金融""俄语+贸易"上,以适应龙江经济发展对高质量复合型金融贸易类俄语人才的需求。国际化外语人才培养课程设置方案,试将金融贸易类俄语人才培养课程设置中课程划分为三大类型见表5-2。

表5-2　金融经贸类俄语人才培养课程类型

课程类型	课程目的	课程内容	课程名称
语言文学类课程	建构相关语言、文学知识,培养语言综合运用能力	汉语和俄语语言文学知识	现代汉语、古代汉语、中国现当代文学史、俄语语音、俄语语法、俄语视听说、俄语阅读、俄语语言学、俄语翻译(口、笔译)、俄罗斯文学史等
金融贸易类课程	建构金融贸易类专业知识,夯实专业基础	金融、贸易中国(黑龙江省)与俄罗斯贸易等相关专业知识	中国(黑龙江省)与俄罗斯经济合作、中国和俄罗斯经贸法规与惯例、中国(黑龙江省)与俄罗斯边境贸易、中国(黑龙江省)与俄罗斯跨境电子商务、中国(黑龙江省)与俄罗斯金融合作等
跨文化交际类课程	提高中俄文化差异敏感度,增强跨文化交际意识	中俄两国国情概况、两国跨文化交际、俄语通用语国家的文化习俗等知识	中国文化、俄罗斯国情文化、跨文化交际学、涉外礼仪、中俄商务礼仪等

如表5-2所示,金融贸易类俄语人才培养课程可包括语言文学类、金融贸易类、跨文化交际类。外语学科是一门人文学科,就其具体内涵而言,外语学科应是语言、文学和文化的"三位一体"。语言文学类和跨文化交际课程主要从语言、文学、文化等层面夯实学生的汉语和俄语语言文学基础知识,提高语言技能和跨文化交际技能。金融贸易类课程主要是构建和完善中俄贸易往来所需要的专业知识体系。除此之外,实践环节主要以实践基地实习为主,将所学俄语语言技能、金融贸易基本的理论知识运用到实际工作中。

专业教师的业务水平是保证人才培养目标和人才培养方案实施的关键。王立非等专家在《商务英语专业本科教学质量国家标准要点解读》中指出,商务英语人才培养过程中应配备语言类、商务类、实践类专业教师,商务类教师除英语能力合格外,其本科、硕士或博士学位中至少有一个应为经济、管理或法律类专业。就目前哈商大俄语人才培养的师资学科结构来看,金融贸易专业教师基本上不具备俄语语言知识,能教俄语的不懂金融贸易,能教金融贸易的不懂俄语,"两极化"严重,这会直接导致学科交叉融合的失败。

针对金融贸易类俄语人才培养过程中通晓俄语的金融贸易类教师稀缺的问题,试图通过以下两种途径解决:一是聘请国内(省内)从事对俄经贸且懂俄语的企业管理人士用俄语讲授相关金融贸易类课程。二是与俄罗斯友好院校进行本科阶段金融贸易类俄语人才的联合培养。哈尔滨商业大学是中俄经济类大学联盟创始成员,可借助中俄经济类大学联盟这一国际化平台进行中俄两国经济类高校商务人才联合培养。邀请俄罗斯友好学校相关领域专家与中方教师联合授课。联合授课是指中俄双方教师共同编写适用于中国学生的教学大纲、教案、教学计划、金融贸易俄语类教材等,由俄方教师进行讲授。三是加大教师的国际化培养力度。考虑学生从头开始学习俄语较难,建议派俄语专业教师赴俄罗斯经济类院校进修,学习相关领域知识,提高理论素养、教研水平和实践能力。

在ESP理论指导下,"俄语+专业"的教学模式中课程设计要有针对性,专门用途俄语教师既具有过硬的俄语基本功,又掌握专业知识。

三、ESP理论与高校对外汉语教学

我国高校对外汉语教学中,商务汉语是专门用于商务活动的汉语,而商务活动则是以语言为媒介的交际行为,可以说,商务汉语是一种商务专业用语与交际汉语紧密结合的专用汉语。借助于ESP理论中的需求分析理论可更科学、更准确地对学习者个人需求进行研判,从而更有效地提高学习者的学习能力、个人能力、跨文化交际能力等。

商务汉语的授课对象可分为两类:一类是从事与中国有关的经商、投资、置业等经济交往的职场人士。这些人已经大学毕业且参加工作,具有一定的商务基础知识和商务实践经验,学习能力较强,接受能力也较强;另一类则是在读的大学生或者与经贸无关的外国留学生。这部分人没有多少商务基础,但是对商务有着极其浓厚的兴趣,因此选择了商务汉语。这些学习者的个人学习需求非常明确,经过一定时间的商务汉语学习后从事与中国有关的经贸活动,学习商务汉语是为了用商务汉语从事经贸工作。

商务汉语是以汉语作为技能训练手段,以商务知识作为讲授内容的专业汉语教育,可以说,语言在其中承担着重要的组织作用。大多数专家和学者也认为,具有一定的基础汉语知识是学习商务汉语的前提。因此,大多数商务汉语教材是针对有汉语基础的学习者编订的。但实际上,很多商务汉语学习者是没有汉语基础的,零起点的学习者希望尽快学习商务汉语,学习需求是"学即用"。然而商务汉语学习者的汉语语言基础不尽相同:职场人士可能是零起点的学习者,也可能是具有一定汉语基础知识的学习者;在华留学生则是具有一定汉语基础的中高级学习者。具有中级汉语基础的学习者经过半年到一年的集中培训,可以具有用汉语进行商务实践活动的能力,而零起点的学习者,可能所需时间要长一些。

基于学习者个人学习需求,商务汉语的教学应该以学习者解决项目任务等过程的评价为重点,关注学习者在学习过程中体现出来的与人合作的态度、表达与交流的意识和探索精神,注重学习者的终身学习与可持续性发展以及其职业岗位能力的培养,让学生在完成具体任务的过程中学会并掌握完成沟通的基本方法,并构建商务汉语的理论知识。商务汉语应以任务为中心组织课程内容,始终围绕学生在商务活动中"接触问题,然后解决问题"这一最终目的,将学习者听、说、读、写四种基本能力的训练与具体的任务完成的需求相联系。

基于ESP理论中的需求分析理论,从商务汉语的教学目标、教学内容的范围、教学原则、教材的编写、授课教师的素质、课堂教学分析以及商务汉语考核评估等方面详细论述了ESP理论对商务汉语的指导作用。

商务汉语作为一门专业汉语,其学习者的学习目的就是在商务环境中使用这种汉语,即把汉语作为一种商务沟通工具。无论未来是在中国境内使用商务汉语,还是在境外,学习者的商务活动都与中国有着密切的关系,为了顺利完成交际任务,除语言外,还应了解中国的商务文化、中国的经济法规和政策以及风俗习惯。因此,商务汉语的教学的内容不仅包括汉语知识,还应包括国际经济与贸易、金融等专业相关的知识。然而,需要强调的是,

商务汉语是专门汉语,是在汉语的基础上发展起来的,因此,商务汉语的主要课程应该围绕汉语的各项技能展开,其教学目标应定为通过商务汉语和经贸知识等课程的学习,在了解中国经济法规、政策和风俗习惯的基础上,提高学习者运用汉语进行经贸活动的能力。

商务汉语教学中汉语知识的讲授主要包括语音、词汇、语法和汉字四个方面。由于授课对象的不同,教学内容的侧重点地不同。针对高起点的商务汉语学习者的教学内容中语音、汉字已不再是重点,语法则注重复句和篇章的教学,强调语言的得体性。由于商务汉语涉及较多经济贸易、金融等专业术语,使用的词语与一般汉语的词语有很大的不同,具有术语多、新词语多、正式用语多、语言规范性要求高等特点,所以词汇教学会是针对高起点学习者的商务汉语教学内容的重点和难点。相较之下,针对汉语零起点的学习者,商务汉语中的语言教学仍然以语音、汉字、语法为重难点。

在技能训练方面,商务汉语应强调汉语语言交际技能、商务专业交际技能、跨文化交际能力。

基于专门用途语言教学的基础出发点,商务汉语语言交际能力指的是实际使用的交际功能,而非语言知识系统结构知识。通过对商务汉语的目标情景分析以及商务汉语学习者的需求分析调查,按照交际功能将商务汉语语言交际技能划分为以下四种类型:礼节性交际技能(欢迎、问候、介绍、道歉、寒暄、祝贺等);生活交际技能(购物、问路、订票、打车、就医、通信、约见等);商务信息交流技能,即基本的询问和陈述的语言能力(介绍公司情况、说明产品、询价、报价、征询意见、陈述意见等);协商技能,基于更为复杂分析、论证和说服的语言能力(讨价还价、制订与修改计划,讨论合作方式、事务评价、问题分析、解决纠纷等)。

商务专业交际技能是指具有并使用商务活动所需的经济学(贸易、金融)和管理学(工商企业管理)方面等方面的专业知识完成商务交际活动的能力。商务汉语学习者应注意除语言外其他专业知识的汲取和积累,只有具备商务专业知识,才能顺利完成商务交际任务。商务汉语学习者的商务专业交际技能的高低是与其在学习期间所处的商务环境息息相关。商务汉语具有实用性,因此可尝试开设一些介绍类商务课程,如中国经济讲座,该讲座定位于中国的经济概况。对中国贸易、投资、法律、金融等方面的概括性介绍,使学生了解中国的经济环境。在授课过程中,注重学生使用汉语查找、分析相关经济资料和信息的能力方面的培养。

跨文化交际存在于国与国政治、经济、科技、人文交流的各个领域,具有举足轻重的作用。商务汉语学习中跨文化交际能力要求学习者掌握中国的经济与理论知识、商务礼俗与案例以及其他相关的社会、文化背景知识。也有人将不同国家间的商务交际称之为跨文化经济交易。无论是跨文化商务交际,还是跨文化经济交际,其实质都是文化与文化间的交流,这种交流成功的关键就在于对相关文化知识的了解与掌握。熟知目的语文化,才能破除目的语背景文化对语言学习和跨文化交际中产生的文化障碍。中国文化中,直接拒绝交谈者的建议或意见被视为不礼貌的行为,因此,中国人在洽谈生意时往往不直接说"不",对此,外国人经常摸不着头脑,阻碍了正常的商务洽谈。由此可见,商务汉语教学时,相关的文化知识的讲授是十分必要的。汉语文化知识可穿插在语言知识讲授中,可通过学习中国人的表达方式来理解和掌握这些跨文化交际技能,也可开设专门的商务文化类课程,以专题讲座的形式设置此类课程。

基于 ESP 理论中的需求分析理论,试将商务汉语教学原则分为交际性原则、正确处理综合训练和分技能训练的关系、正确处理商务知识和汉语的关系、正确处理商务文化知识和商务汉语的关系。

针对商务汉语学习者的学习需求，根据商务汉语实用性的特点，其教学重点应该是如何在商务环境中得体地使用汉语，完成商务交际任务。这也正是交际性原则的体现。商务汉语课程的设置也为交际性原则服务，开设听、说、读、写等专项技能训练，教师在教学过程中也要贯彻这一原则。语言知识点的讲解、练习的设计、作业的布置都要体现这一原则，教师的教学应突出功能性，使学生在学过之后能够掌握语言的功能，达到交际的目的。

商务汉语学习者的社会身份不同，部分学习者是公司在职职员，部分学习者则为在校留学生，针对学习者的学习时间不同，则开设不同的课程。应正确处理综合训练和分技能训练的关系。由于公司在职职员的学习时间有限，所以针对这部分学员，只开设一门综合课，这门课程中包括语言学习、言语技能和言语交际技能训练。对于在校留学生来说，学习时间较为宽裕，则可同时开设一门综合课和几门专项技能课，使综合训练和技能训练相结合。但是听、说、读、写各个技能并不能严格分开，教师在讲授自己的课程时应该以单项技能训练为主，同时兼顾其他技能的培养。

商务汉语是一门专门的汉语，教师在授课过程中要正确处理商务知识和汉语语言知识的关系，应始终把讲授汉语知识和培养学习者的汉语技能放在首位，对于教学中所涉及的商务知识，以学生能够理解即可，不必讲解过多，否则就会本末倒置。

语言是人类思维方式和文化交流的一种最主要的方式，语言是文化的载体，任何一个民族的语言都蕴含着一个民族特有的传统文化、思维方式、社会心理、民族风情、价值取向和社会观念等。商务语言则是商务文化的载体，蕴含着商务活动中所产生的精神现象或文化现象。商务文化诞生于商务，发展于商务，服务于商务，并推动商务的发展。在商务汉语的教学中，一定要注重汉语文化知识的讲授，正确处理商务文化知识和商务汉语的关系。只有跨越了文化的障碍，才能顺利完成跨文化商务交际任务。

从 ESP 理论视角，通过对学习者的需求分析，新一代商务汉语教材应具有模块化与综合化相结合、专业知识与案例分析相结合、课文情景化与词汇交际化结合、文化背景与知识相结合、真实性与趣味性相结合、工整与活泼相结合、网络与多媒体技术相结合等特点。

由于学习者来自不同国家，来华时间不同，接受教育时间也不同，对其进行需求分析后无法在短时间找出一套适合其学习目的的教材，这就需要把现有的教材模块化，可以分为语言模块和商务模块。这样无论学习者是何需求，教师都可以自由选择，自由匹配，找出适应其特点的组合。因此，商务汉语教材既要涉及商务活动各个环节的综合性教材，又要是灵活组合的模块化教材。

鉴于商务汉语的实用性特点，商务汉语教材应把专业知识与实践紧密结合起来，具有某一领域的专业知识，再通过案例分析等情景模式进行专业知识巩固，从而有针对性地开展交流，达到既巩固专业知识又提高汉语表达能力的目的，这种结合可以摆脱单纯专业知识学习的枯燥性，又可调动学生用汉语交流的积极性，从而实现教学的交际性和功能性。

商务汉语教材核心课文要全部情景化。调动和利用各种多媒体手段，努力营造真实可信的商务环境，把一个进行着的、动态的商务客观世界展现给学生。同时，选材要新颖。时代在发展，知识在更新，商务汉语内容必须及时更新。包括再版教材不能简单重复，必须以最新的资料进行修订和补充，要将最新的商务活动和商务规则变化实例作为教材编写考察的新内容，经过一段时间的积累后，再择优编入教材之中。在我国成为世界第二大经济体后，经济体制已经完全与国际接轨，经济领域的发展变化将更加迅速，教学内容的不断更新就显得更为重要。商务汉语的词汇、语言结构的频率和特征与基础汉语是有很大的不同的,商务汉语有其特殊的词汇系统和语言结构,整个教学过程更要交际化。商务汉语这类专用教材的编写,不能像基础汉语那样,先把语言项目按其应有的规律安排好,而应该以商务内容为出发点,学生在与中国的商务活动中需要什么,编者就编写什么。当然,在语言水平和词汇频率层次上,仍要遵照循序渐进的原则,以能作为依据的语法大纲为语言结构的内在导向,因为商务汉语教材还是以语言讲授为主,经贸知识传授为辅,着眼点和考虑的中心是在商务领域进行交际时所必需的社会情景和所需要的词汇与语言结构。

新一代商务汉语教材内容中要重视文化因素的融入。文化在现代商务交际中占有越来越重要的位置,文化影响商务交往的方式,影响决策制定和管理风格。跨越文化障碍是国际商务成功的保障。不同国家和民族之间的商务交往不管以何种方式进行,都会产生跨文化交际障碍,这种障碍不仅表现在日常生活的言语行为上,也表现在思想观念上,交际主体的社会文化能力是决定国际的经贸活动顺利进行的重要因素。因此,文化教学的目的不在于传授文化知识,而在于培养学生排除因文化差异而形成的交际障碍的能力。所以,应该从比较分析的角度适当介绍中国的商务文化。重视相关文化背景知识的融入,将文化背景、风俗民情、社交礼仪乃至思维方式的介绍融入教材内容之中。外国人了解中国人的思维方式、行为模式以及待人接物的种种习惯,将有助于在现实商务活动中双方的有效沟通与交流,避免不必要的误会。因此,可在教材每课的主题对话之外,安排一篇阅读短文,其内容是与该课主题对话相关的社会背景、文化背景信息。换言之,每一课的主题对话是以具体的商务活动设立,每课的阅读短文则是以介绍文化背景为主。在文体上,前者是口语,后者是书面语。这样不但可以同时训练学生的会话和阅读能力,也增加了学生对中国文化的了解。

教材是知识的承载者,教材结构的严谨性和逻辑性决定着使用者的汲取知识的质量,因此,商务汉语教材结构要安排严密、逻辑性强。但为了使用者在使用过程中更好地消化理解教材中的知识点,吸引使用者,教材还要具有趣味性,充满现代气息。可将商务活动的现场录音作为教材的听力材料,学生在听力过程中可以听到各种口音的商务人士的交谈对话,学生能够快速熟悉不同的口音。不同的语音,不同的语调,完全真实地再现了整个商务场景。真实的商务交际现场,鲜活的交际各方,吸引着学习者,引领其进入构建的商务环境中。

商务汉语教材的编写既要符合中国人传统的思维方式,又要适应外国人接受知识的方式。在编写之初就要定下教材的编写基调,既要有外语类教材的活泼丰满,又不失中国工整对称。教材中的中英文采用国际上的流行字体,使每一个图标既能体现章节的变化有度,也能更好地表现各章节的特点。

教材的编写也应顺应时代的发展,将现代化教学手段融入教材中,使教材有利于在网络、多媒体等新技术手段,可以从热门课或重点课入手,先逐步往视、听、说方向发展,进而通过充分论证和精心设计,有计划地编制立体化教材,如能达到一定水平,争取实现电视远程教学和计算机网络远程教学。然后以点带面,全面铺开,既要有文字教材、音像教材、电子教材,还要重点突出计算机网络教学的作用。

教师是课堂教学的组织者、主导者,以灵活、机智的方式方法起到引领教学的作用。商务汉语教学的特殊性,使得商务汉语教师集合了多种角色于一身,商务汉语既是课程的设计者,又是学习者学习需求的分析者,还是教学过程的研究者和教学效果的评估者。基于此,商务汉语教师必须具备以下两个方面的素质:一是知识素质,二是能力素质。

知识素质是指商务汉语教师必备的语言、文化、文学等学科基础知识,以及商务专业知识。在学科基础知识方面,教师必须具备较高的语言能力与较强的语言沟通应用能力。在专业知识方面,教师应与专业教师紧密合作,系统掌握商务专业的知识体系,进一步拓展对该商务学科知识的广度与深度。此外,还应与行业专家进行广泛的合作,了解掌握专业领域的前沿知识与技术。对汉语语言知识和专业知识的要求外,商务汉语教师还应具有清晰的文化意识和深厚的文化底蕴。根据现有师资的专业分类来看,为提高商务汉语教师知识素质,可采取以下进修方式:所学专业为中文、历史或对外汉语的教师,学校应积极为他们联系实习单位,利用课余假期时间进入商务活动,通过现场操作学习商务知识,并积极鼓励年轻教师脱产三个月或半年在相关公司或企业特岗实习,在短期内迅速积累商务经验,应用到教学中。所学专业为经济类教师,应多向老教师请教,力争通过校内语言培训、个人自学、旁听语言课程等方式提高自身语言教学能力,将自身商务知识和汉语教学特点有机地结合,提升个人水平,满足不同学生的需求。

商务汉语教师的能力素质主要是指教师在教学中运用所掌握的教学方法的能力、分析学生学习需求的能力、灵活使用教材和其他语言材料的能力。商务汉语教师应熟练掌握多种前沿教学方法(任务型教学法、交际型教学法、案例教学法等)。对于商务汉语教师来说,其基本学科技能还包括其口语表达是否准确简明,是否通俗、生动、幽默,是否条理清晰、层次感强,是否有节奏感,语言点的讲解是否能够做到深入浅出,是否能够创造性地启发学生。商务汉语课程是针对外国留学生和在职外国人员开设的,明确分析和掌握学生学习需求也是商务汉语教师应具有的能力素质。上述两类学员的学习需求是不同的:对于那些没有任何工作经验的在校学生,希望商务汉语课程能够对他们未来的职业有所助益,还希望他们通过商务汉语的课程了解商务各方面的知识,同时提高自己的汉语水平,所以教师应该在扩大此类学习者的商务汉语知识面上下功夫,但还应注意不能本末倒置,学生首要学习的还是语言知识。对于那些在职的学生,他们的商务知识丰富,最想在课程中得到的是自身语言沟通水平的提高。由于在职职员汉语语言基础参差不齐,所以教师需要明确每个参加培训的学生的具体语言水平以及他们各自从事的工作领域,课上有针对性进行讲授。灵活运用教材和其他语言材料也是商务汉语教师所应具备的能力之一。我们处于信息大爆炸的时代,知识、信息每分每秒都在更新,而教材由于自身的特点,不能随着知识的更新而随时跟新自身内容,具有一定的滞后性,所以商务汉语教师应根据大纲的要求和学生已有的汉语水平,适当地对所授教材内容进行删减和补充其他语料材料,学会利用网络、期刊等多种媒体,有效查找相关信息(文字或者音频、视频材料),尤其是最新的商务汉语语料。

商务汉语教学可分为课堂教学和实践教学。

课堂教学适合语域分析教学法、任务教学法、情景交际教学法等教学方法。

语域分析教学法是指教师在教授语音、词汇、句子等语法项目时,应把它们同特定的语境联系起来,分析它们在某一场合下表达哪一种特殊的意义,学习语言的最终目的是在具体情境中灵活并得体地运用,亦即在什么情况下说什么,怎么说。

根据商务专业用语的特点,及时对语言知识进行归结总结及复习,商务专业用语看上去又专又难,其实用法较为简单,因为大多词语的用法固定,词汇的多义现象较少。归纳总结常用句式,便于学生记忆与套用。商务专业用语的使用与交际场合密切相关,在特定话题的交际场合中出现的总是固定词语。比如,在以"议价"为话题的商务交际对话中出现的专业用语：离岸价、到岸价、折扣、佣金、参考价、成交价、零售价、批发价、询价、报价、还价等；在以"保险"为话题的语言材料中出现的专业用语：投保、综合险、一般用加险、特殊附加险、平安险、水渍险、险别等。目前的商务汉语教材也多以经贸洽谈话题组织教学内容，这为教师处理这些专业用语提供了便利，由于这些专业用语在日常生活中几乎没有再现的机会，因此在教学过程中，还必须进行定期复习，强化学生记忆。把握课程性质，避免就词论词，将语言技能培训课变成经贸知识传授课，商务汉语课是一门以商务交际为专业方向的语言课，而不是专门讲授经贸知识的课程，讲授经贸知识要为理解语言、运用语言服务。商务汉语课着重培养的还是学生的言语技能，因此，我们在重视商务专业用语的同时，不要在对这些专业词汇的意思解释上花费太多时间，而应把大部分的时间用在对这些词汇的用法介绍及练习上。

任务教学法主要是指在教学中通过完成设置的任务，而达到知识的传授。任务教学法的应用可分为创设情景、提出问题、搭建桥梁、组织协作、展示成果、反思过程。

（1）创设情境，即展示事先录制好的有关销售方面的视频，在教学中预设商务情景。播放过程中，提醒学生有意识地注意视频中所涉及的销售策略，为进入正文学习做好铺垫。预设与教学主题相关的情境，利用音频、视频、图、动画等形象直观的手段，使学生在课堂教学之初就处于一种主动、积极地探究知识的氛围当中，激发了学生的学习兴趣。

（2）提出问题。视频短片播放完毕后，教师可根据短片内容提出问题，引导学生回忆视频内容，对学生进行相关言语训练。然后教师布置任务，如要求学生课后准备销售某产品的场景，并下次课演示。视频后问题的设计要紧扣所学内容，而且能够联系实际。这些问题可以有诸多种方法来解答，具有探究性、开放性，学生在解决问题中学习知识，依靠自己对知识的主动建构不断获取、巩固和积累知识。

（3）搭建桥梁。提出上面问题的过程也就是搭建桥梁的过程，教师提供相关的网站，引导学生利用网络资源查找自己所需资料，学生利用已经存在脑海中的图式知识，通过教师的引导、帮助主动查找资料，获取信息，达到对问题的认识，并最终解决问题，完成新旧知识的平衡。

（4）组织协作。学生被分成由5～6人组成的学生小组，对上面所提的问题在课堂上逐一讨论。组内分成买方和卖方，还原产品销售的真实场景。课堂上进行销售演示，演示时间不超过20分钟。这种协作式的课堂教学充分调动了学生的学习兴趣，提高了学生的思维能力。

（5）展示成果。每个小组逐一上台演示所创设的产品销售的场景。其他小组成员演示结束后，如有疑问或持不同意见可以向该小组进行质疑，该协作小组成员共同合作解答提出的问题。通过这种现场方式，学生从一个被动的知识接收者转变为一个主动积极的意义构建者和意义展示者，加深了他们对知识的理解，扩大了知识面。在这种积极活泼、充满生趣的学习场景中，师生之间、同学之间的感情得到了升华。

（6）反思总结。反思是为了进步。学生演示结束后，进入评价阶段，分为自评、互评、教师总结。首先是个人、小组自评，然后是小组之间进行互评，最后是教师对所需掌握的知识及整个"话题讨论"进行总结和评价，肯定优点，指出不足，同时鼓励学生继续努力，并完成相关作业。

情景交际法的应用主要基于商务汉语的实用性，培养学生运用汉语进行商务交际的能力。在教学中，模拟真实的商务场景，以欢迎、议价、支付、运输、海关等为主题确定课堂教学的基本内容,帮助学生将所学知识尽快运用于实践中,通过各种互接角色的会话、讨论、模拟谈判等巩固所学知识,尽可能实现"教学过程交际化"。课堂上模拟的商务场景乃是真实场景的还原,学生在模拟场景中所遇情况与真实情况相同。学生能在课堂的模拟交际中应付自如,在真实的商务活动中也同样能够顺利解决所有问题。情景交际教学法的课堂效果较好,但此法要求教师在课前对教学环节与步骤进行精心的策划和准备,否则难以取得良好的教学效果。

中国文化知识的讲授是商务汉语教学的难点之一。讲解中国文化知识的主要目的就是为了帮助学生正确理解和运用汉语,培养其中外跨文化交际的能力。体现在教学中就是不仅要使留学生明白"中国人说什么",更要使他们理解"这么说的深层含义是什么",也就是明白交谈者话语的潜台词,而这种话语方式恰恰在讲究含蓄委婉的商务汉语口语中表现得尤为突出。将文化讲解贯穿于整个教学环节,让学生了解中国人的思想观念、心理特征、风俗习惯,而这一切是形成中国人语言表达习惯和方式的根源所在。真正掌握一门外语的判定标准是用这门外语思维。即使常年身居中国的外国人,也不一定具有汉语思维,更何况短期学习者呢。因此,可在商务汉语教学始终贯穿文化讲解的前提下制定"两步走"的策略。第一步是要学生理解并熟悉中国商人在商务洽谈中委婉含蓄的话语表达模式,听懂暗藏其中的潜台词。这是基本要求,也是最低要求。第二步是让留学生尝试用中国的文化思维模式来言语,这是最高要求。但不强求留学生掌握并使用,因为要外国人完全摒弃原有的思维模式和文化观念是不可能,也是不现实的。只能让他们按照个人的情况作最大限度地调整,以减少文化冲突和交际障碍。

商务汉语实践教学内容以商务活动各环节流程为主线构建,涵盖个人信息、办公室、工作环境和日常工作客户招待、休闲时光和客户及同事关系、旅行和会议、打电话、健康和安全、买和卖、公司结构、体系和处理过程、产品和服务等环节,主要练习商务类专业词汇,汉语在实际工作场景中的运用。该课程应大量采用商务活动真实材料,学生应恰当运用所掌握的国际贸易、商务礼仪、国际市场营销、商务办公等知识及计算机操作技术。

创建校内模拟商务活动的实验室。商务模拟实验室配备有 PC 级服务器,教师用机,学生用机。该实验室的网络系统与校园网连接,在校内任何一个信息节点都可以使用电子商务模拟实验室服务器上的资源,方便了教师的教学演示。

实践性教学的开展,特别是网上商务模拟实验的开展,使教学内容更加生动形象、系统,更具有吸引性、直观性和科学性,可以有效地激发学生的学习兴趣,充分发挥学生的主观能动性,在实训过程中学生将所学的国际贸易、商务礼仪、国际市场营销、商务办公等知识运用到具体的业务处理之中,将专业知识融会贯通,在较短的时间内全面、系统地掌握主要操作技能,这样所培养出的学生实际操作动手能力强,交际沟通技能过硬,适应商务工作,成为工作单位业务骨干。

商务汉语教学评价是商务汉语课程教学的一个重要环节,全面、客观、科学、准确地评估体系对于实现课程目标至关重要。它既是教师获取教学反馈信息、改进教学管理、保证教学质量的重要依据,又是学生调整学习策略、改进学习方法、提高学习效率的有效手段。教学评估分形成性评价和终结性评价两种,而我们现阶段所采用的评价体系在很大程度上依据 BCT 成绩,单一的成绩很难对学生实际掌握的商务汉语,以及其在真实工作环境中使用汉语的能力做出公正的评价,所以最终的评价应结合每个教学机构,从课堂教学和实践教学过程的形成性评价得出终结性评价。测试的内容可以参考根据 ESP 理论制定的商务英语测试内容。根据实施的功能不同,教学评价可分为诊断性评价、形成性评价和总结性评价。

诊断性评价主要在学期初或是开始一个单元的学习,为了解学生的学习准备情况以及影响学习的因素而进行的评价。

形成性评价是教学的重要组成部分和推动因素,形成性评价是对学生日常学习过程中的表现、所取得的成绩和存在的问题以及所反映的情感、态度、策略等方面进行综合评价。其目的是激励学生学习,帮助学生有效调控自己的学习过程,使学生获得成就感,增强自信心,培养合作精神,并且有助于改进和完善教学活动。形成性评价有利于学生从被动接受评价转变成为评价的主体和积极参与者。形成性评价具体方式包括在课堂教学中,学生对彼此的发言及口头报告做出评议,然后教师进行点评,综合学生表现给出成绩;在小组任务中,同组学生之间对完成任务的满意度自评,其他小组评议,教师总结,提出不足和下一步改进方案,同时给出小组成绩;调查问卷与访谈,主要是了解学生对本课程或课堂教学的意见和建议,以期进一步改进教学,提高教学效果,教师要根据评价结果与学生进行不同形式的交流,要充分肯定学生的进步,鼓励学生自我反思、自我提高。

总结性评价是检测学生综合语言运用能力发展程度的重要途径,也是反映教学效果,学校办学质量的重要指标之一,总结性评价必须以考查学生综合语言运用能力为目标,力争科学地、全面地考查学生在经过一段学习后所具有的语言水平。测试是总结性评价的重要部分,是检查教学大纲执行情况、评估教学质量的一种有效手段,是获取教学反馈信息的主要来源和改进教学工作的重要依据。测试重点考核学生的语言基础和商务汉语知识理论基础,特别是商务汉语的综合应用能力。测试必须做到科学、公平和规范。测试的内容可参考以下主题:个人信息;办公室、工作环境和日常工作;客户招待;休闲时光;客户及同事关系;旅行和会议;打电话;健康和安全;买卖;公司结构、体系和处理过程;产品和服务;其他。每个主题中又可涉及以下问题,如"个人信息"主题中问候及回应问候;介绍自己及他人;问询或是给出个人信息(姓名,职业等);问询和描述工作及职责;问询和描述公司及其组织结构;填写关于个人和公司信息的表格;理解和撰写关于个人信息的信函;理解和撰写简单的简历,理解推荐信。"办公、工作环境和日常工作"中可以包括安排和再安排见面及会议;做计划和任务安排;确认或改变计划;征得同意和授予同意;给予和接受指示;预测和描述未来可能性;问询和给予意见;同意和不同意;给予、接受和拒绝建议或推荐;决定和过往行动的评价;理解会议记录;理解办公室文件(报告、信函、备忘录等)。"公司结构、体系和处理过程"中的问题可以涉及展示和描述公司结构和过程;交换关于公司设备资源的信息;解释公司的生产、订货和送货体系;解释制造过程;描述公司的流程(包括员工甄选、产品推广等);问询和接受道歉。教学完成后,学生撰写论文是总结性评价的重要组成部分,是考查学生对某个专题的理解、领悟能力,并考查学生的写作能力和理论联系实践的能力。终结性评价的结果应结合形成性评价给定学生的最终学业成绩。具体比例为形成性评价(40%),终结性评价(60%)。

第六章　ESP 教材和 ESP 教师培训

第一节　ESP 教材

一、教材概念界定

从汉代竹简上的《仓颉篇》和五经到唐代的九经,宋代的十三经和四书,宋、元的《千字文》《百家姓》《三字经》和《对相四言杂字》,以及捷克教育家夸美纽斯编写的《世界图解》(Orbis Sensualium Pictus)等,都是中外早期流行广泛的教科书。在中国,严格意义上的教科书产生于清末洋务运动以后,起源于新式学堂的出现和现代学制的形成。辛亥革命前后,商务印书馆和中华书局等出版了大量成套的教科书。不同时期的教科书包括自编与官编教科书、边区教科书、"苏化"的教科书、少数民族教科书、女子教科书、乡土教材,以及统编教材、地区教材和校本教材,还包括课本插图、课本剧和有声读物等。这些不同时期的教科书,反映了不同时期的生活方式及文化转型,如学术文化、民族文化、社会阶层文化、地域文化、性别文化、年龄文化、同辈群体文化和特殊群体文化等的变迁。

教材是供教学用的资料,如课本、讲义等。教材的定义有广义和狭义之分。广义的教材指课堂内外教师和学生使用的所有教学材料,包括课本、练习册、故事书、报纸杂志、卡片、教师自编义、网络学习资源等;狭义的教材就是教科书,是某一课程的核心教学材料。《中国大百科全书·教育》对教材的解释与此类似:

①根据一定学科的任务编选和组织具有一定范围和深度的知识和技能的体系,一般以教科书的形式来具体反映;

②教师指导学生学习的一切教学材料,包括教科书、讲义、教授提纲、参考书、辅导材料等。

《教育大辞典》对教材的界定为教材是教师和学生据以进行教学活动的材料,教学的主要媒体,通常按照课程标准(或教学大纲)的规定,分学科门类和年级顺序编辑。包括文字教材和视听教材。伴随着教材的不断发展,对教材的认识也应不断更新,既要包括传统的教材,还要以反映现代教材为主;既要着重反映用于正规教学过程之中的教材,还必须涵盖用于非正规形式(如自学)的教材。教材的定义以一定育人目标、学习内容和学习活动方式为基本成分而分门别类组成的提供给学生认识世界的规范化、程序化、具体化的育人媒体。教科书的编写应满足以下三个条件:

①根据现代学制,按学年学期编写;

②有配套的教学参考书,明确的分课教学、学时建议等;

③依据教学计划规定,按学科分门别类地编写出版。

自此,教科书主要指按照教学大纲编写的、供师生用于课堂教学的书;而随着社会的发展进步,当代的教科书除学生用课本外,大都配有练习册、音带或多媒体光盘等,甚至有网络版教材及与核心教材配套的网络题库、学习网站等。

在国外,教材被称作 teaching material 或 textbook/coursebook,分别对应上述广义、狭义的教材含义,在现有的英文文献中,多用 materials 一词指广义的教材。广义的教材范围很大:任何有目的地、用以增进学生知识或语言经验的材料都可视为教材。用 materials 一词涵盖"以书面或音视频形式呈现给学生的文本以及围绕文本所设计的练习与活动"。该定义既包含教师用于单一课堂的自编讲义,又包含主流出版社出版、全球发行的教科书。类似这样的工作定义多出于研究需要。materials 一词往往指出版的教科书及相关多媒体,因此教材开发多与评估、改编有关。然而,最近十年来出现了越来越多可用于教材开发的电子资源,如互联网上的多样文体、本地网络上的研究论文和课程资源、出于研究目的收集的语料库等。如今的教材开发应包含对这些资源的分析,并在此基础上创造新型的学习任务。

综上所述,"教材"应定义为课程核心教科书,不包括试题集、报纸杂志等,且限于正式出版物,不包括自编讲义、复印资料等。同时,在探讨教材编写体例的演变历程时,对早期的教材研究可能涉及影响广泛的文法书、文学读本等,新时代的教材则包含随课本共同出版的多媒体光盘、网络版教材等。

二、大学英语教材

大学英语教材,即高等院校中非英语专业大学生上大学英语课时统一使用的核心教学材料。大学英语的教材是大学英语教学的重要组成部分,它以教学大纲和课程教学要求为指导思想,同时也是教学大纲和课程教学要求得以实现的保障,而且教学大纲的修订和教材建设之间有着相互影响、相辅相成的关系。

随着教育学、心理学、语言学等相关学科及教育技术的发展,大学英语教材的概念不断被拓宽:从早期的英文文法或学读本演变到基于课文和语法的读写课本,再从单独的读写课本演变到包含听、说训练的课本配音带或光盘,从单本教材扩展至以精读或综合教程为核心的系列化教材等。进入新世纪后,教材突破了传统纸质媒介的限制,除课本、光盘外又出现了基于计算机和网络的配套教学平台、试题库等资源,被称为立体式大学英语教材。

尽管大学英语教材的概念不断变化,但其对象(非英语专业大学生)是不变的。即便早期没有"大学英语"这一名称,只要是非英语专业大学生在校统一或普遍使用的教材均属于大英教材的范畴。

教材建设经过几十年的发展,在不同时期出现了不同特点的教材,教材的编写不断系统化、层次化、精细化和考试化,教材内容、题材和体裁也不断丰富、多样,教材建设与教学方法、教学手段和教学模式的革新有着紧密的联系。大纲的发展变化,凸显了大学英语教学思想的改变,最明显的是从工具性教学到兼具工具性和人文性教学过程的转变,学生人文精神培养的需要日益变得明显和必要。大纲指导思想的变化也将影响大学英语的教材建设。

《国家中长期教育改革和发展规划纲要(2010—2020 年)》提出"提高质量是高等教育发展的核心任务。"提高高等教育教学质量要求高校为在校大学生提供优质外语教育。优质外语教育离不开优质的教材。《大学英语教学指南(2020 版)》(以下简称《指南(2020版)》)强调,大学英语课程是高等学校人文教育的一部分,兼具工具性和人文性双重性质。大学英语的工具性不仅体现在通用英语教学上,即对基础教育阶段英语教学的提升和拓展,还体现在专门用途英语上,学生通过学习与专业或未来工作有关的学术英语或职业英语,获得在学术或职业领域进行交流的相关能力。就人文性而言,就是在大学英语教学时所进行的跨文化教育。要以人为本,弘扬人的价值,注意人的综合素质培养和全面发展,将社会主义核心价值观有机融入大学英语教学内容,充分挖掘大学英语课程丰富的人文内涵,实现工具性和人文性的有机统一。《指南(2020版)》中将大学英语教学目标定位于培养学生的英语应用能力,增强文化交际意识和交际能力,同时发展自助学习能力,提高综合文化素养,使他们在学习、生活、社会交往和未来工作中能够有效地使用英语,满足国家、社会、学校和个人发展的需要。可见,大学英语教材编写应注重教材工具性和人文性的有机融合,要提高教育质量,更要提高人才质量。

大学英语教材的发展呈现以下特点:

(1)教材的系统化、层次化、精细化和考试化。大学英语教材的编写从最初全国理工科通用的大学英语教材,到各具特色的大学英语教材;从以大纲为主要依据的教材编写,到结合其他教育政策以及考试大纲的教材编写;从着重培养阅读能力的教材,到各种能力分层培养、各种能力同等重要的教材,这一系列发展变化与大学英语的发展、社会发展、学生英语水平的提高等是分不开的。

(2)教材的内容、题材和体裁上的变化。经过几十年的发展,大学英语教材内容不断丰富,题材体裁更加多样,逐渐地涵盖到社会生活的各个方面,在教材分层次、分能力训练的同时,也更加注重教材的体系性、整体性与一致性。此外,教材内容也逐渐地由介绍外国向中外结合的方向发展,重视中国文化的传播。

(3)教材中教学方法、教学手段和教学模式的变革。从最初只有纸质版教材,到附带有录音磁带的教材,到后来附有光盘的教材,再到网络课程和带有专业网站的教材等,可以看出,科技的进步给教材的编写不断带来新的变化。

三、大学 ESP 教材

(一)ESP 教材的内容与内涵

ESP 是与特定学科、特定门类抑或是行业相关的专门用途的英语。对于 ESP 学习者来说,根据某个特定行业的专业需要明确自己的学习目的,在精通该专业领域的专业知识的前提下,还需要具备熟练应用该行业的专业英语的能力。从 ESP 的教学内容上来看,一般包括某个行业的专业词汇、用词结构和文体,具有很强的专业性和针对性。所以,ESP 教学是以某个行业或专业的专门用途为目的,同时融合了专业知识学习和语言技能训练两方面内容的教学。与 EGP 相比 ESP 具有更强的针对性和实用性。

《指南(2020版)》的课程设置中将专门用途英语课程分为以下三个级别:基础级别、提高级别、发展级别。基础级别的专门用途英语课程为基础通用学术英语及入门级职业英语课程,在培养学生语言技能的同时,帮助学生了解和掌握初步的通用学术英语知识以及与专业学习相关的基本英语表达。提高级别的专门用途英语课程为与专业相关的英语应用能力课程,通过教学,学生能够较好地掌握通用学术英语和一定的职业英语知识,培养学生基本达到用英语进行专业交流、从事工作的能力。发展级别的专门用途英语课程面向学术或职业领域有特殊需求的高水平学生,帮助学生利用英语提高本专业学习、工作的能力,特别是在专业领域用英语进行交流的能力。专门用途英语课程要求的提出对 ESP 教材建设指引了发展的方向,ESP 教材应凸显大学英语工具性特征。

ESP教材建设是专门用途英语人才培养关键一环。教材比喻成外语学习的心脏毫不过分。教材是外语学习的基本前提,教材对于外语学习的重要性犹如心脏对于人生存的重要性一样。张雪梅在《关于两个英语教材评估标准》中则将ESP教材视为学习者的主要学习材料,是ESP教师不可或缺的好帮手。除此之外,张雪梅还指出,好的ESP教材既是课程教学实践的重要工具,又能被各种学习者所接受,满足不同学习者的不同需求,激发教师在教学实践过程中的其主动性和创造力。Hutchinson认为,教材作为外语教学中的最基本的要素,是教师进行教学的重要依据和学生学习的核心内容,同时也是教师之间沟通的桥梁。因此,不同的班级,不同的教师,使用同样的教材就成为教师之间互相学习和交流心得的纽带。普通的英语教材主要向学生介绍基础的英语知识,例如语音、语法、句法、词汇等方面的基础知识。而ESP教材独具特色的地方在于它首先分析学习者的特殊需求,通过不同的教材内容的展示最终满足不同学习者的不同需要。因此,ESP教材除了具有一般英语教材具有的所有特点外,根据ESP课程的特点和发展要求,高质量的ESP教材不仅要包含英语知识,更要体现专业特色。

(二)ESP教材的研究现状

国内的英语教材研究开展得比较晚,但随着我国大学英语教学改革的不断深入,大学英语教材正逐步朝内容型教材的方向发展,ESP教材市场蓬勃发展,相继出现了一系列种类繁多的专门用途英语教材,如中等职业学校使用的英语系列教材、科技英语系列教材、专门用途英语系列教材(医学、理工等)、国外引进教材等。国内出版的ESP教材不断更新教学理念,探索ESP教材特色体系,加强多媒体辅助教学手段,为培养复合型人才做出了重大贡献。即便如此,国内多数的ESP教材仍存在诸多不足,这些不足主要表现在:理论基础不扎实、语言与专业知识不融合、教材中的交际环节、交际任务等不真实、语言技能训练不全面、教材难度控制不当、教材媒体单一化等方面。

我国国内在专门用途英语相关理论建设方面尚不成熟,导致教材建设中涉及的教学目标、教学方法、教学重点等方面尚没有统一的意见。加上很多教材编写者不甚了解专门用途英语的相关理论,也没有受过教材编写方面的训练,其教材在编写过程中就无法从理论上考虑学习者的目的和需求。很多教师在编写过程中依据的理论也不同:有的依据的是语域分析理论;有的依据的是篇章分析理论;有的甚至并不依据什么理论,只是简单地将某些材料杂糅在一起。这就导致专门用途英语教材的编写良莠不齐,缺乏系统性、科学性。

语言与专业知识的学习未得到有机的结合,内容的系统性与时效性不突出,语言与专业知识之间的断层是目前国内相关教材编写的一大缺点。产生这一问题的主要原因是教师对专门用途英语教学概念的片面理解。加入专门用途英语中专业知识是为了帮助学生提高语言在实际运用中的能力,然而部分专业英语教材的编写过分强调语言,练习仍以语法、词汇和英汉互译等传统练习为主,忽视了专业领域内的语言运用,因此,往往不能满足学习者的学习和工作需要。

随着我国国内对专门用途英语与日俱增的需求和国内相关教学的快速发展,许多院校都开始尝试开设各类专业英语课程。这就对专门用途英语教材的数量和质量都有较大的需求。但学校往往由于缺乏教学和管理经验,常把专业英语教材的编写交给任课教师去完成。然而,一名优秀的专门用途英语教师不一定就是一名优秀的教材编写者。虽然这些教师当中很多人拥有对于教材编写极其重要的实践经验,但由于缺乏编写教材的相关训练,他们并不能运用这些经验逻辑合理地编写出好的专门用途英语教材。他们编写的教材常常无法满足需求。还有一些教师对某一特定领域了解甚深，但却不了解专门用途英语，其编写的专门用途英语教材往往建立在个人臆断之上，过分强调语言的用法而缺乏对语言使用的重视。关于这一点，Widdowson 曾指出："语言用法是通过单词和句子对语言系统知识的展示，而语言使用则是语言使用者通过运用所掌握的语言规则进行交流的方式。"

关于专门用途英语教材的选用，我国国内还没有一个统一的标准。目前，大多数高校的专门用途英语教材由任课教师选择。即使是同一门学科，如果任课教师发生变化，其使用的教材也会有很大不同。有的教师选用英文专业文献材料做教材；有的教师使用多年以前的材料，内容十分陈旧；有的教师则仅凭主观臆断，从专业文献中选择部分材料充作专业英语教材；还有一部分使用的是国内正式出版的专业英语教材。无论是编选教材还是原版教材，语言都比较地道真实。但仍存在一定的缺点：缺乏明确的教学目的，课程缺乏相关联系，课与课之间缺乏内在联系和逻辑等。学生很难从根本上把握其内在特点，因而学习效果不佳，学习动力不强。

众多语言学界和教育学界的专家学者都对教材的真实性原则有着不同的看法。有的学者认为教材的真实性原则指教材除了具备语料的真实以外，还需具备学生反应和学习环境的真实性。目前国内很多专门用途英语教材取自英文原版的专业材料，尽管其语料层面是真实可信的，但是由于缺乏对使用者需求和实际语言水平的关注，练习设计也没有将学习者视作真实的交际对象，因此这类素材只能用于专业英语参考材料的一部分，却不能直接用于教材。只有符合学习者真实交际需求，具备真实交际内容的材料，提供真实交际环境和交际任务的教材才是真正意义上的真实性教材。"真实性"未得到体现。交际任务不贴近实际，专业知识不实用；国外引进的专业文献未能考虑学习者真实的交际需求，不能满足学习者实际工作的需要。

语境缺失。多数教材主要以语言或以技巧为中心，缺乏真实的场景，不利于学习者语用能力的培养。

包含各种语言技能的学习任务有利于学生深刻体会真实的语言交际活动。而教材结构单一、缺乏应有的组成部分是我国专门用途英语教材的现状。我国的专业英语教材内容常常偏重书面语篇。这一点可以从国内的英语教材中得到印证。中国学生在经过多年的英语学习之后能力还是停留在与书面相关的技能上，如语法、词汇、阅读和翻译等。在专门用途英语专业领域中，口头语篇占有相当大的比重，即便如此，在现有的 ESP 教材中却并未能体现出这一点。虽然也有一小部分的专门用途英语教材内容涵盖了听、说等方面的练习，但是往往由于刻意为之，难度超过学生所能接受的程度，反而无法达到预期效果。由此可见，专门用途英语教材的听、说、读、写各项能力都应有所强调，不能偏废，只有这样才能完成专业英语教学的既定目标。

基本所有的教材都涵盖了阅读技能，一半的教材涵盖了写作与翻译技能，1/3 的教材涵盖了听、说技能。涵盖写作与翻译技能的教材大多没有涉及有技术含量的知识点，如翻译部分并没有详细讲述翻译技巧，而只是简单地将英汉句子陈列出来，或者设置几个翻译练习题；写作部分也只有极个别教材详细介绍了写作技巧。涉及语法内容的教材很少，只有一两本。个别教材的语法讲解例句选用的是与专业相关的句子，同时配备了语法练习。涉及词汇的教材占大多数，这些教材往往简单地在课后附一张单词表，并注明音标和汉语注释，却基本未对英语词汇的构词法有特殊讲解。这些词汇大多是专业词汇，学术词汇和准专业词汇较少。涉及语篇的教材基本都不包含对篇章语言结构和内容的讲解,只有一半教材涉及如何谈话和写作,个别教材提到了特定专业语篇的体裁特征。

专门用途英语教材的主题通常具有真实性的特点,加上其内容经常涉及专业知识,因而比较严肃客观。另外,多数教材对学生的参与程度并不重视,虽然个别教材对培养交际能力有所关注,但有关学习技巧和策略的内容也很少;在配有练习题的教材中,大部分教材的练习题主要是针对词汇和翻译的练习,很少有教材着重语法和写作的练习;在练习题的题型方面,阅读理解题和翻译题所占比重最大。词汇方面的练习题主要以填空题和选择题的形式出现。阅读方面则多为根据文章判断对错和释义题。尽管很多教材都有练习题,但是提供参考答案的却没有几本。

教材的难度控制不够,未能遵循循序渐进的阶段性原则,内容编排的随意性较大,有些引进的原版教材内容超出学生的知识水平。

大部分专业英语教材的章节在教学过程中都可以随意调整,既可以增加一些章节,也可以删去一些章节。但也有一部分教材是按照难易程度,或者从宏观到微观的递进层次安排设计的。这类教材内容的顺序往往不可以调整,但部分内容的各单元是可以选择先后和进行取舍的。

在教材编写中心上,大部分教材是以主题为中心组织起来的,只有很少一部分是以功能为中心组织的;在教材的可行性上,大部分教材内容的组织都未考虑到学习者的现实情况,只有少数几本教材充分考虑了教材的可学性;在印刷质量上,所有教材都十分清楚,部分教材甚至是彩色印刷;在图表使用上,大部分理工科专业英语教材都配有图表或流程图;在课文的安排上,大部分课文都不长,且带有注释。关于教材的难度,教材专家认为教学材料的难度应略高于学习者现有的语言水平,可理解的语言材料应该是学习者已掌握知识和新知识的有机结合,这样才能达到输入与输出的平衡。国内很多专业英语任课教师在教材的选择过程中,忽视了学生现有的语言水平和实际需求,导致教材无法发挥预期作用,甚至还会妨碍学生学习的积极性。例如,有些教师仅仅将英文原版书籍的部分内容摘选下来提供给学生当教材,这类"教材"往往由于太过专业化而晦涩难懂,再加上缺少注释,难度更是一般学生所无法企及的。这类教材的难度已经大大超出学生的认知能力,严重影响了专业英语教材的可学性、可接受性和有效性。因此,这种没有循序渐进的教材很容易让学生对英语产生畏惧感,丧失自信心。有些教材则过于简单,仅仅是一般用途英语和专业词汇的组合,且学习内容缺乏新鲜感,学生往往觉得没有学到有用的知识。还有一些教材过分强调口语和听力的练习,只有部分优秀学生才能跟得上这样的练习,一般学生很难跟上。因为很多处于专门用途英语初级阶段的学生的英语水平还没有达到如此高的水平,因此这些高难度的听说训练项目对提高学生的英语能力起不到太大的作用。

教材主要以纸质书面材料为主,局限于课堂教学,未能开发教材媒介的多元化的潜质。

(三)ESP教材在教学中的作用

ESP不是某种专门语言和方法,也并非某种专门的教材,确切地说,它是根据学习者的需要而学习语言的一种途径。ESP教学是使学习者在某一专业或职业上使英语知识和技能实现专门化的语言习得手段,它不等同于专业知识的传授,侧重的是语言知识的输入,以及与专业目的相匹配的语言应用能力的培养。作为一种教学理念,ESP的性质体现在:

(1)课程设计必须满足学习者的特殊需要;

（2）内容上与特定的学科、职业以及活动有关；

（3）注重语言、词汇、技巧、语篇和体裁与特定活动的适应性；

（4）运用区别于普通英语的教学法；

（5）学习者具有中、高级英语水平。

可见，ESP教学的精髓是分析和满足不同学习者的不同需要，它具有比EGP教学更为明确的目的性和针对性，重视在具体工作场合的英语综合应用能力的培养，使学习者能更好地应对社会行业的需求。

Dudley-Evans和St. John指出使用ESP教材的四个重要原因。

第一，ESP教材是语言的来源；

第二，作为学习的支持；

第三，能激发学习兴趣，调动学习的积极性；

第四，作为一种参考资源。

在ESP教学中，语言是教学的载体，是一种在获得完全不同的知识或一套技能的过程中所获得的东西。ESP教材要以内容为依托，教学内容与某些特定的学科、职业和活动相关，旨在扩大学习者的知识面，最大限度地向学习者提供对他们有意义的真实的语言和语言学习环境，激发他们的学习兴趣和创造力，引导他们运用语言和拓展思维。同时，教材还应考虑到不同学习者学习方式的差异，满足不同学习者自主学习的需求，对探究性学习发挥支持作用。高质量的教材对教学过程和教学结果发挥积极的作用，能帮助学生提高语言综合应用能力和专业学习技能，为学生进入双语课程学习打下扎实的语言基础。

ESP教材是实现ESP教学目标和满足学习者不同学习需求的重要资源。正如Cunningsworth所表述的ESP教材在ESP教学中的作用：

第一，ESP教材为学生学习ESP课程提供主要教学内容的参考书。

第二，ESP教材是ESP教师组织课堂活动的主要依据。好的教材不仅仅是用于承载知识的载体，更是激发学生更好地学习的"刺激物"。高质量的教材在展现知识的同时，能够很好地激发学生的学习兴趣。从而使学生在参与课堂活动的时候，踊跃思考，大胆表述自己的观点。另外，好的教材同样也能够使学生学以致用。

第三，ESP教材通常是由英语教学专家或者是经验丰富的英语教师根据教学大纲，基于他们系统的英语知识结构和语言技巧编写而成的。因此ESP教材同时具有体现教学目标，教学理念和教学方法的作用。

第四，ESP教材是学生自我引导、自我学习和自我评估的重要教学资源。ESP教材是ESP课程特色的最好体现。ESP教材是以实现满足不同学习者的不同学习需求为核心目的，与"以学生为中心"的教学理念保持一致。在这样的教学理念下，所采用的教学模式要注重培养学生的自学能力，也就是说要鼓励学生激发其主观能动性自主学习。由"要我学"到"我要学"的转变能大大提高英语教学的教学效果。

第五，教材也是促使少数教学经验不足的新教师树立自信的最佳学习材料。教材通常是最先进教学理念和教学成果的结晶。充实的教学内容和严密的教材组织结构帮助教师节约备课时间和精力，同时，教师们通过交流彼此对教材的观点提高了他们的教学能力。

因此，ESP教材是ESP教学内容和课程教学大纲的载体，同时展示了专业特色和英语知识技能学习同等重要的两个方面。ESP教材是突出专业特色的重要教学资源，ESP教材的内容基本取材于专业领域；ESP课程由专业的ESP教师来教授，同时在教学过程中，教师也应该根据专业特点结合教材来展开教学活动。

（四）ESP 教材编写理念——以学习者的学习需求为中心

需求分析是编写 ESP 教材的基础，也是 ESP 课程的关键。正如 EGP 教学一样，ESP 教学要把学习和技能的提高放在首位，这就要求在教材编写的每一个阶段都要充分考虑到学习者本身和他们的语言学习需求。ESP 学习者有其特殊的学习需求，ESP 课程设置，教学方式，教材编写等都是建立在满足学习者特殊要求的基础之上的。对学习者的需求分析包括两方面：一是目标需求，即分析学习者将来会遇到的交际情景，包括工作环境，社会文化环境以及特定环境给学习者带来的心理状态等。二是学习需求，即分析学习者将来进行有效交际必须掌握的技能和知识。束定芳、庄智象提出的真实性原则、循序渐进原则、趣味性原则、多样性原则、现代性原则和实用性原则等充分体现了对学习者需求的关注；文秋芳提出的教材编写原则以"人的发展"为重要依据，强调体现中国外语教学的特色。因此，ESP 教材的编写应建立"以学习为中心"的教材编写理念，在充分了解语言学习过程的基础上，以学习者的需求为依据，把知识的学习和技能的训练有机结合起来。本书认为 ESP 教材应重内容、重交际，突出真实性、实用性、适用性、多样化和立体化等特点。

（五）ESP 教材的编写原则

从 ESP 理论的教学法角度来看，其功能定位上主要是针对英语学习者和专门从事英语事务的人群特点，来展开相关领域范围内的一种方法和理论，主要是依照 ESP 的教学模式和课堂呈现，成为其研究的主要焦点对象，基本上是以学生为教学主体对象而展开设计的一套方法、理论。《指南（2020 版）》中指出，专门用途英语课程以英语使用领域为指向，以增强学生运用英语进行专业和学术交流、从事工作的能力，提升学生学术和职业素养为目的。因此，ESP 教材的编写时应注重学生对专门用途英语需求，重视教材编写与教学目标的相关联，教材内容应与实际工作相关联，创设真实语言环境，符合我国的文化价值和文化背景，有利于我国学习者了解外国文化。专门用途英语教材应立体化设计教学内容与练习，将语言知识与专业知识系统有机地融合在一起，应把握住整体的难易程度。

1. 需求分析原则

《指南（2020 版）》对专门用途英语课程的开设要求要"以需求分析为基础，根据学校人才培养规格和学生需要开设体现学校特色的专门用途英语课程，供学生选择。"对课程的要求同时也是对相应教材的要求，因此，学生对于材料的满意程度取决于材料本身是否符合他们自己的标准或需求，这种标准一般由学习者的学习目的、学习期望、语言水平、知识面、兴趣范围等因素决定。编者要以学习者的需求为基础，通盘考虑有关学习者的各种需求因素，做到有据可循、有的放矢。

根据 ESP 理论，专门用途语言的所谓的"专门"是指"目的"而并非指语言本身。借鉴 ESP 理论，首先必须确定学习者的学习需求，才能够进一步分析教材编写的核心内容和逻辑框架，以此找到一条更适合学习者的途径，并满足不同需求的学生进行分门别类地选择性学习。ESP 理论的核心部分就是分析和满足不同学习者的不同需要。ESP 与 EGP 最大的区别，就在于 ESP 教学具有更为明确的教学目的、教学内容和交际需要，侧重于对学习者语言能力的培养，所要求达到的目标是学习者在特定的工作场合能够熟练应用，这也是为了让学习者能够更好地应对社会中不同职业的需求。ESP 理论研究界认为 ESP 理论主要包括这几个方面的特点：

（1）ESP 的学习者都是成年人；

（2）大多数人具有明确的学习目的；

（3）通过需求分析，满足学习者的需求。

学习群体主要分为两种：一种是以公司、企业的从业人员为主的、有一定的专业训练或工作经验的学习者；另一种是以在校学生为主的、没有或者几乎没有相关活动经验的学习者。那么 ESP 教材必须建立在"以学习为中心""以学生为中心"的基础上，要了解语言学习的全过程，明确学习者的学习目的，满足学习者的特殊需求，把语言知识和技能训练相结合。根据需求种类的不同，可以分为"目标情景需求分析"和"学习需求分析"。

（1）目标情景需求分析

目标情景需求分析指的是通过调查目标环境中使用目的语的情景和在这情景中进行交际的内容、方式、途径、媒介、手段等特点，分析出使用的语言特点和技能，以此设定课程、制定教学大纲以及编写教材。韩金龙（2003）认为目标情景分析"旨在调查分析目标情景中的交际状况和学生应达到的水平，从而确立学生的交际需要及其实现方式"。

（2）学习需求分析

陈莉萍（2000）认为学习需求分析是分析"为了学会某目标语学习者必须要做的一切"。主要是分析学习者为了在将来的学习或工作中有效地交际必须掌握的语言知识和技能，这是要对学习者的整个学习过程进行关注和分析。学习者的认知和情感变量、学习动机、学习策略、学习态度等都会影响到其语言学习。

社会语言学家 Peter Strevens 给 ESP 的定义为"ESP 的目的和内容，主要或全部不是由普通教育目标来确定的，而是由学习者对英语的功能和实际应用的需求所决定的。"基于 ESP 理论，应以需求分析为基础，以学习者为中心，并力求对学习者具体特定的需求和学习过程中自身和环境的影响因素加以考虑，由此制定适应明确学习目的的教学方法。ESP 教材编写理念强调"以学习为中心""以学生为中心"，在教材编写过程中要充分考虑学习者本身和他们的语言学习需求。那么教材编写以学习者的需求为基础，从学习者的兴趣、心理、语言水平、学习策略等多方面进行考虑。

2. 相关性原则

教材编写与教学目标的相关性原则是保证教材使用效果的根本。学习者的需要反映在教学大纲的目标上，ESP 教材的设计目标和理念必须体现教学大纲的目标，使教材帮助学习者达到这些目标。因此，教材的设计原则要与教学大纲中所提出的教学目标和要求相吻合，也要与既定的教学目标和要求相吻合，即 ESP 教材的内容在语言、技能和专业知识等方面要和学习者的学习内容相一致。教材编写通常包括宏观设计与微观设计两个方面，其中，宏观设计包括教材编写的宏观设计指导原则、教材编写的主题框架和单元课程的设计模式；微观设计指的是对各单元课程具体教学内容组织形式的设计和练习的设计。为了实现教学总目标，编者要循序渐进地设置各个单元课程的子目标，科学合理且自成系统地编排各个单元的语言、知识、技巧及背景文化等，并为配合教学重点和语言训练而设定相应的任务。任务的设置要合理，且要体现明确的目的性，要使学生在完成特定的任务的过程中真正掌握某一知识要点或语言规律等。同时，选材内容，单元课程的组编形式和为完成教学子目标而设置的各个练习项目和体现的教学方法都要体现科学性、合理性、连贯性和循序渐进的原则。可见，教材的设计模式、每一个主题选材、每一个组编项目、教材所体现的教学方法及其所涉及的内容都要围绕教学总目标进行,并且能够通过完成各个单元课程的子目标的要求最终达到完成教学总目标的要求。

教材是为课程服务,是教学大纲的体现,教师在有限的时间内,按照一定的计划,依据教材向学习者传授其所应该学习的知识或者技能。通过教材的使用,可以反馈教学效果,引起对教学大纲和教学理论的进一步思考,从而推动教材进一步的建设。因此,教学目标、教学大纲、教材理念、教材内容都必须一致。教材是教学理念、教学内容、教学方法、教学模式的综合体现,教材对教学活动起到了至关重要的影响。ESP 理论强调教材的内容在语言、技能和专业知识等方面要和学习者的学习内容相一致。教材编写要以专业知识为纲,突出交际功能,语言学习的目的是要融会贯通,学以致用。ESP 教材还可借鉴话语分析和会话分析理论,在对现实的交际任务、交际环境进行调查和分析的基础上,选取合适的教学内容,设计学习材料。教材内容的编排要循序渐进。每个单元里总的主题和若干话题,以及话题之间,都应该做到既有联系,又具有自己的独立性和完整性。练习设置要合理,要有明确的目的性,让学习者通过完成相应的任务来真正掌握所学的知识。因此,主题的选择、语言点的编排、任务型练习的设置等方面,都要体现科学性、合理性、连贯性的原则。

3. 真实性原则

Tomlinson 指出,真实性的这些特征源于现代外语教育关于教材的意义和功能的更新理念:外语教材被视为引发或触发学生学习和交际反应的刺激物,重视为学生提供各种有利于他们接触所学语言的活材料和应用与经历该语言的机会。真实性可归纳为学习目标的真实性;学习环境的真实性;语篇的真实性和学习任务的真实性。Breen(1987)对真实性的理解是:为学习者提供的文章的真实性;学习者对上述文章理解的真实性;为有利于语言学习所展开的活动的真实性;语言教室中实际的社交场景的真实性。Widdowson 指出,真实性并不是语言材料中固有的特性,而是由语言接受者对这些材料的反应所激发出的特性,真实性只有在我们理解的过程中才会意识到。仅仅具有材料真实性的教材是不够的,只有符合学习者心理真实、学习水平(如英语水平和专业知识水平)真实和交际功能真实的教材才是真正的真实性教材。为了满足真实的交际需求,教材要选取真实的交际内容,提供真实的交际环境和交际任务,甚至可以把学生和教师作为真实的交际对象,以此来保证:目标的真实性——学习者未来所从事的职业对其外语能力的要求以及日常活动所需要的语言能力(如讲述、叙述、描述、说服、争论、谈判、辩护等)都是真实的需求,这是 ESP 教学的目标;材料的真实性和时效性——它们是人们日常接触到的各种语言材料,如新闻报道、电视录像、网络信息、商务文件、广告、产品说明书等来自公共媒体、公共场所和公务来往的"原汁原味"的语言材料。材料能提供一些常见文体的语言特点,使学生熟悉专业方面的典型表达方式,如常用词汇、句法结构等,既能提高学生的语言水平,丰富他们的专业知识,也可增强他们对所学语言国家的社会、文化的了解;任务的真实性——真实的语言学习任务指日常活动中所进行的语言交际活动,如商务信函往来、商务会议、会议谈判等。教材要提供贴近于真实职场活动的交际任务让学生去体验,帮助学生理解或认识交际任务的语言本质和交际本质。学生的学习和交际动机、需求以及思想感情相关,就会产生真实的交际反应,从而实现在体验中学习语言、提高专业交际能力的目的。

ESP 理论强调"真实性",运用到教材中,就是指材料内容要来自与专业相关的真实语料。但这并不意味着真实的语言材料就可以直接被采用,往往直接搬运过来的语言材料,并不适合学习者使用。一本好的教材,在编写中是要基于真实语言材料的基础上,对语言材料进行处理和改编,让其符合学习者的语言水平以、认知能力及交际需要。ESP 理论强调教材编写要注重真实性原则,这不仅包括内容的真实、语境的真实,也包括交际任务的真实。教材编写要把学生看作真正的交际对象,语言材料要符合学习者真实交际需求、具备真实的交际内容,设计能提供真实交际环境和交际任务的练习。

4. 实用性原则

ESP 理论的目的性和功能性都讲求实用价值。ESP 教材在编写中要充分考虑学习者的学习需求和学习习惯,选取真实的交际活动,涵盖与专业活动有关的生活类、社交类、常用业务类任务,贯穿有关的社会、文化背景知识介绍,为学习者营造真实的交际情境,同时要注意控制难度,减少较难的语法和汉字学习。教材在主题的选取、词汇项目的编排、文化知识的融入等方面,都要合理编排。同时,教材编写者要根据学习者现阶段的学习情况,严格把控教材的难度。过难或过易都不利于学习者的学习,教材内容要难易适中,符合学习者现阶段的学习需求,真正体现实用性原则。

真实性原则要求 ESP 教材必须以语境为主要手段,使教材达到实用的目的,同时也能充分体现各课程的特色。语境分为话语语境(context of utterance),即语境的上下文;情景语境(context of situation),即人们使用语言所处的周围环境;文化语境(context of culture),即作为语言渊源的文化背景和人们所存在的生活和习惯。Nunan 把语境分为两类:语言语境和经验语境。语言语境指围绕一个篇章的词、句子、语段和篇章等的语言语境;经验语境指篇章发生的现实世界环境。其中,经验语境能最好地反映 ESP 教学实践。教材中的情景、场景、实例都是学生理解与运用教材的必要因素,ESP 教材应尽可能选用相关实例,创设真实的语言使用环境,充分利用语境的提示、补充、解释等功能来帮助学生对文本的理解。学生在特定的语境中运用语言,提出问题、讨论问题、解决问题,课堂教学活动的目的不仅是为语言学习本身,而是超越语言本身的,达到学以致用的目的。

5. 适应性原则

环境的适应性。人在社会环境中学习语言。鉴于社会文化因素,教材中的话题要符合我国的文化价值观和文化背景,同时,要有利于学生了解国外文化的精华。因此,这种适应性原则体现为环境的适应性。

学生的适应性。"有效的语言教学必须与自然过程一致而非抵触,必须促进和加快学习进程而非阻碍学习进程。教师和教学必须适应学生。"教材练习的数量、质量、循序渐进性、多样性和趣味性都影响教材对学生的适切性,因此,在编写教材时,要考虑学生的需求、兴趣、爱好、真实的交际需要以及他们的英语水平,使材料能激发学生的学习动机和学习兴趣。学生是在他们有心理和语言准备时从教师的教授中进行学习,这种准备包括情感和语言的适应性。

教师的适应性。教师作为指导者和教材价值的决策者的作用不容忽视。教师具有多样性,如性格、文化背景、受教育程度、教学经验、职业经验和教学信念等,其需求也是多样化的,这些因素都会影响教学方法和教学步骤的实施。若专业知识难度大或任务活动复杂,超越教师的能力,那么教师的自信心受到挫败,就会影响教学效果。ESP 教学作为一种语言教学,帮助学习者掌握 ESP 的语言特征和语用功能。因此,教材需要向教师提供相关的背景知识以及充足、恰当的指导材料,这将有利于教师对课堂活动的整体控制,真正发挥学生学习的促进者的作用。

6. 系统性原则

知识结构在语言学习和内容学习之间发挥桥梁作用,因此,就同时提供有意义、有内容的交流和有目的的语言拓展而言,以内容为依托的语言学习是最为有效的。ESP 教材要以学科知识为核心,以内容为依托,将目标内容域的知识或技巧与语言技能的提高这两者的教学结合起来,为学生的专业学习服务。作为以内容为依托的教材,要充分体现语言与知识学习的有机结合,消除人为地将语言学习和知识学习分离开来的现象。ESP 教材提供的专业知识主要属大专业方面的一般知识,虽没有双语教材的专业性强,但要有一定的系统性,且难度适当。在全面兼顾学生兴趣,满足不同学生群体的需要的同时,教材应突出教学理念的先进性和知识的系统性与全面性。教材设计者要对整个学习阶段所选用材料做系统的整体考虑,如语言的难度、专业知识内容的深浅、题材的比例、体裁的特点、编排顺序及应达到的目标,同时,要在全面考虑的基础上,对每个学习阶段的选材做具体考虑,如各阶段应着重解决哪些语言问题和非语言问题,所反映的语言和技巧应与课程目标相符。教材提供系统和全面知识,反映相关领域的先进成果,严谨的教学设计可以为体验式学习打下基础。学生在内容学习中"习得"语言,扩大专业词汇,研究不同的语言结构、语言功能、语言形式以及语言运用方法。

7. 难度控制与阶段性原则

根据输入假说理论,向学生传授知识的最佳难易程度是从略高于他们的水平开始,即使用比学生现有的语言知识略深一点的语言材料,或者提供可理解的语言材料。ESP 教材通常涉及专业词汇和相关专业的理论,编写者要遵循针对性、循序渐进的基本原则,有效地把握好教材的难易程度和阶段性,训练学生的"输出性"能力,达到输入、输出平衡,以提高教材在教学中的可实践程度、可接受性和有效性。例如,教材可以从讨论与学习者相关的话题导入教学,然后学习相关专业词汇,训练听力、口语和阅读等技能,中间穿插形式多样的任务活动,而且提供的语言素材要有代表性。在充分学习、掌握相关内容和技能的基础上,进行案例学习,结合专业内容强化训练语言技能。Hutchinson 和 Waters 的"需求分析"的观点为分阶段编写 ESP 教材提供了依据,ESP 教材可分为初级阶段和提高阶段。初级阶段的教材解决基础英语与专业的衔接问题,教材所涉及的学科覆盖面要广,涵盖专业领域各方面的真实材料,并适当配备一些专业术语及翻译练习,对学生进行听、说、读、写、译等方面技能训练;高级阶段的教材可分不同专业,收集不同文体的原版教材、文选、论著、实用文件、报刊等,内容涉及各相关专业的基本概念、基础知识等,突出专业文体与语篇知识,在技能训练方面对学生提出更高的要求,以达到培养和提高学生所学专业领域的英语运用能力的目的。

8. 立体化原则

任务的真实性原则决定了 ESP 课堂教学模式应延伸到大的交际环境中,因此,ESP 教材应当成为动态的立体化教材。在设计教材时要充分考虑网络和多媒体等现代化技术的特点,对教材编写体例、练习设计等方面进行多方位的开发与设计,创设开放、互动、多元化的语言学习环境。计算机网络技术的应用可突破交际的时空限制,为语言学习和使用开辟更为宽广的社会交际环境。"信息链接"可及时向学生提供最新的信息资源,为学生获取专业知识提供便利,成为学生专业知识拓展的主要渠道。配合教材练习可加强对听、说、读、写、译等技能的立体开发,以多样化的形式提供更丰富的内容,有利于学生之间、师生之间和教师之间的互动与交流,使教与学可以在一定程度上不受时间和地点的限制,将计算机网络与课堂教学完全整合,成为生态化外语教学环境中的组成部分。ESP 立体化教材的使用不仅为教师提供了丰富多彩的课堂组织与评估方式,同时,从不同层面满足了不同学生的需求,最大限度地发挥学生学习的潜力,使学生的技能训练从课堂内延伸到课堂外,保证学生知识体系的完整性,帮助学生拓展知识面,更激发了学生探究学习的兴趣。

9. 研究型学习原则

ESP 教材的内容是学生感兴趣的,任务的设计以学生为中心,一切从他们的能力、兴趣、学习目的出发。以学习为中心的 ESP 教材编写理念注重培养学生的综合应用能力,提高学生在专门职业或学术领域内的语言应用技能,这就要求教材具有引导性和启发性,给学生提供探究和使用语言的机会。教材的练习要以问题为导向,通过大量的讨论性、探索性、发现式问题,激发学生积极思考,培养学生的创造力。为了引导学生开展自主学习,教材可向学生介绍学习方法和策略,通过完成真实有效的交际任务,如项目作业等,提高学生综合应用语言的能力和合作学习的能力。学生在教师的引导下,确定研究问题,在主动探索、发现和体验的过程中学会对信息进行搜集、分析和研究,这将有助于培养学生的创新能力、实践能力,以及学生的终身学习能力,从而实现全面发展的目标。

(六)ESP 教材评估体系

教材是专门用途英语教学最基本的工具。绝大部分的课堂指导和学生课后作业的指导均来自教材,因此、教材品质是一个不容小觑的问题。教材的编写和选择是否能够满足教学需求要通过教材评估来判断。教材评估这一概念可以理解为对教材的长处和短处进行判断,为教学机构和教师提供一个选择教材时参考的标准。它有助于教师更好、更深地了解教材,了解教材的结构、内容与本质,从而更准确地把握教材编写者的教学理念和宗旨,并据此选择合理而有效的教学方法与程序等,从而达到更好的教学效果。当然,教材的评估也是对教材编写者劳动成果的鉴定,使其对自身教材有一个客观的全面的认识,从而为其再次印刷时的修订和今后的编写工作提供重要的参考依据和标准。而评估标准为教材编写原则的制定提供了极其重要的参考依据。评价教材的能力也是英语教师的一项重要职业活动。由此可见,教材评估在专门用途英语教材的建设上意义重大。

国外的教材评估研究始于 20 世纪 80 年代,代表人物有西顿、卡宁斯沃斯、格兰特、达德利·埃文斯和圣约翰、哈钦生和沃特斯、布里恩和坎德林、麦克唐纳和肖等。这些专家学者在教材评估体系方面都提出了自己的观点,为教材评估提供了明确的依据。

1. Dudley-Evans 和 St. John 的观点

对于教材评估,Dudley-Evans 和 St. John 认为"教材评估通常无须对整本书进行评估,而只是针对某一单元或一个活动。"因此,可以参与到学习中,并在学习过程中仔细考虑如何完成这些活动。如果离实际要求相差甚远,说明这部教材并不适合学生。为了确保教材品质,达德利·埃文斯和圣约翰指出,教师在选择教材时需要考虑以下三点因素:教材是否能够刺激学习者的学习动机;教材能否与教学目标和特定学习者的学习目标相匹配;教材能否起到支持学习的作用。

除了教材本身的品质以外,教师还需要最大限度地发挥教材的作用,使之有助于专业英语学习。教师应能够正确选择可用材料,且更具创造性地运用这些材料。教师使用相关材料,调整教学活动,适合学习者需求。教师提供额外教学活动补充知识并随着课程情景的变化而变化。

2. Cunningsworth 的观点

Cunningsworth 在其著作《选择你的教科书》(*Choosing Your Coursebook*)一书中提供了范围广泛的评估问题,并指出"有效的评估取决于询问合适的问题并解释问题的答案"。另外,他还列出教材评估的重要参数:教材设计、组织、目标、方法、技巧、话题、语言内容、教学法、参考书等及与教材相关的其他方面。并指出任何教材评估都可参照以下几点进行:教材是否符合学习者的需求,是否和语言学习大纲目标一致;教材是否能够反映学习者的语言需求,是否能够帮助学习者自主有效地使用教材;教材是否考虑到学生作为学习者的需求,是否能提高学生自主学习的积极性,而非将知识强加于学生;教材设计是否充分考虑到"可学性"原则。

尽管 Cunningsworth 的观点为教材评估理论的发展起到了重要作用,但仍存在一些不足之处。首先,Cunningsworth 的评估是从语言学角度出发,更多关注语言微观的细小层面的标准,因此,当专业环境发生变化,而该评估标准就未必适用。这就要求我们根据实际需求,在不同专业环境下变换教材评估标准。其次,Cunningsworth 的评估标准是从评估者的角度出发建立的,因此,不同的评估者可能对同一教材具有不同看法,评估者的主观判断在整个评估过程中占主导地位。Cunningsworth 提出的教材评估参数数量繁多,需要评估者依据这些参数对教材进行逐个检查,这就为教材评估增加了难度,因为整套教材中的语言项目都要靠手工核对和检查是很难做到的。

3. Hutchinson 和 Waters 的观点

Hutchinson 和 Waters 认为,教材评估实际上是一个对照过程。教材评估与语言学理论之间是互相影响、互相促进的关系:一方面,教材评估体系反映了语言学理论的发展;另一方面,这些语言学理论的研究成果也对教材评估的发展起到一定的推动作用。Hutchinson 和 Waters 指出,教材评估标准建立的依据包括主观分析与客观分析。主观分析指从材料需求的角度分析课程,客观分析则是对被评估的材料的分析。评估参数包括教材使用对象、目的、内容、教学法等。根据 Hutchinson 和 Waters 的教材主、客观评估标准,可将评估内容分为以下问题:

(1)用于主观评估的问题

①你需要哪一种语言大纲?结构、意念/功能、篇章,或几种大纲的综合?

②应涵盖哪些语言点(如特殊的结构、功能和词汇)?

③你所需要的技能比例是怎样的?是否需要综合技能?

④你需要什么样的微技能(如猜词能力)?

⑤课文中应涵盖哪些文体(如手册、信函、对话、实验报告、图像材料、图画、各种图表、卡通等、听力材料等)

⑥需要涵盖哪些专业(如医学、生物等)?

⑦需要哪些专业知识(如医学知识、医院的管理、医学技术等)?

⑧需要什么样主题的文体风格(如直截了当、事实为根据、人类趣事、幽默、不同寻常的判断事物的方法、需仔细考虑的事情、有争议的事情等)?

⑨在整个课程中这些内容应怎样组织?通过讲解语言点、专业内容、综合方法,或其他方法(如学习技巧)等。

⑩在每篇课文中这些内容是怎样组织的?通过一系列句子成分、各种句型,还是其他途径?是否有清楚的重点(如某些技能、交际任务等)?

⑪教材内容的进度怎样体现(如从难到易)？每隔一段时间提供复习机会还是有其他标准，或没有明显的顺序？

⑫每篇课文内容进度怎样体现？从引导到自由发挥，从理解到产出，还是从精确到流利？

（2）用于客观评估的问题

①本教材使用的是哪种大纲？

②本教材涵盖了哪些语言点？

③本教材的各技能比例怎样？是否有综合技能？

④本教材涵盖了哪些微技能？

⑤教材涵盖了哪些文体？

⑥本教材涵盖哪些专业？

⑦本教材的专业知识程度怎样？

⑧有哪些类型的主题？

⑨本教材是怎样组织这些材料的？

⑩在每篇课文中这些内容是怎样组织的？

⑪全篇教材的内容进度怎样？

⑫每篇课文内容进度怎样体现？

评估过程包括以下几个步骤：确定标准(defining criteria)，评估材料所依据的标准以及这些标准的重要程度；主观分析(subjective analysis)，评估者所希望的课程对评估标准的认同程度；客观分析(objective analysis)，教材实际上是如何认同这些标准的；吻合(matching)，教材与学习需求的吻合程度。

4. McDonough 和 Shaw 的观点

McDonough 和 Shaw 将教材评估分为两部分：外部评估和内部评估。

（1）外部评估

外部评估指的是对教材封面、简介、目录、教材的布局、课文题目的客观性、出版日期和音像教辅的使用等表面成分的总体判断。值得注意的是，交际法对 McDonough 和 Shaw 的教材评估有着重要影响。在外部评估阶段，交际法关注的是：教材中是否包含大量学习者可以参与的成分；教材是否有助于学习者深刻理解语言习得；教材是否能为学习者提供各种课堂活动。

（2）内部评估

相对于外部评估来说，内部评估更加细致、具体，需要对教材有更深的调查和了解才能够进行。内部评估主要解决的问题是，通过对上述外部评估因素的分析确定这些因素是否与教材内部情况保持一致。"内部分析需要考虑的因素有听、说、读、写各种材料的类型、语言技能的介绍、测试与练习与学习者的关系、对教师和不同学习者学习风格的适应性、教材分级与排序、真实语言要素的融入等。"

内部评估阶段，交际法主要关注的是：教材是否能为学习者提供足够的训练技巧、教材中包含的对话和录音是否符合"真实性"原则；教材是否能够提供不同学习风格以满足不同学习者的需求，教材是否能够激励学生和教师互动。

McDonough 和 Shaw 的教材评估是从教师的角度出发，关注教材中语言实际的输入和输出。这一教材评估模式的优点在于，外部评估和内部评估极大地简化了评估过程，为评的开展提供便利。

但是该评估标准仍然存在一定缺点:第一,内部评估阶段中对评估者经验和语言直觉的过分倚重往往容易造成评估不客观或者评估者难以自圆其说的问题。完全依赖语言直觉存在一定的不足,很难跟别人解释。第二,无论是外部评估还是内部评估,McDonough 和 Shaw 给出的评估参数繁多,为评估工作的开展增加了难度。虽然他们对此曾指出了解决办法:在时间和精力有限的情况下,至少检查两项参数。然而仅凭两项,参数的评估是无法全面而正确地掌握一套教材的合理程度的。

5. Breen 和 Candlin 的观点

Breen 和 Candlin 的评估标准是"为了辅助教师为各种教学环境下各种水平的学习者挑选最合适的教材"而建立的。与 McDonough 和 Shaw 的评估标准一样,Breen 和 Candlin 也将教材评估分为两个阶段。

第一个阶段主要围绕教材用途展开评估,主要包括以下四个方面:明确教材的目标与内容;明确对学习者的要求;明确对教师的要求;明确教材在课堂教学中的功能。在实际操作过程中,上述四个方面还会被细化成更小的项目进行考察,而所有这些考察项目都是以学生为中心展开的。

第二个阶段主要围绕与学习者有关的因素展开评估,主要包括明确学习者的需求和兴趣;明确学习者的学习方法;明确课堂教学过程中的教与学。在这一阶段中,Breen 和 Candlin 认为教师和学习者都应该参与到教材评估过程中去,只有这样,教材的选用才能更合理,更加满足教学需求。

Breen 和 Candlin 倡导的"过程大纲"强调,任务是组织教学内部单元的基础,词汇、词形、功能等只是每个任务下的具体体现形式。相比较前面几种教材评估标准来说,Breen 和 Candlin 的观点是较为科学的、合理的。这一评估标准的最大优点在于它是建立在以学生为中心的基础上开展的。教师已经不再是课堂的主导者,学习者的需求和兴趣在很大程度上决定了教材的内容。这就使得学习者可以参与到教材评估中,并成为影响教材评估的一个重要因素。这样不仅极大地鼓舞了学习者不断开发适合自己的学习风格与方法的积极性,还便于教师根据学习者的反馈调整教学策略,满足学生要求,达到教学目标。

虽然这一评估标准具有相当的优势,但是这种学生至上的倾向也会产生很多问题:

第一,由于自身知识水平的限制,学生本人很难对教材做出客观的、科学的判断;

第二,学习者的判断还受很多主观因素影响,如学生的语言水平、兴趣爱好、对任课教师的态度等;

第三,由于学习者的需求各不相同,一套教材无法满足所有学生的需求;

第四,评估指南参照表错综复杂,在实际操作中很难遵从。

尽管这一教材评估标准存在种种隐患,但其对课堂活动的关注、对学生的需求和兴趣的重视都使得教材的编写不能脱离学习者,从而更加符合学生的要求,推动整个教学过程的顺利开展。

除了上面五个主要教材评估标准以外,还有众多其他专家学者也对此领域有所研究和建树,如西顿、格兰特、谢尔登等。

虽然众多外国专家学者在教材评估的过程和步骤上看法不二,但他们对于教材的评估方法和评估内容还是基本一致的。教材评估方法多采用对比参照法。这一方法通过事先罗列一套参数并按照这些参数对照教材,检查教材是否满足这些参数的要求;教材评估内容多关注教材对象的需求、教学目的，也都强调教材的编写要以学生为中心。

（七）对 ESP 教材建设的构想

教材编写是一个综合性的系统工程。它涵盖了从词汇语法，到篇章练习等多方面的建设，在传授一般的语言知识的同时，凸现知识的系统化和专业规范化；重视学科基础性和时效性的结合；讲究启发性，能达到"授之以渔"的效果；在课文选材、语料改编和练习设计等方面要体现专用英语的特点。可以说，ESP 教材是学生从英语作为第二语言学习通向专业学习旅途中的必要工具。

ESP 教材的编写要以理论为指导，真实性为原则，精心编写符合人才培养目标、突出针对性和实用性、强调专业训练的教材。教材应以学习者为中心，在学习基础、学习目的和学习兴趣等方面最大限度地满足学习者的学习需求。ESP 教材应考虑如何让学习者学会并掌握真实的、有用的、得体的专业语言，从而完成交际及研究任务。目前，ESP 教材的编写还处在起步阶段，真正意义上适用于 ESP 教学的教材还存在缺乏系统性、难度控制不当、可操作性与针对性不强等问题。一本好的专门用途英语教材应能将英语水平的提高、专业知识的学习、专业英语表达的训练有效地结合起来。编写教材的目的要明确，适用对象要明确，使用环境要明确。教材应考虑兼顾几个方面：

1. 依据需求分析，有针对性地编写教材

这一观点在专门用途英语教材编写中应用广泛，"需求分析"是 ESP 课程的关键，同样，学习者的需求分析在 ESP 教材的编写中也具有至关重要的作用。需求分析包括目标需求和学习需求两方面目标需求是指分析学习者语言的目的、动机、和使用英语的情况，即在将来的语言使用过程必然遇到的交际情景，包括社会文化环境、工作环境，以及特定环境对学习者的工作和心理状态的影响。学习需求即分析学习者为了在将来的学习或者工作中有效的交际必须掌握的语言知识和技能，包括知识和技能掌握的先后、掌握的方法等等。英语教材编写中要特别注意后者学习需求的分析，前者是以教学目标为指导的，后者应该是我们编写教材的重要分析内容。专门用途英语是专用英语中的学术英语和职业英语两大课程群，在使用教材过程中，通用英语知识为基础，专门学术英语知识为主体，这与普通英语教材有着很大的不同。因此，要针对专门用途英语学习者的不同需要，编写适合不同教学对象的有特色的教材。

ESP 英语教育发展较晚，目前还处于探索的初级阶段，因此好的 ESP 教材数量较少，在 ESP 教材的选择上存在主观随意性，存在相同教材供不同水平、专业相差较大的学习者使用的现象。但是，不同英语水平和专业背景的学习者的学习需求和对教材的需求存在差异。因此，在教材选择和编写时也应考虑到这点。换言之，在教材编写时要充分考虑到教学对象的英语基础、专业背景、通过学习想获得什么。缺乏准确定位是很多教材不受欢迎的一个重要原因，这就要求教材要具有准确、具体、个性化的定位，明确教材为谁编写、为何目的编写，即确定教学对象、教学目的。只有教材考虑学习者具有的基础和专业背景，满足他们的需求才能提高学习者的学习兴趣，有效提高学习者的学习效果和教师的教学效果。鉴于此，我们可以以学习者的需求为基础，通过分阶段编写教材、明确教学目标的途径以增强教材的针对性。

首先，分层化编写教材。通过确定教学对象的语言水平及学习背景，从而编写符合他们需求的教材。处在初级阶段的学习者需要学习相对基础的专业英语内容，因此面向他们的 ESP 英语教材应侧重术语及其用法的学习,而硕、博学习者则偏重运用英语进行专业学术交流等,因此针对这类学习者的教材应以文献、职业英语运用为主。两层式编写教材,其中第一阶段以学术英语为主,主要解决大学公共英语与专业英语的衔接问题,第二阶段侧重专业英语或者职业英语,主要让学生学习专业领域的相关词汇、句法及语篇,阅读专业文献,从而培养学生在相关专业的英语能力等。这两种分阶段编写教材的方法适用于基础类教材。而作为英语听说教材,则可以从选材及任务设计的难度上进行区分。例如从同一本教材内部来看,选材方面可以从相关职业的小故事等专业术语较少的材料逐步过渡到专业性较强的材料;学习任务方面可以按照任务的类型极其复杂程度,由简单的获取信息类任务逐步过渡到解决问题类任务。从提供给不同阶段语言水平的分阶段教材来看,初级阶段适合刚开始接触专业英语的学生,教材应选取相关领域中最基础的内容并以对话形式为主,展示专业英语的特点及规律,学习任务关注术语、常见表达方式等;高级阶段适合有一定职业英语基础的学生,教材可以选取更加具体和深入的材料,例如"中美贸易"等话题,同时也可以加入篇章形式的材料,学习任务则不仅强调专业英语语言基础知识,还需关注如何用专业英语有逻辑地表达出自己的观点。

其次,明确教学目标。现有的 ESP 教材缺少教学目标。教学目标的作用不言而喻,能够让学习者在开始学习教学内容之前明确了解他们应该掌握什么,这样不仅能够让学习者了解到本单元的学习重点,而且使他们明确学习目的,激起他们对学习所学内容的期望,从而提高他们的学习动机。

2. 依据教师教学要求,注重教材的实用性

在编写教材时教师需求这一因素往往会在不经意间被忽视。一本教材对一个教师来说是一种教学的工具,那么这个工具是否让使用者满意,也是我们编写教材时需要重点考虑的问题。有的教材在实际的教育教学中利用率很低,教师宁愿脱离教材,自己总结资料或者整理课件进行教学。然而,教师不用教材会导致学生也很少使用教材,一本教材的好坏从利用率高低即可判断出来,编写教材的目的是让师生互利,成为师生联系的一个纽带,一本好的教利应该对使用教材的教师进行调查问卷,提供课时分配意见,提供使用意见,提供立体的课外辅导音频和视频等等,教材编写者要把教材当成一件艺术品来编写,对教师的需求也是这件艺术品的精彩与否的重要一点。因此,关于法律汉语教材的编写,要吸收教师需求这一观点,提高教材的使用价值。

真实性对于 ESP 教材来说尤为重要,是 ESP 教材的关键和灵魂。首先,应确保材料来源的真实性。材料的真实性指人们日常生活中接触到的各种"原汁原味"的语言材料,如新闻报道、网络信息、广告、产品说明书等。通过选取适合教学对象语言水平的真实语料,不仅能够提高学生的语言水平,也可增强他们对英语语言国家的语言及文化的认识。因为书面语和口语语言使用及难度的差异,对于专门用途英语听说教材来说,除了选择"原汁原味"的材料,还需尽量选择口语材料。如果口语材料来源有限从而选择书面材料,需对书面材料的词汇、句子及篇幅长度进行修改。鉴于专业英语术语本身较长,难于理解,因此,ESP教材的听力材料需要比 EGP 英语听力材料稍短一些。

其次,应确保学习任务的真实性。本研究调查结果显示,学生喜欢情景模拟和角色扮演等互动性较强、具有真实情景的迁移创新性学习任务。这些任务也属于语言输出练习的一部分,与学生及专家希望增加语言输出机会的需求相一致。此外,美国学者爱德加·戴尔 1946 年提出学习金字塔(Cone of Learning),它用数字显示了采用不同的学习方式,两周

以后学习者还能记住多少,即学习内容平均存留率。他认为阅读(10%)、听(20%)、看(30%)的学习效果在30%以下,视听结合(50%)、讨论及角色扮演(70%)、在做中学(90%)的学习效果在30%以上。从该学习金字塔理论中,我们可以看出不同的学习方法所达到的学习效果也是不同的。这告诉我们,单一的、被动的学习方式应被互动的、具有真实情景、以解决实际问题为目标的学习方式所替代。因此,结合本研究调查结果与学习金字塔对学习方法和教学方式的启示,我们在任务设置应结合"讨论和角色扮演""在做中学"以及"视听结合"学习方式设计任务,以增强任务的真实性。

ESP教材的实用性是指教材的内容符合学习者的目标需求,教材的编排有利于教师的教和学习者的学。教材的实用性强是指教材既能够满足学习者的学习需求,又能够使学习者最大限度地运用所学技能。教材实用性的基本要求:编写或者选择的教材内容是学习者需要的,是他们能够在课堂外见到、用到的;编写或者选择的教材应该在课堂上有较强的可操作性;内容的编排应遵循由易到难的顺序。根据以上几点要求,在未来对于ESP教材的建设上,应有针对性地设计出适合于不同水平的学习者的教材,细化出入门级、提高级、强化级等系列性教材,使不同水平的学习者在学习专门用途时都可以用最具实用性的教材进行学习,也使教师能够发挥最大的教授作用。

3. 彰显文化特色

外语语言教学也同时是外国文化教学,所以专门用途英语教学也属于跨文化教学。因此,ESP英语中的文化教学显得举足轻重,这不仅是为了传授知识,更是让学习者了解相应的背景,在遇到不理解时找到好的解决办法。对于学习者来说,如果不能了解语言对象国的历史、文化、民俗习惯的话,难免会对其学习带来一定的困难。因此,对于ESP教材的建设也应充分考虑到文化背景与知识的结合,以实现教学效果的最优化。

4. 现代化多媒体手段的应用

在ESP教材的编写中要借鉴并应用各种现代科技手段,立体化教材将是ESP教材未来的发展方向。由于专门用途英语特殊的使用情境,在教材中如果配有相应的现代化多媒体教学手段,在讲解专业性知识的同时,通过多媒体资料真实地还原语言使用情景,让学生在特定情境中体会专业语言的内涵及用法,将专门用途英语生动形象地展示给学生,另外也可以帮助学生自学。

随着多媒体及网络的发展,学生的学习也不仅仅局限于纸质教材,ESP教材也应向立体化教材发展。有学者也较早提出建立立体化的大学英语教材及中医英语教材。ESP教学在真实的语言交际环境中开展,这决定了学习者的学习不应局限于纸质教材,而应在接触不同形式的语言材料,因此ESP教材应具有动态化、多样化、立体化的特点。立体化教材对于ESP听说教材则更加重要,因为"听说"或"视听说"本身就包含着信息接收过程中多个模态之间的转换,但是多数教材都存在教学内容与媒体之间无法真正实现立体化、多模态化的整合。将绝大多数ESP教材与学生、教师的需求进行对比发现,大部分教材未能充分利用网络的。2016年教育部下发的《关于中央部门所属高校深化教育教学改革的指导意见》也确定教学改革的主要任务之一为"着力推进信息技术与教育教学深度融合"。因此,我们应充分利用多媒体技术,通过图片、音频、视频、动画等多样化的形式及VR技术,或通过App将纸质材料与移动设备联系起来,为学生提供丰富的、立体化的资源,设计出培养学生听、说能力的平台。

从数字化学习模式(e-learning)、泛在学习(u-learning)、混合式学习(Blending learning)

到慕课(MOOC)及翻转课堂等基于计算机和网络的发展而形成的新的学习模式,能够以学生为主体,教师主导,充分利用多媒体及网上资源,激起学生的兴趣、培养学生自主学习的能力,同时能拓宽学生的学习渠道和学习视野。因此,可以通过教师直播课程、补充学习资料的方式让学生可以自由选择内容和时间进行学习。例如选择5分钟左右的音频、视频或课程,将其传送到手机,因此学生可以利用排队等候的间隙等碎片化时间进行学习,实现教材与网络资源互补共存。但是如何获得这些资源或开发这些资源、建立平台是值得后续思考的问题。

5. 平衡语言信息的输入与输出

平衡的语言输入与输出不仅是ESP教材,也是所有二语习得类教材应遵循的基本原则,但是语言输出练习不足是ESP教材一个比较突出的问题。平衡语言输入与输出需要做到以下两点:确保足够的语言输入和提供足够的语言输出。

由于ESP英语涉及大量的专业术语,如果缺少必要的语言输入,学生则如无源之水,无法进行高质量的输出。因此,应注意保持高质量的语言输入。视听说教材中,对听力材料的理解以及口语任务的完成基于前期的信息输入,这点对于ESP英语听说教材来说更是至关重要。因此,在关注听力材料的同时,还应关注专业词汇以及句型等语言输出的基础,保证一定量的词汇预习,适当进行实用性的典型句子的训练,引导学生进行大量的语言输出,增加语言表达练习,确保学生在一定的语言输入的前提下,增加对成功输出的信心,从而获得足够的语言输出的机会。

在高质量的语言输入的基础上,适当增加语言输出的机会。语言输入和输出是一个循环往复的过程,应在内容和数量上达到平衡,从而使语言学习和实际交际联系起来。通过课堂对比实验也发现,强调输入和输出平衡的学生在语言应用和口语交际能力上有很大提高。这与对学生的调查结果相一致。因此,在语言学习时注重输入,也要强调输出。由于,语言输出练习不足是ESP英语教材的存在的一个突出问题,因此,应适当增加口语任务的比例,使语言输入与输出达到平衡。例如,在每段视听训练结束后都增加一个讨论或角色扮演的任务,这也与学生及专家希望听说任务交叉进行的需求相一致。

6. 关注非语言因素,挖掘整合思政元素

推进课程思政建设,寓价值观引导于知识传授和能力培养中,塑造学生正确的世界观、人生观、价值观学生可以通过语言实现成功的交际、培养文化意识、职业素养及社会责任感。非语言相关能力与语言相关能力同样重要甚至高于语言相关能力。对于ESP教材来说,可以通过设置多样化的教学目标、选择多样化的听力材料的方式,培养学生的非语言能力。

首先,从教育部"三维目标的要求"(知识与技能、过程与方法、情感态度)到"五维目标"(语言知识、语言技能、情感态度、学习策略、文化意识)的发展,我们可以看出,针对中国学生的学情,人们开始注重对学生思维、跨文化意识等非语言能力方面的培养。因此,教材在增加每单元教学目标的同时还应根据每单元所涉及的话题,在以实现语言知识与语言技能目标的基础上,适当加入以培养学生情感态度、学习策略或文化意识的教学目标,从而使教学目标更加多维化。培养学生在专业领域内解决实际问题的能力,加强今后学生在处理交际双方关系的沟通技能,有利于中外关系向更好的方向发展。

推进课程思政建设,寓价值观引导于知识传授和能力培养中,塑造学生正确的世界观、人生观、价值观。如何在现有教材中挖掘整合思政元素是推进大学英语课程思政建设,实现"课程门门有思政,教师人人讲育人"的关键环节。

大学英语教材涉及内容广泛,主题和思政元素众多,仅靠单个教师的单打独斗难免出现顾此失彼的窘境。教学部可先通过教研活动整合提炼教材内容,确定爱与友情、经济发展、环境保护、校园生活、科技发展、理想信念等主题之后,划分教学小组,以小组为单位,认领主题,并负责四册书中同一主题资料的整合。完成单元主题梳理后,小组成员在备课过程中,除了完成词汇和语言知识点的准备之外,还应认真编写可供学生课前、课中和课后思考、且有利于开展思政教育的问题。通过这样的教学活动,可以让同学们积极思考关乎地球及人类生存、关乎国家发展和中国在环境保护方面做出的努力以及对世界环境保护所做的贡献,思考个人行为对自然环境的影响以及人在自然界中的地位,如何做到经济发展与环境保护兼顾等问题,让学生除了读"圣贤书"之外,也关心"窗外事",并逐渐培养自己独立思考和辩证思维的能力。

还应以思政主题为单位,纵向整合教材内容。教师以往备课时通常的做法是以一册书为相对独立的单位,一个单元地备课、上课,每个单元和每册书之间都相对独立。这样的做法有利于学生循序渐进地积累词汇量,提升听说读写译等语言能力,符合教学内容由简到难的教学规律,但不利于思政教育的有序开展,容易加剧大学英语教学中思政教育碎片化和随意性倾向,影响教书育人的成效,也不利于建立长效育人机制。

纵向挖掘整合教材中的思政元素,教师在设计和开展教学活动之前就能够对整套教材中的思政主题有一个较为全面而整体地把握,把分散在不同书中的相似主题相对集中,这样既可以丰富教学素材,也可以把思政教育贯穿于几个学期的教学中,去除大学英语课程教学中思政教育零碎化和随意性的趋势,从多个主题、多视角出发,强化思政教育的效果,让大学英语课程教学中的思政教育成为高校思政教育的有机组成部分,与其他课程形成合力,提高大学英语教师和大学英语课程的育人成效。

要提高大学英语课程思政教育的成效,还应该结合教材中的思政主题,开展丰富的课堂和课外活动。为了保证教学中思政教育的成效,围绕思政主题设计课堂内外的教学活动是关键。从词汇讲解、用词造句,到背景知识及主题讲解和归纳等环节,教师都可以有意识地融入思政元素。在介绍相关背景知识时,可以结合课文,通过讨论纳粹德国种族优越论的无稽之谈,犹太人在第二次世界大战期间遭遇的种种非人待遇,以及中国人民在反法西斯战争中做出的牺牲等内容引导学生讨论战争与和平以及中国的和平外交政策等,激发学生对民族平等、文化平等和世界和平等问题的思考和关注,从而提升学生关注国家和民族历史、关注时政和人类命运等意识,切实做到既教书、又育人,既传道又授业,让学生既掌握英语语言知识和技能,也具备用英语讲述普世历史文化主题和中国故事的能力,储备人文素养。课后如果时间和条件允许,还可以开展《浩劫录》《安妮日记》《偷书贼》《辛德勒名单》和《穿条纹睡衣的男孩》等二战文学作品和影视作品赏析以及知识竞赛等活动,从而加深同学们对那段特殊历史的了解,以铭记历史、珍惜当下。

在英语作为一门外语(EFL)的环境下,ESP教材是影响学习效果的重要因素。教材编写者要对语言学和语言教学理论、学习者的需求和个体差异有深入全面的认识,并将理论置于教学实践中,适应我国ESP教学的实际情况。ESP教材要以提高学生的英语综合应用能力为目标,将真实性、适应性、实用性、阶段性、立体化等原则始终贯穿于教材编写理念中,培养学生运用英语进行有效交流的能力和自主学习能力,提高综合文化素养,以适应我国社会发展和国际交流的需要。

第二节　高校 ESP 教师专业发展

教师的专业发展是一个不断充实、更新知识的过程，是一个终身学习的过程，是一个教师的职业理想、职业道德、职业情感，以及社会责任感不断成熟、不断提升、不断创新的过程。在这个过程中，具有变革力量的教师独自或与他人一起审视、更新、拓展教学目的。在与学生和同事共同度过的教学生活的每一阶段中，教师不断地学习和发展优质的专业思想与实践所必需的知识、技能和情感智能。从某种意义上说，没有教师的发展，没有教师专业上的成长，教师的历史使命就无法完成。因此，教师专业发展不仅是历史发展的趋势，而且也是教育改革与发展的必然。

一、外语教师专业发展的背景与内涵

（一）外语教师专业发展的背景

外语教师专业发展界定为外语教师以自我发展需要为动力，在教师的教育机制中，通过不断学习、反思使自己的专业智能素质和信念系统不断发展完善的动态过程。外语教师专业发展强调教师的主体性，强调在终身教育的前提下，教师主动地发展自己，核心是教师自我发展意识。发展过程是教师专业结构、专业素养不断更新完善的一个动态过程。外语教师专业发展的内容是多层面、多领域的，既包括知识的积累、技能的熟练、能力的提高，也涵盖外语教育信念的建立、态度的转变、情意的发展等。

外语教师专业发展的定义是在教师专业发展界定的基础上提出的。外语教师专业发展是外语教师在教育生涯的每一阶段，提升学科教育专业理念和学科专业知识，培养教学反思与研究能力，强化专业道德及服务意识，具备良好的教育效能的变化历程，既包括外语教师个体提高的过程，也包括外语教师群体为争取教师职业的专业地位和社会价值而进行努力的过程。本章节中的"外语教师"主要指大学英语教师。

语言是国与国、民族与民族之间交流的媒介。作为当今国际通用语言之一和最重要的信息载体，英语已经渗透到人类社会生活的各个领域中，成为各国教育发展的重点。21世纪是一个高度发展的信息化、多元化、全球化的时代，随着各国之间在政治、经济、科技、文化等领域的交流不断深入，国际竞争日趋激烈，我国急需培养大批高素质的国际化人才。国际化人才培养中离不开英语教育。我国高校人才培养参照国际标准制定，且融合了各校办学特色，以质量为核心，坚持专业内涵建设与发展；以需求为导向，探索多元人才培养模式；以评估为手段，规范和提高办学水平的英语教师专业发展道路。有了好的教师，才能有好的教育。毋庸置疑，教师在提高全民族素质和实施国家可持续发展战略方面具有不可替代的重要使命。因此，英语教师除了要掌握专业知识与技能外，还要具有国际化的教育理念以及跨学科的综合知识，这样才能使英语教学不仅仅是传授语言知识，更是促进中国与世界各国文化交流的桥梁。大学英语教师承担着我国高校大学英语课程的教学工作，他们的成长和发展与国家和社会的发展密切相关。促进大学英语教师个人专业发展，才能更好地实现教育教学目标，从而提升国家的整体教育质量。

1999年以来我国高等学校连年实行扩招，大学教育已经从精英教育转为大众化教育。大学英语教学是高等教育的一个有机组成部分，大学英语课程是大学生的一门必修基础课程。随着学习大学英语课程的高校学生人数的剧增,大学英语教师的人数在 2010 年已经达到 6 万人左右。加上近些年新办的各类独立学院和高职高专的英语教师,大学英语教师的人数远不止于此。因此,我国高校有着庞大的大学英语教师群体。

近些年来,大学英语教学从来没有停止过改革,在当今信息技术和大数据背景下,大学英语教学呈现出全新的多元化特点,大学英语教师面临着新的机遇与挑战。众所周知,教师素质是保证大学英语教学改革健康和可持续发展的关键因素,然而,大学英语教师如何突破职业发展困境、确定发展定位、提高专业发展、适应时代发展的要求、等问题摆在了当代大学英语教育者的面前。如何变压力为动力、抓住改革的机遇迎接挑战,也是大学教学应该思考的问题。2010 年,中共中央、国务院印发的《国家中长期教育改革和发展规划纲要(2010—2020 年)》已经明确建设高素质专业化教师队伍的要求,指出教育大计,教师为本。有好的教师,才有好的教育。严格教师资质,提升教师素质,努力造就一支师德高尚、业务精湛、结构合理、充满活力的高素质专业化教师队伍。以中青年教师和创新团队为重点,建设高素质的高校教师队伍。大力提高高校教师教学水平、科研创新和社会服务能力。促进跨学科、跨单位合作,形成高水平教学和科研创新团队。

依据《大学英语课程教学要求(2007 年)》和各高校的大学英语教学目标,许多高校已经设计并开设了系列大学英语必修课程,如第二外语类、英语听说类、英语技能类和英语文化类等课程,确保不同层次的学生在英语应用能力方面得到充分的训练和提高。这类课程充分考虑了对学生文化素养的培养和国际化知识的传授,重视提高学生的创新能力,鼓励学生个性自由发展,满足学生的兴趣和爱好。这类课程可以由大学英语教师、英语专业教师和外籍教师讲授。随着大学英语教育改革的推进,《大学英语教学指南(教育部 2017 最新版)》和《大学英语教学指南(2020 版)》中都明确指出:大学英语教学的主要内容可分为通用英语、专门用途英语和跨文化交际三个部分,大学英语课程由必修课、限定选修课和任意选修课组成。课程设置要处理好通用英语与专门用途英语、跨文化交际教学的关系,处理好必修课程和选修课程的关系。

教师的专业发展是指教师在职业生涯中为满足教学需要、适应社会进步、提高自己能力和水平而进行的培训、学习、反思和升华的过程。在当下信息大爆炸的时代,作为一名合格的大学英语老师除了应该具备英语教学信念、英语教学相关的知识、英语教师应具备的能力、职业道德和情感态度、健康的个性心理、自我发展需要的自觉性的素养外,还应该学会利用大数据带来的便利,迎接大数据带来的挑战。

我国的大学英语课堂教学整体偏于传统,教师的主要责任仍然停留在为学生讲解教材,解释单词、句法、语法等方面。各大高校对于大学英语课程的管理只立足于课堂和教材,统一进行教学设计并对教学效果进行评价。教师依据学生的日常考勤、作业、课堂表现以及期末的考试成绩对学生进行评价,学校则依据班级考试成绩和学生的评教调查表对教师进行评价。

然而进入大数据时代,课堂的主体变为了学生,不再是教师一个人的独角戏。传统的课堂上,学生只知道埋头听讲,主体性得不到充分发挥。但在大数据的影响下,学生不再缺乏英语学习资源,对教师在课堂上传授的信息的依赖性减弱。课堂上,学生不仅汲取所需的文化信息,更重要的是利用课堂环境进行语言材料的实际运用,从而实现自主构建知识与能力的目的。尤其是在翻转课堂这类教学模式中,语言文化知识的讲解、课文段落句子的分析都能放在课前视频中供学生学习,教师在课堂上更多的是组织小组和个人讨论,发现、分析并解决问题,鼓励学生发挥主动性,把英语作为一种交流工具在课堂上使用。这就要求教学设计与教学评价更加多元化,考虑不同类别的学生在学习基础、学习风格、学习效果上的差异,同时通过对学习数据的收集和分析,找出教学活动的规律和特点,设计出符合学生个性化需求的教学和评价方案。教师的职能和角色发生了显著的改变,教师从之前的资源信息的提供者转变为资源的整合者,从之前课堂的主导者转变为学生合作学习的指挥者和导向者,也是学生学习的评判者和监督者。在大数据背景下,身负多重职能的大学英语教师需要及时调整自己在教学中的位置和角色,适时更新理念,加强新技术、新知识的学习,不断实现自我发展。

大数据时代的到来给大学英语教师的专业发展带来了机遇,教育的信息化和网络的便利性使英语课堂变得更加生动活泼和丰富,时事新闻、热点话题和热映的电影等视频材料的加入也使本来枯燥的知识讲解更富于趣味性。课堂上,学生不再一味地埋头记录,因而有更多的时间可以进行交流互动和任务活动。不同于以往的英语教师只能依靠自身经验和理念灵感来分析学生的特征和学习特质,现在有了大数据作支撑,海量的信息真实可信,提取的大数据基本无须筛选或二次加工,即大数据本身所具有的量大、多样、高速等特点和快捷可靠的数据分析功能为教师的教学和科研工作提供了很多的便利。然而,与大数据时代所提供的方便相比,大学英语教师需要面对更多的是来自各方面的挑战。

随着网络微课、慕课,以及翻转课堂的兴起和各级精品资源共享课程的建设,高校教育将成为一种和信息网络技术联系密切的实证科学。大学英语课堂不再是学生获取相应知识的唯一途径,传统课堂的作用和影响、传统的教学模式都受到了冲击。教学场地的设计、教学计划的安排、学习场景的规划、学生数据的收集和整理,这些过去要靠教师的理念和经验才能获得的东西,如今在大数据的背景下,变成了一种依靠信息网络就能得到的数据。这就要求教师们具备一定的计算机操作能力并且掌握计算机常用软件、网络通信、多媒体教学、网络教学平台应用等技术,才能顺应时代的潮流,提升课堂质量,更好地适应大数据背景下的大学英语教学。

大数据时代的大学英语教学给教师提出了更高的要求,多媒体技术、网络信息技术的不断进步,为大学英语教学中传统教学模式的改革提供了新思维,也为大学英语教师的专业发展提供了新思路。大学英语教师应该认识到信息技术发展带来的冲击,利用自己的智慧和经验,多方位、多元化为教学考虑,调整自己的教学方式和教育理念,恰当安排教学和科研活动,努力实现专业能力的不断提升。

大学英语教师要符合时代的需求,调整好心态,把压力转化为动力,把问题升华为课题,抓住机遇,积极面对挑战,树立终身学习的观念,了解大学英语的学科特点,关注学术前沿,找准自己的定位,坚持专业发展。在 2020 年颁布实施的《大学英语教学指南(2020版)》中有明确要求:大学英语教师必须主动适应高等教育发展的新形势,主动适应大学英语课程体系的新要求,主动适应信息化环境下大学英语教学发展的需要,不断提高自己的专业水平和教学能力,除掌握学科专业理论和知识外,要具备课程建设的意识、教学改革的意识、现代教育技术运用能力等。要确立终身学习、做学习型教师的理念,将更新教学观念、提升自身专业水平和素养、研究教学方法和提高教学绩效作为教师自身发展的主要内容,将不断学习和主动参与教学研究和教学改革作为教师自身发展的主要途径,在学院和同事的支持和激励下实现团队的共同发展和个人自我价值的实现。

（二）外语教师专业发展的内涵

20世纪七八十年代，教师专业发展问题备受欧美国家教育界的关注。从那时起，国外师资培训已经成为专业教育发展中的重要环节，成为常态，教师专业发展成为传统的师范教育与教师在职进修概念的整合与延伸。

教育界对"教师专业发展"这一概念的理解具有多样性。它既可以理解为教育制度和教育体系，关注专业历史发展、专业资格审定、专业组织、专业守则、社会地位等，这类理解实际上接近于教师专业化的概念；也可以理解为教师个体的发展，强调教师个体的、内在的专业素养和意识水平的提高，关注教师如何形成自己的专业精神、知识和技能。国内外教育界学者从不同的视角诠释"教师专业发展"的内涵，归纳起来主要有三种：第一种是指教师的专业成长过程；第二种是指促进教师专业成长的过程（教师教育）；第三种则是以上含义兼而有之。三种观点的侧重点各不相同：作为专业成长过程，教师专业发展是多侧面、多层次的发展过程，它重在教师自我发展；作为教师教育过程，教师专业发展也具有多种层次，这两种基本理解及其相应的各个侧面、层次理解的不同组合，形成了对"教师专业发展"丰富多彩的诠释；第三种观点相对更为全面地概括了教师专业发展的实质，在教师专业发展的过程中，既存在教师教育所提供的外部专业环境，也存在以"学会教学"为特征的教师自我专业成长的内部变化过程，两者合二为一才形成教师专业发展的完整内涵。教师的专业发展应是一个超越"培训"的概念，涵盖正式学习和非正式学习，而且是教师出于自身需要的主动、自觉的行动。

还有的学者将教师专业发展的内涵理解分为教师专业的发展和教师的专业发展"教师专业的发展"可理解为将教师所从事的职业作为一门专业，"教师的专业发展"则理解为教师由非专业人士转变为专业人士的过程，即教师专业发展是教师由非专业人员转变成为专业人员的过程，教师专业发展由知识结构和专业实践组成。知识结构包括知识、技能、态度和觉悟意识；专业实践包括行业实践。还有的学者认为，教师专业发展是指教师个体由新手逐渐成长为专家型教师的过程，强调教师个体内在专业特性的提升，即指教师个体在专业知识、专业技能、专业情意、专业自主、专业价值观、专业发展意识等方面由低到高，逐渐符合教师专业人员标准的过程。这两种观点与上文中的三种观点大致相同。

就教师专业发展内涵来说，外国学者有着不同的理解，归结起来可将其分为三类：

以霍伊尔等为代表的学者持第一种观点，认为教师专业发展是教师专业成长的过程，强调一种状态。霍伊尔认为，教师专业发展是指在教学职业生涯的每一阶段教师掌握良好专业实践所必备的知识和技能的过程。富兰和哈格里夫斯也指出，他们在使用"教师专业发展"这一术语时，既指通过在职教师教育或教师培训而获得的特定方面的发展，也指教师在目标意识、教学技能和与同事合作能力等方面的全面进步。佩里提出："从意义上来说，教师专业发展意味着教师个人在专业生活中的成长，包括信心的增强、技能的提高、对所任教学科知识的不断更新、拓宽和深化，以及对自己在课堂上为何这样做的原因意识的强化。从积极意义上来说，教师专业发展包含着更多的内容，它意味着教师已经成长为一个超出技能的范围而有艺术化的表现，把工作提升为专业，把专业知识和技能转化为权威的人。"教师专业发展是指在教学职业生的每一阶段教师掌握良好专业实践所必备的知识和技能的过程。显然，这种过程突出了教师专业发展过程中知识结构等能力方面的动态变化，但是忽略了教师专业发展的途径和影响因素，不能全面地反映教师发展的过程。

以利特尔为代表的学者持第二种观点,认为教师专业发展是促进教师专业成长的过程,强调一种动作。他明确指出,对教师专业发展的研究有两种截然不同的路径。其一是教师掌握教学复杂性的过程,这些研究主要关注特定的教学法或所实施的课程革新,同时探究教师是如何学会教学、如何获得知识和专业成熟的,以及如何长期保持对工作的投入等;其二是侧重研究影响教师动机和学习机会的组织和职业条件。我国学者朱宁波对此持相似观点,他认为教师个人在经历职前师资培育阶段、任教阶段和在职进修的整个过程中都必须持续地学习与研究,不断发展其专业内涵,逐渐达到专业圆熟的境界。教师专业发展是教师通过培训、教育或进修从而不断提升自我知识、技能及情感的过程。这种观点侧重对教师实施教学改革的动机和具体过程的研究,缺乏对教师专业发展中自身知识和能力提升的关注,因而也不能全面地反映教师专业发展的过程。

持第三种观点的代表人物是威迪恩,他认为教师专业发展是教师专业成长和促进专业成长过程的结合,即状态和动作的结合。他指出:"教师专业发展有五层含义。协助教师改进教学技巧的训练;学校改革整体活动,以促进个人成长,营造良好的气氛,提高学习效果;一种成人教育,增进教师对其工作和活动的了解,而不仅仅是停留在提高教学成果上;利用最新的教学成效研究改进学校教育的一种手段;专业发展本身就是一种目的,协助教师在受尊敬的、受支持的、积极的气氛中,促进个人的专业成长。"这种观点将教师专业发展的状态和动作结合起来,强调教师专业发展既指在目标意识、教学技能和与同事合作能力等方面的全面进步,也指通过教育、培训等途径促进特定方面发展的过程,能够比较全面地反映了教师专业成长的过程。

随着社会发展需要的不同,教师专业发展的内涵在不同历史时期、不同国家或地区是有所变化的。这一概念的内涵在不断地扩大和延伸,逐渐向个人终身成长的方向发展。

大学外语教师是高校教师的重要组成部分,具有高校教师的最基本特质——教育性和学术性,这两种特性也是教师职业生涯的核心,是衡量高校教师专业发展水平的重要尺度。不同于中小学教师专业发展,高校教师专业发展的内涵包括教学、科研、社会服务所需的专业知识、专业技术、专业能力和专业素质。也可以理解为,高校教师专业发展是指教师个体在其整个职业生涯中,依托专业组织,不断地学习与训练,使专业知识与技术、专业能力、专业道德等方面由不成熟到比较成熟的发展过程,即由一个专业新手发展成为专家型教师的过程。

高校教师专业发展是大学教师在整个专业生涯中为提升专业水准与专业技能,依托专业组织,自觉学习并实施的各项专业活动,目的是改进教学效果,促进一个优秀的教育工作者的专业成长。从更深层的意义上来讲,高校教师专业发展是教师内在知识结构不断更新、丰富、演进的过程,即教师通过接受专业培训和自身主动学习,逐步成长为专家型和学者型教师,不断提升自己专业水平的持续发展过程。

我国学者从教师职业、专业素质、教学学术三个方面对高校教师专业发展内涵进行了以下解读:

从教师职业视角来看高校教师专业发展,将高校教师专业发展视作"独立人"的发展和"职业人"的发展。高校教师不仅要发展成为该领域的专家,还要成为一名教育专家。

从专业素质视角来看高校教师专业发展的内涵是动态的。高校教师既要具备普通人的基本素质,也要具备高校教师这个角色所赋予的专业特质,体现高校教师在长期的学习、研究和实践的过程中形成的教学能力和科研能力。

从教学学术视角来看高校教师发展,部分学者认为高校教师教学专业发展的核心在于树立教学学术理念和积极开展教学学术研究。把教学纳入学术范畴,在丰富高校教学内涵的同时,也拓展了高校学术范畴。教学不仅是一项实践活动,更是一项学术研究活动。教学与学术的融合是从理论构建和观念更新方面使学界重新审视教学活动。高校应当确立教学学术思想,建立保护教学学术的制度,落实教学学术思想。教学作为一项高度专业的活动,教师需要运用科学研究方法,不断研究在教学过程中出现的新问题、新情况、新变化。

近年来,随着高校大幅度增加招生人数,使得高校师资队伍短缺,生师比不协调。这种困境不仅表现在数量上,更是体现在质量上。因此,国内学者提出多视域探索教师专业发展内涵,拓展高校教师专业发展改革路径。从 PCK 视角下看高校教师专业发展。PCK 是"学科教学知识"(pedagogical content knowledge)的简称,也被称为"教学法加工"。教师运用该方法将学科知识转化为易于学生理解的教学知识。高校教师除了要具有基本教学能力和专业知识外,还要具有符合专业学习特点的教学知识和能力:多元、均衡的知识结构;丰富的情境认知体验;较强的教学和反思能力。PCK 理论在实践教学中的运用促使高校教师更注重对教育理论的钻研,更注重对多种教学方法的掌握和合理运用,更注重对学生认知规律的把握,获得更多的教学经验。因此,教学反思也是促进高校教师学科教学知识发展与丰富的重要手段。从知识管理视角下探索高校教师专业发展。在教师专业发展中,教师知识的发展是最基本最重要的,学校教育直接受到教师知识结构的影响。理论上讲,一名优秀高校教师的知识结构应该是完整的,既有精深的学科专业知识,也有广泛的科学文化知识、一定的教育学和心理学知识以及丰富的教育教学实践知识。然而,现实情况却是大部分非师范类院校毕业的高校青年教师缺乏教育基础知识及教育实践知识,自己学得满腹经纶,却不知如何将知识传授给学生,产生了诸多教学问题,这也严重阻碍了教师专业发展。值得注意的是,教育领域具有其特殊性,教育知识一般都以隐性知识的形式出现,高校教师如果缺乏知识管理意识,将会有大量的教育知识处于无序散乱的状态,也会影响教学过程中知识的传递、交流与共享,造成资源的浪费,没能发挥知识的最优价值。从"互联网+教育"视角下看高校教师专业发展。互联网出现使得教育"活"了起来。"互联网+教育"的实施重点是从"硬件"转向"软件",从"设备"转向"人",在此过程中教师的"网络化"是关键。特别是教师在教学活动过程中如何利用好互联网,如何对待网络环境中学生学习以及师生关系、角色定位等问题。在互联网时代背景下,高校教师应更新教育观念,具备自我发展的意识,实现专业素质的信息化和角色的多样化。互联网时代为高校教师专业发展带来了前所未有的新的挑战。

英语教师专业发展与一般意义上的教师专业发展有着基本相同的解释。英语教师专业发展是指在教师专业发展背景下,英语教师在教师教育机制中的一个不断学习、反思、发展和成长的动态过程。在英语教师职业专业化确立的前提下,英语教师的专业发展概念可以有两个维度。其一是指教师个人在专业教学生涯中的心理成长过程。心理成长的内容包括以下三个层面:

第一,态度层面。例如,增强专业信心、态度、价值观。

第二,学科知识力层面。学科知识在"博"与"专"两个维度上持续更新。

第三,专业教学知识能力层面。

例如,教学技能、为应对教学不确定性而不断强化的教学策略意识,以及人际交往、与同事合作的能力。其二是指在职教师接受外在的教育或培训而获得上述方面的发展。

二、高校英语教师专业发展

高校英语教师,指教授英语国家语言文学的教师,是高校外国语言教师的重要组成部分。与其他专业教师不同,外国语言文学教师不仅向学生传授基本的外语语法知识以及学习外语的各种技能(听、说、读、写、译等),同时还传授着语言对象国的民俗文化。因此,他们专业素质的高低关系着教学的成败。国内外学者对高校外国语言文学教师专业发展均进行了大量的研究。

在国外,学者们有关于高校语言教师专业发展的理解不尽相同。高校语言教师在知识、思想和教学效果方面取得的连续不断地提升,即为高校语言教师专业发展,其中包括在提高教学实践过程中所采用的各种手段。研究过程中还不断强调教师的经验和专业知识。Numan D 则认为,大学语言教师在职能、经验以及教学态度上不断成长的过程才是高校教师专业提升的过程。在这一过程中,教师不仅要接受课堂技能的训练,还要开展应用语用学语言测试和评估、科研方法等理论课程的学习,从而帮助教师从理论的高度来认识和把握语言课堂的实践活动。也有人认为,态度和能力上的发展才是高校语言教师专业发展的基础。大学语言教师专业发展是指教师自发地学习如何更好地调整教学方式以适应学生学习需求的持续的学习过程,教师在教学过程中信心的增强、教学技能的提高以及不断扩展的学科知识等。大学英语教师专业发展是指教师职前和职后的、持续的教育智慧、教学经验和教学态度的成长过程。有的学者把大学英语教师专业发展理解为,教师内在知识结构、专业技能不断更新、完善的一个动态的发展过程。还有的学者则从个人发展方面的因素,将大学英语教师专业发展看作教师自愿参与的一种不断学习的过程,旨在通过调整自己的教学从而满足学生的需求。

在国内,专门针对大学语言教师这一特殊群体专业发展的研究起步相对较晚,对于大学语言教师专业发展的定义可总结为通过各种可能可行的方式,在英语水平、语言理论、语言教学理论、语言教学技能等方面所进行的自主的学习、反思、行动和研究,进而在教学技能、经验和态度上成长的终身性动态过程。随着基于计算机和课堂的英语教学模式在各高校的推广,语言教师运用计算机技术辅助教学引起了许多研究者的关注。一些学者则将大学语言教师专业发展的内涵发展解释为教师通过学习和运用计算机技术不断提升自己的教学技能和增长自己的实践经验。

(一)高校英语教师专业发展现状

随着高校大学英语教学改革的深入进行,大学英语教师专业发展中的一些问题也逐渐暴露了出来:我国地方性高校英语教师专业发展存在着缺乏专业自主发展意识和发展的总体规划、教师培训形式单调和缺乏科学系统的教师发展考核评估机制等问题;大学英语教师存在知识结构不能达到教学的要求、教师内在发展需求意识与大学组织制度缺位等多个矛盾;当前大学英语教师专业发展面临着:职前培养学术性与师范性分立、在职实践科研冲淡教学、职中培训学历取代素养、发展个人胜于群体的四重问题。

伴随着大学英语教师专业发展过程中越来越多问题的出现,许多研究者对影响其专业发展的影响因素进行了分析。对大学英语女教师专业发展进行了研究,指出个人、组织环境等影响了大学英语女教师职业发展,对于影响大学英语教师专业发展的因素有不同的说法:有些专家认为影响大学英语教师专业发展的主要因素包括教师的社会地位、教师的生活环境等;有些专家认为影响大学英语教师专业发展的因素概括为个人、实践、情景、制度以及课程;有些专家认为,还有些专家认为影响大学英语教师专业发展的主要因素是教师信念、外界知识、学生表现等。经过研究发现,影响大学英语教师专业发展的主要因素是学习、反思、交流、研究以及实践;认为,影响教师专业发展的主要因素有教师管理。教师培训、教师文化。这些研究成果对解决我国大学英语教师专业发展中存在的问题发挥了积极作用。

针对大学英语教师专业发展中存在的一系列问题,有研究者提出了许多应对策略。有的人认为在宏观上,应该从制度层面进行研究,为大学英语教师专业发展提供良好的外部环境;在微观上,应该从学校层面开始研究如何建立起完善的英语教师发展机制。有的人从学术研究、学位课程学习、教学实践和国际教育交流四个维度去促进大学英语教师专业发展。有的人提倡通过群研协作、评价诊断、定向培养的途径可以较好地促进英语教师专业发展。有的认为可以通过校本学习、教学反思、行动研究、教育对话等途径促进英语教师的专业发展。有的人则从教师自身入手,指出大学英语教师发展应该以自主发展为基础,以学科教师学习共同体为依托。通过定向自和集体研修的方式,在群体互助中逐步实现教师个体的发展。还有的人认为可以在信息化的大环境下通过构建有效教学、学术交流与发展的平台,实现普通的信息共享,从而促进大学教师的发展。

1. 大学英语教师群体现状

目前,大学英语师资现状主要表现在以下六个方面:

(1)性别比例不合理

大学英语教师中女性偏多,一般会占到教师总人数的一半甚至2/3以上。年轻女教师面临着休产假以及由于照顾孩子而精力不充沛,至少需要三年时间才能够恢复到正常工作状态等问题。随着全国二孩政策的实施,大批育龄女教师面临着家庭、教学和专业发展的两难境地,这也给各高校的大学英语教学带来了教师短缺问题。

(2)学历职称结构不合理

大学英语教师中博士少,硕士多,教授、副教授少,讲师、助教多。高校普遍存在的观念是英语专业是培养英语高端人才的,大学英语是公共必修课程,高学历、高职称的教师应首选英语专业课程教学。因此,大学英语教师中具有博士学位或者教授职称的教师少之又少。

(3)年龄结构不合理

大学扩招是在1999年后实施的,许多独立学院也是在近十几年建立的,因而相当多高校的英语教师群体是由青年教师占主体的。年轻教师的优点是适应能力强,缺点是没有教学经验。45岁以上的中年教师具有留学背景的少,其优点是具有丰富的大学英语教学经验,熟悉教学规律,但由于毕业时间长,随着大学英语教学改革的不断深入,他们自身存在的不足也逐渐显露。如果他们能够认识到自身的不足,跟上时代的要求,不断进取,也可以成为大学英语教学的主力;反之,他们会成为大学英语教学改革的阻力。

有研究表明:不同任教年限的教师角色冲突存在着差异,按照教师社会化的一般进程,任教年限在3年及以下的教师面临着从学生角色向教师角色的转换、教学技能贫乏、科研能力低下、人际交往能力差等困难,在角色扮演中可能有更多角色冲突;4~7年任教年限的教师适应了角色转换,进入一个平稳发展期,角色冲突相对较小;8年以上任教年限的教师正值晋升高级职称的关键年段,科研压力大,角色冲突程度相对比较强;15年以上任教年限的教师担任的角色比较多,承担的任务重,角色期望高,因而角色冲突的程度可能最强。

(4)科研能力有待提高

高校教师除了完成规定的教学任务外,还要完成一定的科研任务,教学带动科研,科研促进教学,两者缺一不可。大学英语教师由于大多是文科背景,多年来以讲授听、说、读、写、译专项语言技能为主,同时公共课程课时量大,高学历、高职称的教师人数较少,缺乏强有力的领军人物,自身创新意识较为薄弱,导致科研仍是弱项,即科研水平还有待提高。

(5)缺乏危机意识,创新意识薄弱

有些大学英语教师长期从事听、说、读、写、译专项语言技能的教学,缺乏外语理论的支撑,不能有效地将教学实践与科研相结合,因而导致科研成果少或科研成果级别不高,影响了职称的晋升。教师专业发展阶段从时间维度可以大致分为适应期、成长期、成熟期、高原期和超越期。承担大学英语10年及以上教学任务的教师,如果没有危机意识,缺乏创新意识,久而久之就会遇到教学生涯的"高原期",也称为"瓶颈期"。

(6)出现职业倦怠

大学英语教师不能只满足于能够讲授听、说、读、写、译专项语言技能。信息时代的多媒体技术给教学模式带来了巨大的变化,不断涌现出的教育技术要求从最初的PPT辅助教学到不断发展的微课教学、翻转课堂、微格教学等,对大学英语教师的计算机辅助教学能力提出了更高的要求,这些都无疑加大了大学英语教师的工作压力,导致了职业倦怠现象的出现。教师职业倦怠的类型多种多样,主要可以归纳为以下四种:第一种是前途忧虑型;第二种是身心疲惫型;第三种是理想幻灭型;第四种是随波逐流型。

总之,我国大学英语教师的主要特征是学历总体偏低、研究能力整体较弱、高级职称占比少、女性教师数量多,他们承担着繁重的基础课程教学任务,且科研能力相对较弱,发表纯学术论文和申请到课题的人数较少。

综上所述,鉴于大学英语课程教学的现状及大学英语教师群体中存在的问题,大学英语教师的专业发展就显得尤为必要。

2.我国高校 ESP 教师专业发展现状

专门用途英语需要由有专业背景的教师来讲授,但大多数大学英语教师具有文科背景,即使经过了专业知识培训,其专业英语水平有可能无法满足专门类学生的专业需求。为从源头解决这一问题,高校可从各专业选拔英语语言基础好、喜爱英语教学的优秀学生予以培养,可以参照学科硕士的培养模式,增加大学英语专业硕士的培养,以解决大学英语更高层次的师资短缺及专业英语的教学问题,使英语学习与专业应用、发展及就业紧密联系。只有这样,未来的大学英语课程才能既培养学生英语综合应用能力,又提高学生的综合专业文化素养和跨文化交际能力,使他们掌握直接参与国际交流和竞争的能力;也才能凸显将英语仅仅作为工具来学习转变成将英语作为素质教育重要组成部分的思想,符合教育部"高等学校本科教学质量与教学改革工程"提出的"全面推进素质教育"的要求。

与 ESP 理论研究相比,有关 ESP 教师专业发展的研究起步相对较晚。近年来,由于 ESP 教学的广泛开展,ESP 教师也备受国内外学者的关注,对 ESP 教师专业发展的研究也渐渐增多。纵观国内外学者近年来有关 ESP 教师专业发展的研究成果,不难看出,国内外学者的研究有很大的相似和重合的地方,归纳起来,国内外学者对 ESP 教师专业发展的研究主要集中在:专业发展存在的问题、教师角色素质、师资队伍建设以及教师专业发展的模式和途径等方面。

有关 ESP 教师专业发展存在的问题的研究国内外学者的认识基本是一致的,国内外学者都认为,缺乏一个固定统一的 ESP 教学团队对 ESP 教学和教师专业发展造成了严重影响。国内研究相对较多的是教师角色素质分析的研究。国内学者从教师角色开始分析,认为 ESP 教师首先作为教师由其社会角色决定,必须要有良好的个性修养;其次作为语言教师,应该具备外语教师的语言教学素质;再次作为专业教师,还应具备专业课教师的专业知识素质。三者的完美结合才是一位出色的 ESP 教师,才能出色完成 ESP 教学任务。将 ESP 教师素质概括为良好的英语语言能力、较强的教学能力和必要的相关专业知识。ESP 传统教师角色定位不利于培养我国高校复合型人才,因此在教学过程中 ESP 教师要把自己当作学习组织者、策划者,情感支持者和与时俱进的学者。我们强调 ESP 教师既要增加相关用途的专业知识,还需在多方面有的放矢地完善自我的知识结构,不断提高专业技能与素质,这将支配教师的教学思想和行为,使教师胜任 ESP 教学工作,从而加强教学的可操作性,提高教学效果和效率。事实上 ESP 教师集多种角色于一身,不仅是合格的英语教师、合格的课程设计者、专业教师、学生的合作伙伴、合格的教研人员,还是精通 ESP 的测试与评估者等。对于语言教师的主要职责,应该强调大学专业英语教师的最基本的素质是必要的专业知识和良好的英语水平。

随着科技英语、商务英语、外贸英语、旅游英语等 ESP 课程的开设,高校逐渐意识到了师资队伍建设的重要性。此后,对 ESP 教师专业发展的研究逐渐转到 ESP 师资队伍建设上来。我们可选择的方向和已经开始的方向多面开花,从我国高校 ESP 师资队伍现状出发,我们可以提出了解决 ESP 师资匮乏问题的主要途径;分析大学英语特别是理工科高校 ESP 教师队伍建设可行性;高校 ESP 师资队伍的现状及建设方案进行研究,并提出加强 ESP 师资队伍建设的四大途径。从制约 ESP 教师专业发展的因素出发,对 ESP 师资队伍提出新的要求,希望通过转变 ESP 教师观念等实现 ESP 师资队伍建设。

为使 ESP 师资队伍的培养走向正规化,不少学者提出建立 ESP 教师培养体系与资格证书制度,推进 ESP 教师的专业发展,完善 ESP 教师的专业素质结构,于是近几年涌现出许多关于 ESP 教师发展培训的研究。并提出了各类教师专业发展的模式和途径。国外有研究者提出教师工作坊(workshop)、合作教学(team teaching)以及行业实践(practice)等专业发展模式,来促进 ESP 教师专业发展。有的研究者从反思性教学出发,提出反思与行动研究,是目前 ESP 教师自我发展的重要途径,ESP 教师反思自己的教学实践获得实践性知识,继而将实践性知识用于 ESP 教学实践。循环往复,从而提高自己的教学技能,促进专业发展。在国内有关 ESP 教师专业发展培训模式的研究主要集中在对教师自主发展、校本培训和合作教学三种模式的探究上。国内学者基于教师专业发展阶段论对 ESP 教师专业发展模式进行研究,提出了以教师的主体性为前提,通过外部诱因刺激满足教师职业发展的正常需要,从而激发其内在的专业发展意识,并形成"自我""自主"发展意识,产生内在的专业发展动力,促使教师培养机制进入良性循环的发展模式。有的学者从校本培训入手,指出建立校本教研制的重要性,试图通过设置固定的组织形式,成立专门的 ESP 教研室,分析本校 ESP 教学的特点,制定教师专业发展规划,使 ESP 教师有目的、有计划地开展教研活动,稳步提升专业水平。另外一些学者则提出基于合作学习的 ESP 教师专业发展模式,指出通过让 ESP 教师结成不同的小组,专业教师之间开展互相的学习和指导活动以及专家引领等形式上的相互合作从而促进 ESP 教师专业发展。

由此可见,近年来大家越来越重视和关注 ESP 教师专业发展。研究教师专业发展的文章数量也在不断增多,从研究内容上看,研究主要集中在 ESP 教师角色素质,ESP 师资队伍建设以及 ESP 教师培训进修等方面。但对教师角色素质的研究,大多数研究者从比较宏观层面加以概述,很少有研究者将 ESP 教师专业发展细分到 ESP 教师的专业知识、专业技能、专业态度等方面进行研究。

从目前的相关研究看,ESP 理论更适合大学英语未来的发展,因此,国内学者提出了 EGP 教师要向 ESP 教师转型。大学英语教师首先要对自己进行反思,找出适合自己的专业,然后,根据适合自己的类型来做准备、是成为合作型或是独立的专门用途英语教师。专家们从各个角度讨论 ESP 教师专业发展问题,如从理论和现实两方面对高职 ESP 教师专业发展进行探讨,根据 ESP 教师专业发展的理论基础提出了一个 EGP 教师向 ESP 教师分阶段转化发展模式,还从 ESP 教师、专业课教师、企业和学校等角度分析了该模式的意义,并成功论述了实施该模式的前提条件。对高校 EGP 教师转型为 ESP 教师发展所存在的问题及相应的克服策略进行研究,力求形成基于 ESP 教师特征的 EGP 教师转向 ESP 教师的发展策略:激发大学英语教师专业发展的自主意识提高教师自身发展觉悟;高校要为大学英语教师的成功转型发展提供外部条件,积极建立学习型组织;专门用途英语教师可以以"校本行动"为主要发展手段;大学英语教师在转型过程中还要进行"反思性教学";大学英语教师在转型发展过程中还要坚定转型发展信心,积极主动寻求多途径发展以弥补外部发展条件的不足。在教学中发现 EGP 教师对向 ESP 教学方向的转型并无足够心理准备和信心,没有明确的方向和方法。针对诸多此类困难问题,周红还提出了在转型过程中可行的解决方法,比如,EGP 教师要及时转变自己的教学理念,不断更新教学内容并且采用先进的教学模式;高校要加大对英语教师的培训力度,增强师资力量;国家要进行考试改革以适应英语课程的改革;加强中学阶段的英语基础教育等等。通过对专门用途英语对教师的需求,专门用途英语教师发展现状,英语教师满足专门用途英语发展的可行性等方面进行分析,提出英语教师发展的可行途径,主要涉及英语教师自身知识储备、市场调研、实践能力、教学能力等方面。

3. ESP 教师专业发展存在问题的原因

(1)个人原因

①专业知识不能达到 ESP 教学的要求

ESP 教学的内容涉及专业知识和英语知识两个方面,作为 ESP 教师不仅要具备专业知识还应该拥有丰富的语言知识,二者缺一不可。目前,ESP 教师来源于专业教师和大学基础英语教师,其中以专业教师为主。大学基础英语教师,其英语基本功底扎实,教学经验丰富,且所教授的 ESP 课程(如商务英语视听说、商务英语翻译等课程)的内容是与英语专业知识相关的,而他们又都是英语专业出身,并且学习过商务英语类相关课程,因此他们的专业知识是能够胜任 ESP 教学的。一部分 ESP 教师较熟悉本专业的语体特点,具备相关专业课的基本知识和实践经验,但他们的语言和语言学知识、外语习得理论知识和教学法知识以及 ESP 相关理论知识都十分欠缺。在教学过程中,ESP 教师语言和语言学知识的欠缺致使学生学习到的英语语言知识也十分有限,长此以往会造成学生知识盲区的扩大,不利于学生全面学习理论知识。教师对外语习得理论知识和教学法知识的不了解将导致 ESP 教师在教学的过程中不知道该使用什么样的教学方法去促进学生学习,以致自己在付出大量的心血后却达不到预期的效果。教师不熟悉 ESP 相关理论知识,将不利于 ESP 教师对教学目的和教学原则的把握,最终不能实现真正意义上的 ESP 教学。上述这些问题产生的主要原因在于ESP教师队伍的畸形发展。我国高校ESP教师主要来源于专业教师和大学基础英语教师,因此,无论是在语言和语言学知识、外语习得理论知识和教学法知识方面还是ESP相关理论知识方面都不能满足ESP教学的要求,不能从根本上保证ESP教学的质量。当然,这一现象的出现与我国ESP师资匮乏的大环境也是分不开的。

②专业技能不满足ESP教学的需要

ESP教师作为教学的实施者,应掌握一定的ESP教学基本技能和课程授课技巧,具备一定的教材编写能力、教学研究能力和评估能力。同时,还要具备需求分析能力,能够把握目标语言的特点,分析学习者的需要,从而有效地为学习者提供通向目标话语共同体的捷径。

目前,从总体上看,ESP教师的专业技能比较薄弱。ESP教师英语口语表达能力差。ESP课堂上出现了整堂课都使用中文作为教学语言的现象,使用纯英文授课的教师寥寥无几。ESP课程教学的目的是提高学生运用语言的能力,在ESP课堂上教师都用中文进行教学,学生的英语能力将得不到锻炼,势必使ESP教学大打折扣。英语口语表达能力成为制约重庆大学ESP教师专业发展的关键因素之一。教师的教材编写能力和教学研究能力薄弱。ESP教师除了是教师外,还是一名研究者,通过以研究者的身份从事实践,教师可以发现并研究ESP教学的特点,建构有效的ESP教学和学生学习模式。ESP教师的专业理论水平得不到提炼和升华,外在的观念也不能够逐渐内化,将严重制约ESP教学的发展,使ESP教学停滞不前。ESP教师需求分析能力有待提高。需求分析,对ESP教学的对象、教学动因等问题进行研究,为教学决策者和管理者提供了引导和监督课程的理论依据,为教师指明了教学和项目发展的方向,为学生树立了努力的目标,这也正是ESP课程与众不同之处,因此ESP教师须具备一定的需求分析能力。

这些问题的出现与ESP教师没有接受过系统全面的、有针对性的专业技能的培训和学习是分不开的,致使ESP教师的专业技能犹如"空中花园"般,缺失牢固的基础支撑,不能满足ESP教学的需要。

(2)学校原因

①专业发展缺乏学校统筹安排

选拔ESP教师的标准过低,高校缺少专职ESP教师。ESP教师均由学校指派大学基础英语教师或专业教师来担任。由此可见,学校在指派ESP教师时,只把各教师的兴趣、爱好、学历水平、英语水平等作为依据,没有把教师专业素质和教师是否能胜任ESP教学等问题纳入考虑的范围,致使ESP教师在教学的过程中,由于专业知识的欠缺而达不到ESP教学的要求,由于专业技能的薄弱而不能满足ESP教学的需要。这主要是由于学校选拔ESP教师的标准过低,从而影响了ESP教师队伍的整体素质。学校的这种选拔方式虽有利于学校利用现有的教师资源全面广泛地开展ESP教学,但降低了ESP教师的入职门槛,使得ESP教师的整体素质得不到保证,长此以往,势必对ESP教学产生严重影响。

②施加的教学任务过重

ESP教师均由专业教师和大学基础英语教师担任,即ESP教师除了要完成ESP教学的任务外还要完成专业课或大学基础英语课的教学任务。这无疑加大了ESP教师的工作量,但ESP教师的时间和精力是十分有限的,专业课的教学工作必然耗费ESP教师一定的时间和精力,从而使他们不能全身心地投入ESP的教学工作中去,造成ESP教师在专业发展方面心有余而力不足。长期下去,不仅会制约ESP教学的发展同时也会给专业课教学带来不良后果。

③培训缺乏针对性和系统性

高校对 ESP 教师的培训缺乏针对性。由于 ESP 教师主要由专业教师和基础英语教师构成,因此他们对培训的需求也各有侧重。专业教师对英语语言、外语教学法等方面知识有较大的培训需求;而大学基础英语教师则对相关学科的专业知识的培训需求较高。然而,多数教师表示学校的培训均采用统一的模式,无论是对专业教师的培训还是大学基础英语教师的培训都是一样的。这样不加区分没有针对性地培训,不但浪费了 ESP 教师的时间和精力而且也达不到预期的培训目的。学校对教师的培训缺乏系统性。学校通过校内进修、聘请专家来校指导和外派交流学习三种途径对 ESP 教师进行培训,其中以校内进修和聘请专家来校指导两种途径为主。从这两种培训的时间来看,这些培训的时间短且没有固定性,一个培训结束后很少能够接受持续的培训;从培训的内容来看,培训的内容缺乏系统性,如聘请专家来校讲座,虽然能够让所有的教师都参与进来,但专家的讲座内容之间没有衔接性,甚至还会出现讲座内容重复的现象。

4. EGP 向 ESP 转型将成为一种趋势

随着国际交流活动日益频繁,科学技术的飞速发展,综合国力得更加强劲,经济社会发展急需既有丰富专业知识又能灵活运用语言工具解决问题的复合型人才。然而,从小学的基础教育到大学硕博的高等教育,英语教学一直致力于传统的词汇、语法和句子结构等语言知识的范式,上至教师家长下到学生,无不认为英语是死记硬背的,是由单词、词组和句子结构的有序堆砌而成的。致使本来一部完整的有着鲜活生命的语言被分解得支离破碎,面目全非。英语应试教育的诸多问题也频频露面,高分低能的现象层出不穷。从事英语学术研究的学者不计其数,却鲜有知名高科技工程师将英语灵活所用。因此,当今的大学 EGP 教育根本无法满足市场需求,懂专业的行家里手不懂英语,难以解决工作过程中遇到的英语问题。而懂英语的人才又不懂专业,因为多年来的基础英语教育多偏向于语言知识,与社会实际需求的技术领域严重脱节。对学生来讲,一成不变的大学英语课程,学起来既费时又费力,消耗大量元气,但是收获不大。基础教育阶段英语底子差的学生,到了大学依旧对英语退避三舍将之拒在门外。相反,英语底子好的学生到了大学,面对英语课程,感觉毫无新鲜感和挑战性。对教师来讲,多年来一成不变的工作内容,极大地削减了最初的工作热情。此外,自身知识面的过于狭窄,知识结构过于单一薄弱,导致就业面十分受限,发展空间较小。

高校是人才培养和塑造的摇篮。然而现行的大学英语,所起的作用不是满足各层次各专业学生对特定领域英语的实用需求,而是在帮助学生打好语言基本功。例如,不分文理科,所有高校学生学习一样的英语教材——通常会与高中英语有部分重合。高校学生多认为大学英语的学习重点只是扩大词汇量,教材中所涉及的语法等内容在基础教育阶段已有所掌握。教育部将大学英语四级定为全国各类高校学生均应达到的基本英语能力要求,而这本该是在基础教育阶段就该完成的事情。所以大学英语缺乏应有的系统性和功能性,不但不能挑战智力和激发创造力,反而会在某种程度上挫伤学生学习的积极性,限制学生开阔眼界。不能充分发挥主观能动性,势必影响学习工作的成果。因此,大学英语课程便成了削减或者转型的对象。

因此,大学 EGP 教育向 ESP 教育的转型将成为大学教育改革的一个趋势,而教师是教学活动的策划者,是知识食粮的供应者,所以,从这个程度上讲,EGP 教师向 ESP 教师的转型刻不容缓。以就业为导向,以能力为本位是最基本的转型目标和应遵循的原则。

大学英语教师面临着教学转型这一时代大潮的冲击,宏观而言,EGP 向 ESP 的转型,催促高校英语教师必须改革教育方法和模式,必须改变传统面貌以适应社会大发展的潮流,微观而言,这一转型也促进了教师自身的业务水平和素质的提高,有更大的发展空间,不至于除了教 EGP 外,无法胜任其他与英语相关的工作。通过转型,即使大学英语教师不在教育岗位上,亦能实现自身价值而不被淘汰。在大学英语课程改革下,教师面临语言功底要求提高,学生英语水平比以往提高,对教师的考核标准提高。这一形象生动描述了大学英语教师面临的严峻挑战。

随着社会开放程度的提高,英语也日趋实用化。对刚毕业的大学生来讲,无论是入职还是出国或者进一步深造,都与优秀的英语能力密不可分,所以,英语成了通向未来的一块基石。目前,在很多高校,尤其是重点名校,都已经积极开展双语教学。许多技术类专业如汽车、航海等,或与职业密不可分的领域如金融会计等专业课都采取英文教学。进入 20 世纪 70 年代,随着现代应用语言学理论的发展以及人们对英语这门工具需求的增长,国外的ESP 英语语言教学在课程设置、教学内容,以及教学方法、教学手段等方面不断发生着变化,教学种类也划分得越来越细致和具体。从普通的英语语言教学到科技英语、文秘英语、心理学英语等,对于这些学科的英语教学工作,一般的 EGP 教师便难以胜任,其语言特长和优势被削减得所剩无几。而这将使这一大批优秀人才的职业生涯受到影响,因此,英语教师队伍急需转型,急需勇敢面对一个全新的知识领域,通过各种手段全方位提升自身业务水平。

近些年,无论是社会、学校还是小到每个家庭,都对学生的英语学习付出了巨大努力。据香港中文大学一位教授统计,香港一个学生从小学到中学用于英文学习的时间在 6 000小时以上,而英美学生用于外语学习的时间不超过 1 000 小时,也就是说,英美学生可以比香港学生多 5 000 小时用于学习其他知识。但是,随着新生入学英语水平的提高,大学英语课程正逐步走向边缘化。从义务教育到高等教育,多年来的英语学习在内容和方法上一成不变,唯一不同的是词汇量的大小及语法难度的提高。大学英语的教学目标、课程设置、教学要求和高中英语存在着一定的重复现象。随着学习者需求的变化和市场经济的变化导致传统的英语教学正在改变,大学英语教学应与社会市场实际需求相结合,以就业为导向,以能力为本位,充分发挥其工具性的作用,力求人才供需平衡。EGP 教师也急需转型,利用自身的语言优势,快速学习特定领域专业知识,才能胜任专业用途英语的教学工作,才能具有可持续发展的职业生涯,凭借其强大的知识系统,才能在学生面前时刻充满新鲜感和吸引力,时刻保有权威性,自身的职业发展才能更长远。当前的大学英语教师,曾经接受的也是传统的 EGP 教育,所以,面临着与现在的英语专业毕业生一样的问题,知识结构十分单一薄弱,即使听说读写能力俱佳,但是除了教授 EGP 之外,便很难在其他领域立足,不具备可持续发展的职业道路。其教学模式依旧停留在传统的语法、词汇等方面,无法调动学生学习的积极性,更无法满足学生对新知识的求知欲望。我国非英语专业大学英语教材在内容选择上重文学、重政论,而忽视了现时代的实用型内容。在传统的基础英语教学中,低层次零碎知识点和基础语言技能上的重复记忆学习严重挫伤了学生的积极性,以至于学习目标茫然,学习兴趣低下。长年累月的学习却达不到灵活应用的目的,自身也找不到改进的方向,怀揣英语实用主义的人,在应试教育的旧体制中拼命挣扎,在应试教育的中国,提高英语实用水平和努力考出高分数孰重孰轻难分上下,他们面临的是难以选择的英语歧途。而在学习过程中,教师是引导者,是领路人,所以,教师急需加强自身的专业素质,拓宽知识领域,深入了解特定学科的发展动向,以期有精湛的实力为学生充当导航。当然,刻板的一成不变的工作内容,不被学生喜欢接受和认可的课堂工作环境,也会使得教师工作热情日益减退,对其自身发展尤为不利。

ESP作为一种教学理念,其教学实践须以真实性、需求分析以及学生为中心的原则,ESP的性质和教学原则决定了ESP教学对教师角色的要求较高,具体表现在,不同层面上对教师素质和技能的多方面要求。首先,ESP教师应具备语言教师必需的双重素质:扎实的语言理论基础和教学过程中的探索创新精神。语言理论基础知识包括语言学和文学知识、外语习得理论知识和教学知识、语言对象国文化等。其次,ESP教师还要掌握一定的专业知识,积累相关专业的从业经验。

与EGP相对,ESP是与其种特定学科、职业或目的相关的,根据学习者的特定的目标和特殊的需要而开设的英语课程,它把专业知识与语言相结合,把单纯的语言知识输入向语言综合应用能力培养转变,从通用英语EGP阶段的培养学习者的基础能力向培养英语学习者的应用技能过渡和延伸。因此,ESP教师在教学中发挥的作用与EGP教师有所不同,ESP教师兼具合格的英语教师、合格的课程设计者、专业教师、学生的合作伙伴、合格的教研人员和精通ESP的测试与评估者等角色,ESP教师在教学的过程中,应具备充分的灵活性,从而更好地适应不同学习者的需求。

(二)高校ESP教师专业发展优化策略

1.ESP教师自身方面

(1)ESP教师增强自我发展意识,促进自我发展

作为一名ESP教师首先应该要有专业发展的需求和意识。这样才可能在专业发展的道路上走得更远。教师也只有具备了自我发展的意识,才会在教学实践中根据自身的实际情况去不断创造专业发展的条件,不断地丰富自己的专业知识和提高专业技能。因此,面对ESP教师专业知识不足和专业技能不高等问题,ESP教师应该做一名课程教学的有心人,不断争取自我发展的机会,通过主动争取到其他院系听课的机会,来弥补自身专业知识的漏洞;通过及时与专家或同行探讨交流教学中遇到的问题来丰富教学实践经验、提高教学技能;积极主动的自我学习,使自己成为一名,拥有丰富的英语语言知识,又具备扎实专业知识的合格的ESP教师。

同时ESP教师不应成为专业发展的被动接受者,而是应该成为自身专业发展的积极建构者。在教学的过程中应积极努力地去学习和寻找有效地激发学生的学习热情的方法和策略,并不断通过教学实践来积累自身教学的经验,在教学过程中尽量将学生从台下推到台前,把更多的学习和锻炼的机会转移给学生,确保学生在ESP课堂上的中心地位。做到既不过多干涉学生的思维,又能保证学生学习的内容、形式以及学习的成果符合ESP课程的要求。

(2)ESP教师坚持教学反思,提高专业技能

在教学过程中,最容易被ESP教师忽视的就是教学反思和自我评价。事实上,教学反思是教师职业发展的基石,应该贯穿教学的每一个环节。通过对教学过程中各个环节的反思,能够让ESP教师及时对自己的教学方法和内容做出调整,从而提高教学技能。开展教学反思是广泛应用于教学领域的一种方法。在课堂教学进行反思,是指任课教师针对自己

教学中发现的问题开展调查,进行系统的反思性研究,目的在于不断改进教学方式,优化教学效果,提高教师的教学技能。因此,对于口语表达、教材编写、教学研究以及需求分析等各方面能力较弱的 ESP 教师,在其教学过程中可遵循以下步骤进行教学反思:通过录音录像、学生测试成绩和教学日志等方式收集和积累研究的数据;对收集和积累的数据进行分析,从中找出并反思教学中存在的问题,并针对问题找到相应的解决方法和策略;在教学中对解决方法和策略进行反复检验和验证后,做出进一步的调整或完善,最终使自己的教学方法和技能得到不断优化和改进,从而促进专业发展。

(3)语言教学技能(素质)

ESP 教师通常是以英语为工具语言,讲授特定领域的专业知识。通用英语是基础,是语言内核,而专门用途英语是 EGP 的升华,同样具备 EGP 的各种语言特点。所以,作为英语教师,扎实的语言功底是必不可少的,小到词汇语法,大到句子结构和语篇分析及各领域的表达方式,良好的口语交际能力,对西方文化的了解,以及精湛的听、说、读、写能力等等,这是必备的基础,也是与专业教师相比所具有的特长。比如,金融、法律专业的学生,只有掌握相关的词汇术语,了解语言特征,学会分析语篇结构特色及言语表达方式等,才能看懂或撰写相关的招标文件和法律文书,才能在目标场景中使用地道的语言表达。如国际贸易专业的学生,今后会涉及对外商贸洽谈活动,所以在语言学习上,需要特备重视经贸刊物阅读,口语表达,商务谈判技巧和跨文化交际等方面。再如,各专业领域都有专业术语和表达,即使是同一个词在普通英语中和在不同学科中的意义也是大不相同的。如 solution 在化学、医学、法律、数学和机械工程学中就有着不同的解释,再如,spring 一词在物理学中指"弹簧",而在养生领域则指"温泉"。所以,作为 ESP 教师,自身必须具有超高的语言教学素养,才能为顺利进行专门用途英语的教学活动提供基础条件。

(4)专业知识素质

我国的 EGP 教师队伍庞大,他们的专业背景单一薄弱,职业经历十分简单,极少有人懂得其他学科的专业知识,不能满足 ESP 教学的要求。所以,EGP 教师应与特定专业领域合理衔接,即转型为 ESP 教师,才能够胜任以英语讲述特定领域的专业知识。在掌握深厚扎实的语言知识以外,对 ESP 教师来讲,接受严格的培训以及熟练掌握本专业的基础知识是其今后可以任教的基本前提。ESP 教师应对专业领域基本原理理解透彻,唯有如此才能保证 ESP 教学效果,才能有助于学习者完成既定目标。汉语和英语并非一一对应,很多时候,两者并不能从对方语言中找到合适的正确表达。所以,大多数人学习的 EGP 难以胜任工作领域遇到的双语问题,因此,掌握专业知识尤为重要。英文的产品说明书、法律文件等都需要熟悉其相关专业才能转给受众,作为教授某专业学生的英语教师,必须对专业知识熟悉并熟练掌握。ESP 课程教学过程中,无论是从技能还是专业方面来讲,教师的专业素养和知识领域都是教学活动取得成功的不可或缺的必要部分。缺乏相关的专业知识,将无法将专业英语教学活动顺利进行下去,因此,具有必备的专业知识对 ESP 教师是十分重要的。

(5)精通 ESP 的测试与评估

目前,大多数高校的英语教学资源都集中在通用英语,也称公共英语课程上,面对 ESP 专门用途英语了解不多或实施力度不够,这种现象十分不利于英语教学的转型。尤其是对于新兴的 ESP 教学领域,如何制定测评机制,还处于摸索阶段。但是学科教学都必须有一套合理的测试与评估机制,以利于及时准确地检测其教学效果。现如今的测评导向是当今学生学习时不为能应用只求得高分这样错误目标的罪魁祸首,与自身浓厚的学习兴趣更是千里之遥。所以 ESP 教师在掌握硬件基础知识以外,还需要精通 ESP 的测试与评估。ESP 教学与评估是一个连续体,所以应该用发展的眼光和原则来制定。

教学测评的依据是教学目标的完成程度,其目的是对不同学习者制定相应的科学标准,运用一切有效的技术手段,在保证学习者配合参与并不打击其学习积极性的情况下,对教学活动的过程及结果进行测定、衡量,并给予价值判断。在一定程度上,ESP 课程由 EGP 课程转型而来,所以在教学评价上可以借鉴 EGP 课程的制定机制。

ESP 课程的测试评估,应建立在课程内容的具体设置基础上。不同学习者的英语基础参差不齐,自然对所学内容的需求和接受程度会有所差别。所以,在制定测评标准时,ESP 教师应因材而定,全面考虑到所有学习者,确定合理的测试方法。保证学生学习积极性的同时,在最短的时间内获得最大限度专业英语能力的提高,以备应对今后工作之需。除此之外,ESP 教学的学科测评应该将语言与专业相结合,采取多样化考核方式。目前的考试方式通常是笔试,如词汇和翻译等题目,不利于学生综合素质的提高。如若改成口试与笔试相结合的方法,则可以考察到学生学习效果的多个方面。撰写论文并提炼其精髓做报告,也可以使学生的综合能力得以充足的展现。学习之初,可以采取主客观题并考,随着学习的深入,应该把主动权交给学生,考察方式可以是实际案例分析和解决方案等,充分将其专业与语言紧密结合,只有这样转变传统的"可量化的,一刀切"的考核方式,才更能选拔出应用型复合型的人才。只有采取这样的考核方式,才能达到专业用途英语的教学目标,展现其价值所在。科学合理的考核与评价体系是教学顺利进行的保障。所以,作为 ESP 教师,精通相应课程的测试与评估方法与技巧,也是十分重要的。

2. 高校方面

(1)高校应为 EGP 教师提供的条件

高校应为 ESP 教师的进一步完善提供条件。例如:校企合作,ESP 教师与专业课教师合作,定期交流,或共同组建跨系、跨专业的教研室,进行合作教学,实现优势互补。也可以共同分析学生的需求来设计教学活动,共同提高学生的专业英语水平。从一定程度上讲,ESP 教学是 EGP 教学基于学生内在需求的延伸,是在 EGP 基础上旨在培养学生语言工作能力的重要内容。ESP 教学满足了英语学习从单一性向多样性发展的现实需要。即使在面对严峻挑战和艰巨学习任务的情况下,也要勇于接触全新的领域全新的行业,在教学过程中应有效转变角色,力求能胜任 ESP 教师的工作任务,以服务我国快速发展的经济科技文化事业。

在这样一个多元化飞速前进的时代,EGP 教师要顺应并配合社会经济发展的趋势。培养满足经济发展和就业市场所需的复合型应用型人才,既熟练掌握英语又精通专业、具有国际竞争力的高质量人才。要不断更新自身知识体系,学习特定领域的学科专业,无论是进修、互联网学习还是与专业教师互相交流等方式,以求适应社会发展带来的教育改革机制,使得自身职业能可持续发展,并为我国高等教育在新的国际形势下步入质的飞跃新征程贡献一分力量。

(2)学校提高 ESP 教师入职门槛,确保教师队伍整体素质

ESP 教师的选拔标准和入职门槛过低直接影响 ESP 教师队伍整体素质,以致 ESP 教师的专业知识和专业能力等不能达到教学的要求。一般高校没有专职的 ESP 教师,ESP 教师均由学校委任专业教师和大学基础英语而来,虽然在一定程度上节省了人力成本,但专业教师和大学基础英语教师并不是专职的 ESP 教师。他们一方面要完成 ESP 教学的任务,另

一方面还要顾及专业课程,因此没有足够的时间和精力进行 ESP 教学研究,这成为 ESP 教师专业发展中的一大障碍。再者,并不是每一名教师都能够胜任 ESP 教学。ESP 教师应具备的 10 项一般能力:分析专门用途英语和情景、评估教材以及相关的资料、评估学生的成绩、确定学习能力目标、设计和解释工作计划、规划教学和学习策略、规划个人辅导内容、编写教材、组织教学和评估教学。可见,ESP 教学对 ESP 教师有较高的要求。因此,学校在选拔 ESP 教师时,应重新审视 ESP 教师的入职门槛问题,提高 ESP 教师的入职标准,确保所选拔出来的 ESP 教师具备 ESP 教学所需的专业知识和专业能力,从而使 ESP 教学质量得到可靠的保障。

同时,学校在任用 ESP 教师时不应将视线集中在校内在职教师的身上,还应将目光放长远,可从校外聘用具备 ESP 教师素质的教师或是从国外聘请专业的 ESP 教师来校担任 ESP 教师。这是快速有效的解决 ESP 教师紧缺的有效方法。也是保证学校拥有足够数量的合格的 ESP 教师的可靠途径。

(3)学校重视 ESP 教师专业发展,采取有效激励措施

学校提高对 ESP 教师专业发展的重视度和采取有效的激励措施,是激发 ESP 教师工作热情,提高 ESP 教师工作积极性的重要方法。

学校应制定相应的考核制度。将 ESP 课程纳入正常的教学管理。在每学期期中或期末学校对学生和 ESP 教师进行考核,一方面检验学生的学习成果,了解学生掌握知识的情况,另一方面,学校根据 ESP 教师考核的结果对优秀的教师和在教学中取得较大进步的教师进行奖励,并鼓励其他教师向优秀教师学习,让 ESP 教师感受到学校对他们的重视和关注,从而提高 ESP 教师的工作积极性。同时。通过制定明确的教案模版,规定明确的教学目标、教学内容,设置合理的 ESP 课时,加强对 ESP 教师的管理,规范 ESP 教学课堂,让 ESP 教师跟其他学科教师一样,根据明确的教学目标,制定清晰明了的教学计划,保证 ESP 教学正常有序地进行。

环境是影响教师专业发展的重要因素。因此,学校在促进 ESP 教师专业发展的过程中应创设良好的专业发展环境。引导 ESP 教师进行自我专业发展规划。学校师资队伍建设并不是一朝一夕就能完成的,而是一个长期过程,学校作为教师专业发展的最主要的阵地,应积极为教师专业发展创设有利的大环境,并最大限度地为 ESP 教师专业发展提供各种有利条件。学校领导要关心 ESP 教师的工作和生活,减轻 ESP 教师的教学负担。让 ESP 教师能在轻松愉悦的工作环境中,拥有足够的时间进行 ESP 教学研究。搭建有利于 ESP 教师专业发展的各种平台。让 ESP 教师之间有更多互相学习交流的机会,开阔 ESP 教师视野,激发 ESP 教师专业发展的潜能,为 ESP 教师创建自我展示的舞台。建立 ESP 学校联盟,使 ESP 教学在一定区域内形成一定规模,从而营造 ESP 教学的大环境,让 ESP 教师能够取长补短,快速实现专业发展。

(4)学校提供针对性、系统性培训,保障培训质量

ESP 教师的培训应当符合 ESP 教师的实际需求。为了最大限度地满足 ESP 教师的发展需求,学校应该为 ESP 教师专业发展提供一套系统的、有针对性的培训。

了解培训需求,有针对性地安排培训内容。学校可通过已有的沟通平台、问卷、访谈、座谈等方式,了解 ESP 教师专业发展的需求,明确 ESP 教师培训的目标。针对 ESP 教师对 ESP 相关理论知识等不了解的情况,开展 ESP 理论专题讲座,邀请 ESP 专家对 ESP 相关理论知识进行系统讲解和传授,让教师对 ESP 相关理论的来龙去脉有个清晰的了解,更好地

掌握 ESP 教学的目的和方法,提高教学技能,促进教师专业发展,使 ESP 教师在专业发展的道路上少走弯路。

根据教师对培训方式的喜好,选择恰当的培训方式或途径。学校对 ESP 教师喜欢的培训方式或途径进行调查,了解哪些培训方式或途径是 ESP 教师乐于接受的,哪些培训方式或途径又是他们较为厌恶的,对于大多数教师比较热衷的研讨观摩和出国进修等培训方式要尽量纳入考虑的范围,尽量围绕他们所热衷的方式去组织和开展培训,这样不仅大大提升教师对培训的兴趣,而且充分调动了教师的积极性和主动性。最终快速实现教师的专业发展,达到学校预期的培训效果,实现学校与教师的共赢。

合理安排培训的时间和数量,保证培训的完整性与系统性。培训时间的长短、固定与否及培训数量的多少,将对培训的效果产生极大的影响。因此,学校应科学合理地安排培训的时间和数量,使培训与培训之间有更好的衔接性,确保教师在一个培训结束后能够接受持续的完整的培训,让培训的内容能够得到及时有效的巩固,从而增强培训的效果,确保培训的质量。

(三)教师专业发展的意义

教师专业发展具有多方面的意义。从其社会作用来看,教师专业发展是我国实施科教兴国战略的重要保证,是凸显知识经济时代文化资本价值、在全社会形成尊师重教良好风气的必要条件,同时昭示社会从传统向现代转变的过程。从其对教育本身的影响来看,教师专业发展是教师教育对基础教育改革的主动回应,必将极大提高我国基础教育的质量,且由于教师专业发展的提出,解决了教师教育的方向问题,加快了教师教育法治化进程,促进了教师个人素质的不断提高,推动了教育理论的创新,因而成为引领教师教育发展的一面旗帜。

教师专业发展是一个发展的概念,既是一种状态,又是一个不断深化的过程。教师专业既包括学科专业性,也包括教育专业性,国家对教师任职既有规定的学历标准,也有对教育知识、教育能力和职业道德的要求。国家有教师教育的专门机构、专门教育内容措施。国家有对教师资格和教师教育机构的认定制度和管理制度。教师个体专业化是指教师在整个专业生涯中,依托专业组织,通过终身专业训练,习得教育专业知识技能,实施专业自主,表现专业道德,逐步提高自身的从教素质,成为一个良好的教育专业工作者的专业成长过程。这种专业成长是一个终身学习的过程,是一个不断解决问题的过程,是一个教师的职业理想、职业道德、职业情感、社会责任感不断成熟、不断提升、不断创新的过程。教师职业的专业化是指教师群体专业化的发展和社会承认形式的变化。教师专业发展是前我国教师教育的焦点问题,也是世界教师教育的发展方向,是国家由对教师"量"的需求逐渐提高到对教师"质"的需求的反映。教师专业发展具有多方面的意义。对教师专业发展意义的探讨,有助于深化认识并推动教师教育的发展。

我国经济和社会发展进入新的阶段,随着社会主义市场经济体制逐步完善和对外开放的程度不断加深,劳动者的素质和人才结构发生了较大变化,人民群众接受高层次、高质量教育的愿望更加迫切,从而对教育提出更高要求。百年大计,教育为本;教育大计,教师为本。提高教师教育质量,是实施科教兴国战略的一项重要任务。教师专业发展是科教兴国的实力软件之一,是实施科教兴国战略的重要保证。科教兴国战略的实施需要一大批具备先进科学文化知识的教师为先导来培养祖国的建设者和接班人。21 世纪,以经济实力、科技实力、国防实力和民族凝聚力为基础的综合国力将越来越集中体现为高新技术和创新型人才的数量和质量。教育日益为一个国家创新能力的基础，成为提高现实生产力和国际竞争力的重要力量。因此，实施教育优先发展战略，加快人才培养是增强我国综合国力、应对国际竞争的决定性因素。换言之，创新型人才的培养是当务之急。而创新型人才的培养在终身教育、学习型社会的背景下已经与传统的终结性教育有了根本区别，其复杂性和难度不是任何拥有知识的人都可胜任的，也不是传统依靠个人经验积累的教育者可担当的，必须依靠一群经过门化训练、具有专门能力的特殊人群来完成。教师专业发展所追求的目标，就是使教师具备这种专业优势，在社会教育领域发挥不可替代的作用，为科教兴国战略的实施奉献才智，这是教师专业发展的一个显著特点和优势所在。

教师的专业化过程是社会文明进步过程的一种反映。纵观世界教育，教师职业经历了从兼职到专职，到变成一个行业，再到逐步专业化的过程。这种演变过程是与社会文明的进步联系在一起的。

教师专业发展在促进学生成长、保障基础教育进步方面被看作比任何事情都关键的重要因素。我国已经从"应试教育"时代进入"素质教育"时代，新一轮基础教育课程改革正在全国范围内全面铺开。基础教育课程改革在课程目标、课程功能、课程结构、课程实施、课程评价和课程管理等方面提出了许多新的观念和要求，确立了全面发展的培养目标，以培养"全面发展的人"为核心，在课程功能方面，强调了要从单纯注重传授知识转变为知识、能力、态度"三位一体"。在课程结构方面，改革强调的是课程的综合性，设置综合实践活动课为必修课，加强教育与社会发展的联系，培养学生的社会责任感。在课程内容方面，则强调改变课程内容"繁、难、偏、旧"和偏重书本知识的状，加强课程内容与学生生活以及现代社会和科技发展的联系，关注学生的学习兴趣，精选终身学习必备的基础知识和技能。在课程的实施、引导学生学习方面，改革提出了倡导学生主动参与、乐于探究、勤于动手，培养学生搜集和处理信息的能力、获取新知识的能力、分析和解决问题的能力，以及交流与合作的能力的具体要求。在课程管理方面，改革体现分权管理思想，实行国家、地方和学校课程开发相结合。随着教师课程设计能力的提高，学校课程的发展将有更加多样和广阔的前景。基础教育课程改革是一项由课程改革牵动整个基础教育的全面改革，它对教师的素质提出了更高的要求。它要求教师成为学生学习的组织者、参与者、帮助者、引导者、促进者，成为课程的研究者、开发者、决策者。新课程的重要任务是转变学生的学习方式，为学生构建一个自主、体验、探究、合作、交往的学习平台。学习方式的转变源于教学模式的转变，教学模式的转变始于教师角色的转变。面对新课程，教师首先要转变角色，确认自己新的教学身份。对学生的学习来说，教师要由管理者变为组织者，由传授者变为参与者，由控制者变为帮助者，由主导者变为引导者，由仲裁者变为促进者；对课程及教师自身的发展来说，教师要由教书匠变为研究者，由实施者变为开发者，由执行者变为决策者。而教师专业发展取向，正是我国教师教育对基础教育改革呼唤的回应。

教师专业发展对于教师个人来说意味着素质的全面提升和个人潜能的充分发挥。教师专业发展意味着教师要有合理的文化素质结构、高尚的职业情感和品格特征以及良好的教师职业的行为规范，包括比较全面精深的所教学科的知识和"文史哲""数理化""天地生""音体美"等一般知识及一些相关的技能，善解人意、宽容大度、激励学生和乐观向上的个人品格，符合教师职业道德的行为规范等。教师专业发展意味着教师不仅要系统地掌握所教学科的基础理论和知识结构，而且要有特殊的教学技能和能力，如将学科知识和技能体系转化为教学知识和技能体系的能力，即将所教学科的知识体系和技能体系分解为最小的知识单元和最小的技能单元，在此基础上进一步将它们加工成符合不同学生认知风格、情感需要和个性特点的知识，根据学生的不同特点进行个体性教学。

教师专业发展意味着教师不仅应具有良好的职业道德、学科知识、教育教学能力，还要成为研究者，对自己的工作具有反思态度和积极探索的能力。教师的专业发展与教师职业的研究性密切关联。"教师即研究者"是教师专业发展的同义语，已经成为教师专业发展运动中的一个重要观念。如果仅仅从知识的传递出发去理解教育，教师只能是一个教书匠的角色；如果从每个学生的成长出发，那么教师的工作就是在实现文化的融合、精神的建构。当我们把研究看作教育实践中的一种态度、方式，体现教育的根本意义，那么教师就是教育研究的主体。他们的研究意识、主体意识是教师专业发展的重要支撑。这样，教师个人的知识文化素养、职业道德情操和教育教学能力等综合素质就能得到提升。也只有这样，教师才能够真正当之无愧地从事教育事业。

参 考 文 献

[1] 蔡基刚.ESP 与我国大学英语教学发展方向[J].外语界,2004(2):22-28.

[2] 蔡基刚.中国大学英语教学路在何方[M].上海:上海交通大学出版社,2012.

[3] 蔡基刚.从日本高校大学英语教学看我国外语教学目标调整[J].外语教学理论与实践,2012(3):1-7.

[4] 曹昌,李永华.中国高铁出口曾因翻译错误丢订单:刮雨器译成抹布[N].人民网-中国经济周刊,2014-12-30http://world.people.com.cn/n/2014/1230/c157278-6297349.html.

[5] 陈冰冰.关于 ESP 教学的几点思考及建议[J].温州大学学报,2004,17(3):9-12.

[6] 《大学英语教学大纲》修订工作组.大学英语教学大纲(高等学校理工科本科用)[M].北京:高等教育出版社,1985.

[7] 教育部高等学校大学外语教学指导委员会.大学英语教学指南(2020 版)[M].北京:高等教育出版社,2020.

[8] 戴炜栋.外语教学的"费时低效"现象:思考与对策[J].外语与外语教学,2001(7):1-1,32.

[9] 付克.中国外语教育史[M].上海:上海外语教育出版社,1986.

[10] 韩金龙.ESP 最新发展述评[J].国外外语教学杂志,2003(4):58-63.

[11] 黄建滨,邵永真.大学英语教学和教师情况调查分析[J].中国大学教学,2001(6):20-22,25.

[12] 黄攀.高职院校 ESP 教师专业发展模式研究[D].武汉:武汉科技大学,2011.

[13] 教育部高等学校教学指导委员会.普通高等学校本科专业类教学质量国家标准:上[M].北京:高等教育出版社,2018.

[14] 教育部高教司.大学英语教学改革探索与实践:大学英语教学改革试点工作成果汇报[M].北京:高等教育出版社,2000.

[15] 刘润清.外语教学研究的发展趋势[J].外语教学与研究,1999(1):27-30.

[16] 刘润清.论一课堂的五个境界[J].外研之声,2010(2):17-21.

[17] 欧洲理事会文化合作教育委员会.欧洲语言共同参考框架:学习、教学、评估[M].北京:外语教学与研究出版社,2008.

[18] 庞继贤.ESP 与大学英语四、六级后的英语教学[J].外语界,1994(4):25-28.

[19] 乔梦铎,金晓玲,王立欣.2010,大学英语教学现状调查分析与问题解决思路[J].中国外语,2010,7(5):8-14.

[20] 秦秀白.ESP 的性质、范畴和教学原则:兼谈在我国高校开展多种类型英语教学的可行性[J].华南理工大学学报(社会科学版),2003,5(1):79-83.

[21] 束定芳,庄智象.现代外语教学:理论、实践与方法[M].上海:上海外语教育出版社,1996.

[22] 束定芳.德国的英语教学及其对我国外语教学的启发[J].中国外语,2011(1):4-10.

[23] 王蓓蕾. 同济大学 ESP 教学情况调查[J]. 外语界,2004(1):35-42.

[24] 王守仁. 坚持科学的大学英语教学改革观[J]. 外语界,2013(6):9-13.

[25] 文秋芳. 编写英语专业教材的重要原则[J]. 外语界,2002(1):17-21.

[26] 吴铭方,李德高,张桂萍,等. 努力探索,不断改革,建设大学英语后期教学新体系[J]. 外语界,1998(4):23-26.

[27] 肖芬. 基于管理学视角的大学英语大班化教学综合模式实证分析[J]. 中国外语,2010,7(1):4-12.

[28] 闫欢欢. 基于 ESP 理论的中俄合作办学俄语教学问题探究[J]. 黑龙江教育(高教研究与评估),2020(1):54-55.

[29] 杨福家. 学习英语,享受完整的美[J]. 外语界,1994(2):1.

[30] 张尧学. 关于大学本科公共英语教学改革的再思考[J]. 中国大学教学,2003(7):4-7.

[31] 张尧学. 关于大学英语四六级考试改革的总体思路[J]. 国内高等教育教学研究动态,2009(3):4.

[32] 张文友. 日本英语教育的改革动向[J]. 外语界,2001(5):33-36.

[33] 张雪梅. 关于两个英语教材评估标准[J]. 解放军外国语学院学报,2001(2):62-65.

[34] 章振邦. 也谈我国外语教改问题[J]. 外国语,2003(4):1-6.

[35] ALLEN JPB,WIDDOWSONHG. English in Focus[M]. New York:Oxford University Press,1974.

[36] ALLWRIGHT,D. A brief guide to Exploratorypractice:Rethinking Practitioner Research in Langunge Teaching[J]. Langunge Teaching Research. 2003.7(2):109-111.

[37] ALANCUNNINGSWORTH. Choosing your coursebook[M]. 上海:上海外语教育出版社,2002.

[38] DUDLEYEVANST, JOHNMS. Developmentsin ESP:a multi-disciplinary approach[J]. Cambridge University Press,1998(3):4-5.

[39] ALEKSANDARČ ARAPIĆ. An Introduction to Systemic Functional Linguistics[J]. Journal of Sociolinguistics,2006,10(2):15-16.

[40] BECKER BILLIE ANN. "book-review" A Course in Basic Scientific English[J]. TESOL Quarterly,1973,7(2):15-16.

[41] NICK MOORE. Research Perspectives on English for Academic Purposes[J]. English for Specific Purposes,2004,23(1):17-18.

[42] MARK WESKER. The World is Flat:A Brief History of the Twenty-First Century[J]. Journal of Global Information Technology Management,2006,9(2):67-69.

[43] BROWN T M ,HALLIDAY M A K ,MCINTOSH A ,et al. The Linguistic Sciences and Language Teaching[J]. Modern Language Review,1964,62(1):106.

[44] HOWATT A,WIDDOWSON H G. A history of english language teaching[J]. Studies in Second Language Acquisition,1985,28(1):401-405.

[45] WALTERS A. English for specific purpose:A learning-centered approach[J]. 2015(1):25-28.

[46] HYLAND K ,HAMP-LYONS L . EAP:Issues and directions[J]. Journal of English for Academic Purposes,2002(1):1-12.

[47] SWALES J M. Language for specific purposes[J]. Annual Review of Applied Lingus,1999,

20(1):32-34.

[48] MA YUAN,WU ZEYANG. English for Academic Purposes[J].美中外语(英文版),2021(2):27-31.

[49] HIEN HOANG. Laurence Anthony,Introducing English for specific purposes[J]. Australian Review of Applied Linguistics,2020,43(2):7-9.

[50] GROUP P. Strong growth continues - in the East[J]. Plastics and rubber Asia,2006(140):21.

[51] CHO S,LEE T S,SONG I H,et al. Materials and Methods in ELT[J]. John Wiley Professio,2017(3):30-35.

[52] ROBERT M KEYSER,VIVIAN ZAMEL. Longman Dictionary of Applied Linguistics:Jack Richards,John Platt,and Heidi Weber[J]. TESOL Quarterly,1987,21(2):351-353.

[53] Robinson P C. ESP today:a practitioner´s guide[M]. Upper Saddle River:Prentice Hall,1991.

[54] SINHA A C,SADORRA L C. A Primer on ESP:For Teachers of English[M]. Philippines:De Salle University Press,1991.

[55] SONG B . Content-based ESL instruction:Long-term effects and outcomes[J]. English for Specific Purposes,2006,25(4):420-437.

[56] SWALESJ. Aspects of Article Introductions [M]. Birmingham:The University of Aston Language Studies Unit ,1981.

[57] SWALESJ. Episodes in ESP [M]. London:Pergamon Press,1985.

[58] SWALES J. The Second Language Curriculum:Service English programme design and opportunity cost[M]. Cambridge:Cambridge University Press,1989.

[59] TARONE E,DWYER S,GILLETTE S,et al. On the use of the passive in two astrophysics journal papers[J]. The ESP Journal,1981,1(2):123-140.

[60] WIDDOWSON H G. Aspects of language teaching[M]. New York:Oxford University Press,1990.

[61] BECKER BILLIE ANN. "book-review" A Course in Basic Scientific English[J]. TESOL Quarterly,1973,7(2):15-16.

[62] NICK MOORE. Research Perspectives on English for Academic Purposes[J]. English for Specific Purposes,2004,23(1):17-18.

[63] MARK WESKER. The World is Flat:A Brief History of the Twenty-First Century[J]. Journal of Global Information Technology Management,2006,9(2):67-69.

[64] BROWN T M ,HALLIDAY M A K ,MCINTOSH A ,et al. The Linguistic Sciences and Language Teaching[J]. Modern Language Review,1964,62(1):106.

[65] HOWATT A,WIDDOWSON H G. A history of english language teaching[J]. Studies in Second Language Acquisition,1985,28(1):401-405.

[66] HYLAND K ,HAMP-LYONS L . EAP:Issues and directions[J]. Journal of English for Academic Purposes,2002(1):1-12.

[67] SWALES J M. Language for specific purposes[J]. Annual Review of Applied Lingus,1999,20(1):32-34.

［68］MA YUAN,WU ZEYANG. English for Academic Purposes［J］. 美中外语(英文版),2021
(2):27-31.

［69］HIEN HOANG. Laurence Anthony,Introducing English for specific purposes［J］. Australian
Review of Applied Linguistics,2020,43(2):7-9.

［70］GROUP P. Strong growth continues - in the East［J］. Plastics and rubber Asia,2006
(140):21.

［71］CHO S, LEE T S, SONG I H, et al. Materials and Methods in ELT［J］. John Wiley
Professio,2017(3):30-35.

［72］ROBERT M KEYSER, VIVIAN ZAMEL. Longman Dictionary of Applied Linguistics:Jack
Richards,John Platt,and Heidi Weber［J］. TESOL Quarterly,1987,21(2):351-353.

［73］Robinson P C. ESP today:a practitioner´s guide［M］. Upper Saddle River:Prentice
Hall,1991.

［74］SINHA A C,SADORRA L C. A Primer on ESP:For Teachers of English［M］. Philippines:
De Salle University Press,1991.

［75］SONG B . Content-based ESL instruction:Long-term effects and outcomes［J］. English for
Specific Purposes,2006,25(4):420-437.

［76］SWALESJ. Aspects of Article Introductions ［M］. Birmingham:The University of Aston
Language Studies Unit ,1981.

［77］SWALESJ. Episodes in ESP ［M］. London:Pergamon Press,1985.

［78］SWALES J. The Second Language Curriculum:Service English programme design and opportunity
cost［M］. Cambridge:Cambridge University Press,1989.

［79］TARONE E,DWYER S,GILLETTE S,et al. On the use of the passive in two astrophysics
journal papers［J］. The ESP Journal,1981,1(2):123-140.

［80］WIDDOWSON H G. Aspects of language teaching［J］. New York:Oxford University Press,1990.